U0362103

本书为南开大学农业保险研究中心 2014 年度课题"农业保险财政补贴研究"资助项目

农业保险财政补贴
理论及经验研究

江生忠　邵全权　贾士彬　史良育　著

南开大学出版社

天津

图书在版编目(CIP)数据

农业保险财政补贴理论及经验研究 / 江生忠等著
. —天津:南开大学出版社,2017.7
ISBN 978-7-310-05312-4

Ⅰ.①农… Ⅱ.①江… Ⅲ.①农业保险－财政补贴－
研究－中国 Ⅳ.①F842.66

中国版本图书馆 CIP 数据核字(2017)第 005832 号

南开大学出版社出版发行
出版人:刘立松
地址:天津市南开区卫津路 94 号　　邮政编码:300071
营销部电话:(022)23508339　23500755
营销部传真:(022)23508542　　邮购部电话:(022)23502200
*
天津午阳印刷有限公司印刷
全国各地新华书店经销
*
2017 年 7 月第 1 版　　2017 年 7 月第 1 次印刷
230×160 毫米　16 开本　20 印张　2 插页　283 千字
定价:65.00 元

如遇图书印装质量问题,请与本社营销部联系调换,电话:(022)23507125

前　言

　　本书是南开大学金融学院江生忠教授承担的南开大学农业保险研究中心 2014 年度课题"农业保险财政补贴研究"的重要研究成果。本书立足于农业生产风险、农业保险、农业保险补贴等基础理论，在三阶段动态博弈、福利经济学、动态一般均衡（DGE）、非线性动态经济系统（NLDS）等经典理论模型研究的基础上，将农业保险补贴变量引入模型，构建适合我国农业保险特征的理论模型，从理论的角度分析农业保险财政补贴政策对于农业保险市场发展、农业生产、农民消费的影响，并运用动态优化的方法，试图寻找最佳的农业保险补贴政策优化路径。另外，本书的研究视野并不仅仅局限于我国农业保险的补贴制度和政策，还着眼于世界农业保险及其财政补贴发展的大格局，借鉴和参考美国、加拿大、意大利、西班牙、印度、日本的农业保险财政补贴经验和教训，为我国农业保险财政补贴政策的调整优化提供实践依据。

　　按照世界贸易组织（WTO）规则，农业保险可部分归属于"绿箱政策"，属于绿箱政策的农业支持政策在一定时期内不需要在 WTO 框架下予以削减。在实施初期，大多还是以"黄箱政策"为主，随着 WTO 规则的调整和深化，对于其他属于黄箱政策的农业支持政策进行了更为严格的限制。作为世界上农业保险保费收入第一的美国，其 2014 年通过的《新农业法案》中，取消了饱受其他国家争议的农民直接支付，决定以优惠价格为农民提供农作物保险。加拿大、欧盟、日本等发达农业保险市场也进行了相应的调整。从目前来看，国际农业保险财政补贴政策的变化基本上就是由直接补贴向间接补贴调整，减少黄箱支持政策，大力发展绿箱支持政策。作为世界第二大农业保险市场的中国，国际农业保险财政补贴政策的变化对我国农业保险财政补贴政策的调整提出了国际准则上的要求。

长期以来，我国农业一直是以小农经济为主，受农业资本投入、农业技术水平、农业规模的影响，我国农业生产的现代化水平相对较低，而且我国的粮食价格普遍高于国际粮价，农业生产面临着较大压力。另外，小农经济导致农业收入对于大多数农民家庭收入的贡献率较低，从经济的角度制约了农民对于农业的投入力度。但是农业关系到国家命脉，是国家经济发展的基础，必须保证农业生产的独立性和粮食的基本自给自足。实现农业现代化已成为了我国的基本国策，在农业现代化过程中，土地流转逐步兴起；小农、散农经济向规模化经济发展；农业投入力度加大，科技含量提高。这些新的变化都对农业保险的发展提出了新的需求，农业保险财政补贴政策也应随着调整和优化。总之，农业现代化对我国农业保险财政补贴政策的调整提出了国内生产实践的需求。

综上，国际准则和国内农业现代化从不同的方面、层次对我国农业保险财政补贴政策提出了改进和调整的要求。改进和调整需要对于农业保险财政补贴方式及其效果进行判断和评估，为调整优化提供理论和实证依据。目前国内关于农业保险财政补贴的学术专著较少，而且国际化视野也不是太够。基于此，南开大学农业保险研究中心在课题研究的基础上，完成了本书的编写工作。

本书共分为十章，分别从国内、国外阐述了农业保险财政补贴政策的现状和经验；运用理论模型和实证模型探讨了农业保险财政补贴的运行机制和效果。

第一章，绪论。本章主要阐述了本书写作的背景和写作思路。首先，分别从全球农业支持政策的变化、我国农业保险财政补贴政策调整、农业保险财政补贴效率评估和优化的价值三个方面详细阐述了本书的写作背景。然后，从整体上阐述了本书的写作思路。

第二章，农业保险财政补贴研究综述。本章主要从农业保险财政补贴的必要性、补贴模式、补贴效率三个方面对国内和国外农业保险财政补贴研究文献进行了综述。首先，从逆向选择、道德风险及系统性风险等方面对农业保险财政补贴必要性进行了综述；其次，总结了典型国家和我国的农业保险财政补贴模式的研究文献；最后，从社会福利最大化和农民参保率等方面对农业保险财政补贴效率的文献研究进行了综述。

第三章，农业保险及其财政补贴的作用与功能。本章从农业生产的重要性和特征入手，简要介绍了农业在国家发展过程中占有的重要地位，说明了国家实施农业支持政策的必要性。然后通过列出农业生产过程中面对的主要风险，引出农业保险系统在应对农业风险过程中发挥的重要作用。最后在阐述农业保险系统存在缺陷的基础上，剖析了农业保险财政补贴的作用和功能。

第四章，农业保险财政补贴的国际经验。本章在世界银行调查（World Bank Survey（2008））的基础上，选取美国和加拿大政府主导商业经营模式、西班牙和意大利民办公助经营模式、日本政府支持下互助合作经营模式和印度选择性政策扶持经营模式为研究对象，通过对国外不同农业支持政策下的农业保险补贴政策的手段、效果以及补贴强度、补贴品种及政策动态变化等方面的比较研究，揭示农业保险补贴政策的变迁规律和运行效果。在此基础上，借鉴国外先进经验，并根据中国国情和农业保险发展现状，提出优化和调整中国农业补贴政策的对策建议。

第五章，农业保险财政补贴的机制与效用。农业保险财政补贴存在多种方式，主要包括保费补贴、经营管理费用补贴、税收优惠等方式，每种补贴方式具有各自不同的机理，其作用机制不尽相同，不同的国家和地区应该结合本身经济体制、财税体制以及农业保险发展状况等因素确定本国的农业保险财政补贴方式。本章就是从保费补贴、经营管理费用补贴、税收优惠三个不同的财政补贴方式探讨各自的作用机制与效用，为我国农业保险财政补贴方式的调整提供理论依据。

第六章，中国农业保险财政补贴的实践与认识。本章着重介绍在WTO 发展态势下的中国农业保险财政补贴短暂历史，具体包括我国农业保险财政补贴的实践经验、政策变迁；不同地区农业保险财政补贴模式的差异性和相似性分析；最后对于我国农业保险补贴的性质做了概念上的界定。

第七章，农业保险财政补贴及效率的经济模型分析。本章主要是从理论的角度来阐述农业保险财政补贴的运行机理，并剖析其对于农业保险、农业生产的影响。首先构建一个包含农业保险各方主体的三阶段动态博弈模型，利用博弈论的方法寻找各自的最优策略。然后运用福利经济学的方法，剖析农业保险财政补贴对于农产品市场以及农业保险市场供求关系的影响。

第八章，中国农业保险财政补贴效率及其效用的实证分析。本章是对我国 2007 年开始实施的农业保险保费补贴政策效果的实证检验，为下文农业保险财政补贴政策的调整提供实证支撑。首先探究的是农业保险保费补贴对于农业保险市场的影响。以省际面板为分析对象，运用超效率方法计算各省的相对效率值，并在此基础上分析影响效率值的主要因素；然后是探究农业保险保费补贴对于农业生产、农民生活的影响，运用个体固定效应模型和 Tobit 模型进行计量分析，保证结论的稳定性。

第九章，农业保险不同财政补贴模式 DGE 模型分析。本章将动态一般均衡模型（DGE 模型）与中国的农业保险补贴政策实践相结合，建立恰当的模型来分析采取农业保险保费补贴、农业保险经营管理费用补贴、两种不同的补贴模式对农业生产的影响。在实践中，由于存在比较利益，部门间会存在生产要素的流动，因此趋于模型的完整性与现实性，多部门的模型会更加适用。但考虑到模型表达的复杂性与不能保证显性解存在，本章只建立了单部门（农业部门）模型。该模型涉及农户需求、农户生产、政府预算和市场出清四个方面，重点研究当对农业保险进行财政补贴时，农户的行为和农业产出的变化。

第十章，农业保险补贴对农业产出及农民消费的影响研究。本章首先构建了一个包含农业保险及农业保险补贴对农业生产与农民消费影响的理论模型，并构建了包含不同情形下的模型体系，通过对不同模型进行最优化分析而得到相应的稳定状态，并基于此进行了相应的静态比较分析来研究农业保险补贴额度变化对均衡稳态的影响，然后考虑到包含农业保险补贴的各模型存在较为一致的转型动态，又进一步对各模型的转型动态进行了分析，理论部分结果显示，随着政府对农业保险补贴的提高，会促进农业资本积累进而带动农业产业发展，同时也可以提高农民消费水平。其次，本章建立了一个农业总产值与农民消费水平的非线性动力系统模型，以此研究二者之间的动态规律和相互作用机制；最后，本章将探讨该经济系统自发调控与依靠农业保险补贴效率作为控制变量的调控工具的差异，探讨了不同调控方案对该经济系统的影响特点。

本书系南开大学经济学院风险管理与保险学系江生忠教授总体负责，其他编者和执笔人共同策划设计并共同努力完成的成果。具体分工如下：江时鲲、李燕负责编写第一章；崔恩慧负责编写第二章和第三章；黎银霞负责编写第四章；史良育负责编写第五章；王越负责编写第六章；史良育负责编写第七章；贾士彬、郭逸尘、李筱萌、张孟娇负责编写第八章；单言负责编写第九章；邵全权负责编写第十章。在本书最后完稿及出版阶段，贾士彬、史良育、郭逸尘等做了很多有益的工作。

本书作为南开大学农业保险研究中心 2014 年度重点研究课题"农业保险财政补贴研究"的研究成果，凝结了很多人的智慧，在本书出版之际，我们表示衷心的感谢！

感谢保监会对南开大学农业保险研究中心的支持，感谢农险处在研究和本书出版过程中给予指导和协调帮助！感谢南开大学农业保险研究中心各家理事单位的大力支持！

另外，在课题研究的过程中，参考和借鉴了国内外诸多专家学者的有关论著和研究成果，在此致以诚挚的谢意。感谢南开大学出版社王乃合老师的支持和帮助！

我们深知，尽管我们全力以赴，但是基于主观能力和客观条件的局限，本书存在诸多不尽人意之处，此外，由于本书研究内容属于保险行业前沿问题，对于理论和实证能力要求较高，而且各章分别由不同人执笔，研究水平和把握程度不一，对此，也请读者给予批评指正，以利于日后的完善和提高。

目　录

第一章

绪　论

本章主要阐述了本书的写作背景和写作思路。首先，分别从全球农业支持政策的变化、我国农业保险财政补贴政策调整、农业保险财政补贴效率评估和优化的价值三个方面详细阐述了本书的写作背景。然后从整体上阐述了本书的写作思路。

第一节　写作背景

一、全球农业支持政策向农业保险转移

农业是国民经济的基础，同时也是肩负国家粮食安全的战略性产业。农业作为自然再生产和社会再生产的结合决定了其生产过程的高风险性，尤其是现代农业更面临自然、市场和技术三重风险的叠加。农业的基础地位加上生产的高风险性使得全球各国都为农业制定了特殊支持政策。"通过对农业提供大量补贴，一方面降低农民生产农产品的成本，另一方面可以提高本国农产品的国际市场竞争力，从而分享

更多的国际农产品市场份额，从中撷取巨额的贸易利益。"[1]为保障粮食安全、稳定农业生产、提高农民收入，我国陆续出台了多项价格支持和农业补贴政策。然而，国际贸易规则限制直接价格支持和农业补贴的空间。在WTO农业协定规则之下，对生产和贸易具有"扭曲"作用的黄箱政策属于必须予以削减的补贴措施，现阶段我国具有8.5%的微量许可标准，尽管规则许可范围内我国的黄箱政策还存在稍许利用空间（杜芸、杨青，2010），但继续提高粮食最低收购价、临时收储价，势必进一步扭曲市场价。根据朱满德、程国强（2011）的测算，生产者从农业支持政策获得的超额收入、消费者为农产品实际支付的超额支出均不断提高，表明中国农业支持政策措施对市场干预和农产品市场价格的扭曲程度越来越大。另一方面，尽管粮食直接补贴、农资综合补贴等直接补贴措施在支持农业发展、增加农户收入等方面发挥着难以替代的重要作用，但其在具体执行过程中难免因受到政策认知程度、具体操作方式和补贴强度等因素的影响而对农业发展的激励作用不断减弱，从而逐步转变为纯粹的收入转移措施。"黄箱政策"必将进一步被削减。

在这一背景之下，全球农业支持政策都在向农业保险转移。2013年美国通过了《农业改革、食品和就业法案》，该法案取消了农业直接补贴，新增价格损失保障（Price Loss Coverage）和农业风险保障（Agriculture Risk Coverage）两个补贴项目以优化原有的差价补贴；扩展农业保险的作用，以农业保险保障农业生产的自然风险，以收入补贴保障农业经营的价格波动，通过收入补贴和农业保险共同保障农民收入。欧盟各成员国自2015年开始执行新的共同农业政策，该政策对农业补贴进行了大幅的调整，农业保险在稳定农民收入上的地位更加重要。"农业保险本质上是农业问题，是国家以保险为工具实施的一项支农政策"（庹国柱，2012）。自2004年中央一号文件中开始明确提出"建立和完善农业保险制度"以来，历年的一号文件中不断重申这一问

---

① 曾文革，温融. 中国农业补贴反补贴法律制度的问题、挑战与完善[J]. 重庆大学学报（社会科学版），2010（3）.

题，尤其是 2014 年中央一号文件提到"完善粮食等重要农产品价格形成机制，探索粮食、生猪等农产品目标价格保险试点"，这意味着我国农业支持政策开始探索向农业保险转移。

二、我国农业保险迅速发展，但财政补贴政策亟待调整

自 2007 年我国开始农业保险保费补贴试点以来，农业保险的发展取得突飞猛进的成就：2007 年我国农业保险保费收入为 51.8 亿元，2008 年农业保险保费增速高达 214%，达到 110.7 亿元。2014 年，我国农业保险保费收入为 325.7 亿元，同比增长 6.2%；为农业生产提供 1.66 万亿元的风险保障；参保农户达到 2.47 亿户次；向 3500 万户投保农户支付赔款达到 214.6 亿元。农业保险保费收入的大幅增长得益于中央财政与地方各级财政保费补贴力度的逐年增大。2007 年到 2014 年间，各级财政累计拨付保费补贴资金超过 1100 亿元，农业保险保费补贴资金在保费收入中的占比逐年递增，从 2007 年的41.5%上升到 2014 年的 77%，凸显了农业保险保费补贴对保费收入的拉动作用。另一方面，农业保险覆盖率逐年上升。部分省市小麦、水稻等主要粮食作物的投保面积占播种总面积的比例可高达60%~70%；能繁母猪保险在多数省区的覆盖率能达到"应保尽保"。除了中央补贴品种逐步增加外，各地特色农业保险如烟叶、橡胶、蔬菜、花卉、特色中草药等也迅速展开。个别发达地区，如上海的农业保险基本实现了从农业生产到流通、加工等环节的覆盖，基本能够适应现代农业对风险保障的需求，部分险种完成了从保成本到保产量、保价格的转变。相当一些新型农业保险产品，如天气指数保险、生猪价格指数保险、农民小额贷款信用保险已经进入试点阶段。农业保险在保障国家粮食安全、稳定农业生产、提高农民收入等方面发挥了重要作用。

与此同时，政府财政补贴作为农业保险发展的必要条件（孙香玉、钟甫宁，2008），在全国的全面推行取得了可喜的成绩，但也存在不少的问题：首先，在实现初级差异化补贴的同时存在"一刀切"

的问题。尤其是在我国"联动补贴"政策下，地方财政补贴不能及时到位将不能得到中央财政的拨付，而地方财政实力相对较强且农业产值占当地国内生产总值比重较小如广东、江苏、浙江等省份承担相应的省级财政补贴则较为容易。这实际上造成了经济发展水平较低的地区不易得到政府补贴，而经济发展水平较高的地区则更容易得到补贴，即产生"财政累退效应"（朱俊生、庹国柱，2006）；其次，补贴方式过于倚重保费补贴。2009 年至 2014 年我国农业保险保费补贴的年均增长速度达到 21.2%，在剔除保费补贴后，同期的农业保险保费收入年均增长率则只有 17.8%，我国农业保险保费补贴的拉动作用非常明显，这也说明了我国农业保险财政补贴方式过于倚重保费补贴，财政补贴方式单一。经营管理费用补贴和再保险补贴的缺位，也从侧面上说明了这一问题。再次，补贴范围过窄不适应现代农业发展的要求。大力发展现代农业是新时期我国农业发展的重要战略部署，与传统小农生产所面临的成本风险、市场风险和天气风险不同的是，现代农业所面临的新风险有产业链风险、土地流转风险和更大的成本风险。我国中央财政补贴的 16 个品种和地方财政补贴品种的保障水平难以满足适度规模化经营的新型农业生产主体的保障需求，保障范围尚不能覆盖现代农业生产下的产业链风险、土地流转风险。现代农业发展对科技、资本等现代投入要素的依赖进一步增加与我国农业保险保"物化成本"的结构性矛盾进一步凸显。最后，补贴环节的监管链条不完整。目前我国农业保险财政补贴政策中存在着"重投入，轻产出"的问题。从中央财政到地方财政普遍存在着重视补贴数额的确定和发放工作，忽视对补贴资金的审核管理和整体风险控制工作，滋生了部分地区个别保险公司骗取农业保险财政补贴的现象。我国现有农业保险财政补贴的方式亟待创新和完善，当前农业保险财政补贴政策中存在的问题难以通过需求管理政策解决，供给侧结构性改革有待加速，研究契合现代农业生产需求的农业保险财政补贴方式很有必要。

三、农业保险财政补贴效率、补贴优化设计是完善和调整补贴政策的依据

　　针对现有农业保险财政补贴中存在的问题，诸多学者从理论的角度提出了完善农业保险财政补贴的建议，如加大财政支持力度、建立农业再保险制度等理论层面的宏观建议。财政部自 2011 年下发了《财政支出绩效评价管理暂行办法》（财预〔2011〕285 号），选定四川、内蒙古、安徽、江苏四省（区）开展农业保险保费补贴绩效评价试点工作。纵观各省的实施方案，其选定的考核指标大多是由一级指标向下覆盖二级指标进而延伸出三级指标的树状的绩效评价框架。在具体的评价过程中，也存在不少问题，如过于复杂的指标体系不利于基础数据的采集，同时部分指标或关键数据的缺失将会严重影响评价的客观性；对各指标的权重采取主观赋分的方式不能科学客观地反映各指标的重要性；各地评价指标上的不统一使得评价结果的经济意义不显著，难以在各省区间横向比较。[①]更重要的是，绩效评价不等同于效率分析，后者的研究范围更为广阔，包括配置效率、技术效率、动态效率，既涉及规模经济、范围经济、资源配置，也包括技术进步和经验管理，不仅能分析效率的表象，还能进一步分析检测出影响效率的环境因素。财政补贴的效率是完善和调整财政补贴政策的依据，目前我国农业保险财政补贴效率的研究存在着系统性不强、深度不足的问题：或侧重于财政补贴效果的研究，如对农业保险保费补贴的效果进行评价（邢郦、黄昆，2007；孙香玉、钟甫宁，2008；侯玲玲等，2010；王克，2014）；或是在定量研究的方法选择上无法克服有限样本下分析结果有偏误的缺陷（钱振伟等，2014；冯文丽等，2015；黄颖，2015）。针对我国农业保险财政补贴实践情况而言，目前仅有保费补贴和税收优惠两种补贴方式，系统研究农业保险各类补贴方式及其影响机制的

---

　　① 黄颖.基于 AHP—DEA 两步法的我国农业保险财政补贴效率评价[J].上海金融，2015（7）：35—38.

研究较少，能够从动态最优化的角度确立农业保险补贴最优规模及其对经济影响的研究更是难得一见。因而，从理论和经验的角度构建一个农业保险补贴效率的分析框架，采用数理分析、随机模拟和动态优化等方法系统研究农业保险补贴的方式、最优规模等一系列补贴优化设计的问题，对我国农业保险财政补贴政策供给侧的结构性改革提供政策建议显得十分必要。

第二节　写作思路

我国农业保险财政补贴工作开展已近十年，这当中既有可喜的成绩，也存在部分阶段性的问题；现代农业的迅速发展更使得农业生产所面临的风险发生了极大的变化。因此，现阶段研究农业保险补贴的问题不再仅仅是"是否应该补贴""补贴规模多少"，而应当着眼于服务经济转型升级、加速供给侧改革的"补贴优化"问题。遵循这一定位，本书的主要写作思路如下。

第一，从农业生产的弱质性出发系统梳理农业保险补贴必要性理论，进一步地阐述现阶段我国农业生产环境和政策经济形势的新变化，得出我国农业保险财政补贴政策变化的理论依据和现实依据。

第二，通过对我国农业保险财政补贴政策和实践的深入研究，归纳总结其特点，寻找存在的问题，分析其产生的原因；同时，选取典型发达国家和发展中国家为研究案例，运用历史考察与逻辑分析相结合等研究方法，通过对国外不同农业支持政策下的农业保险补贴政策的手段、绩效以及补贴强度、补贴品种及政策动态变化等方面的比较研究，揭示农业保险补贴政策的变迁规律和运行效果。以他山之石，为我国农业保险财政补贴政策的改革和优化提供借鉴。

第三，比较不同类型的农业保险财政补贴方式，分析其影响机制，初步探寻一条符合现阶段我国农业保险财政补贴实际的路径；以数理分析方式构建农业保险财政补贴模型，找寻农业保险财政补贴的基本规律；以系统动力学对农业保险财政补贴效率进行动态模拟，从而确定农业保险财政补贴模式的选择及设计；最后以动态最优化方式寻求农业保险财政补贴的最优规模，预测其长期发展趋势及对重要经济变量的影响。最终在定性分析和定量分析相结合的基础上，提出农业保险财政补贴优化的方案与设计。

第二章

农业保险财政补贴研究综述

本章主要从农业保险财政补贴的必要性、补贴模式、补贴效率三个方面对国内和国外农业保险财政补贴研究文献进行了综述。首先，从逆向选择、道德风险及系统性风险等方面对农业保险财政补贴的必要性进行了综述；其次，总结了典型国家和我国的农业保险财政补贴模式的研究文献；最后，从社会福利最大化和农民参保率等方面对农业保险财政补贴效率的文献研究进行了综述。

第一节　国外农业保险财政补贴研究综述

从 19 世纪后半叶至今，国外许多学者对农业保险财政补贴提出了自己的观点和看法，本节将从农业保险财政补贴的必要性、补贴模式、补贴比例及补贴效率四个方面对国外这一领域的研究成果进行综述。

一、农业保险财政补贴的必要性

国外对于农业保险的研究始于 20 世纪 30 年代，莱特（Wright）和休伊特（Hewitt）（1994）发现，历史上尝试通过私营公司来承担农业保险多重风险的尝试无一幸存。对于多重风险种植业保险，基本上都由政府直接或间接经营。1970 年以后，运用经济理论在解释保险市场失灵的问题时，主要从信息不对称引起的逆向选择与道德风险问题以及农业风险的系统性风险问题等方面进行讨论。

（一）逆向选择问题

投保人会因为其实际面临的风险去选择是否参保，而不是因为农业保险的价格。也就是说，对于风险极大的作物或地区，农民选择投保，那么经营农业保险的公司只能被动负担巨大的损失。例如，古德温（Goodwin，1993）通过对俄亥俄州县域的玉米生产的相关数据研究发现，在俄亥俄州容易遭受灾害影响的地区不会因为农业保险价格的高低而选择是否参保，而是肯定参保，可见逆向选择存在于农业保险市场。由于存在逆向选择，那些预期赔偿超过保费成本的农民更可能购买种植业保险，相反，那些预期成本超过赔偿的农民将不太可能购买保险（斯基斯和里德，1986；米兰达，1991）。1989 年美国审计署对农业保险项目的精算财务结果进行了批评，指责农业保险项目在20 世纪 80 年代早期向难以获得精算信息的县和作物扩张，导致不利的选择风险集合（高，1989）。当时，费率厘定时假设一个县之内农场产量的变异系数不变，对一个县内具有同样期望产量的农场采取同样的费率。但斯基斯（Skees）和里德（Reed）（1986）对农场产量的期望值和标准差之间关系的分析以及古德温（Goodwin，1993）对个别费率与县费率之间相关性的研究都揭示了这种费率厘定方式的缺陷。奎金（Quiggin）在 1994 年也发现，农业保险中的投保人存在以下逆向选择现象：潜在投保人利用其所拥有的土地肥力信息优势，专门投保高风险土地；当产量分布不均时，预期损失率较高的农户投保意愿更强。

逆向选择表现在农业保险的参与率问题上，国外有许多的实证和计量经济学方面的成果，也存在许多争论。1989 年美国农业部做了一项全国调查，对农民不参加联邦种植业的保险的原因进行排序（莱特和休伊特，1994），发现前五位原因分别是保障太低、保费太高、更愿意承担风险、农场是分散化经营的、拥有其他保险。卡尔文（Calvin）和奎金（Quiggin）研究了美国五十个州的数据，发现参加作物保险计划的农民有相似之处，那就是他们参保的作物都面临着较高的风险，如遇重灾，则美国政府对其承担着巨大的责任；相对应的那些预期赔偿较低的几乎均未参加作物保险计划。一些模拟研究结果显示，作物多重风险种植业保险的收益会随着农场位置、作物和区域有显著的差异。计量经济学分析表明，能够从种植业保险中获得较高期望收益的农户倾向于购买保险，这说明作物多重风险保险存在着逆向选择。其他一些计量经济学研究发现，随着农场规模的增大，农业保险的参与率增加；农场在各种作物和牲畜的管理上分散风险的能力越强，其从作物多重风险保险中得到的益处越少，而越倾向于不购买作物多重风险保险；农场自然风险或者收入风险变化显著的单位倾向于购买农业保险。2001 年，古德温（Goodwin）研究了堪萨斯州种植小麦农民的相关情况和数据，结论是存在风险较高的农场的农民愿意购买农业保险，不会在意价格高低，同样出现了"逆向选择"。

另外，也有一些学者从风险偏好角度考察农业保险的需求，如塞拉（Serra）和古德温（Goodwin）等（2003）在对农业保险需求的实证研究中发现，对于美国农民，随着其初始财富的增加，其风险规避需求减弱，因而会降低农业保险的购买需求。还有一些学者从其他风险管理策略替代性的角度考察农业保险的需求，如一些研究显示，农场主和牧场主可以使用其他各种风险管理策略来减少其面临的风险（哈伍德，1999；高，1999）。这一时期对种植业保险参与率的实证分析表明，其他风险管理策略与工具对参与率具有负面影响（奈特和库伯，1997）。

（二）道德风险问题

对道德风险的研究主要集中于农业保险购买与农业收入之间的关系。由于农户自身决定农业投入量的大小，因此，投入量的变化可能更多地反应的是农作物品种的变化，而不是申请索赔率的变化。霍罗威茨（Horowitz）和利希滕贝格（Lichtenberg，1993）考察了玉米种植户，认为农业保险购买与农业投入呈现正相关关系。但这个结论受到奎金（Quiggin）、卡拉吉安尼斯（Karagiannis）和斯坦顿（Stanton，1993），巴布科克（Babcock）和亨尼斯（Hennessy，1996），古德温

（Goodwin，1996），以及古德温（Goodwin）、范迪维尔（Vandeveer）和迪尔（Deal，2004）等学者的挑战，他们认为，购买农业保险会降低投入的使用。减少道德风险问题的努力主要集中于监管。比如，美国《农业风险保障法》授权风险管理局通过农场服务机构提高对于参保农户的监督，识别潜在的欺诈和滥用现象（里杰斯，2004）。也有学者认为可以通过改善保单设计来应对道德风险问题（钱伯斯，1989；鲁宾斯坦和雅里，1983；克罗克和摩根，1998；佛卡门和范库滕，1994）。

（三）系统性风险问题

国外许多学者提出了农业风险的系统性风险问题（巴德斯利，阿拜和达文波特，1984；邓肯和迈尔斯，2000）。农业保险的系统性风险高于其他常规保险，这种系统性风险的相关性削弱了保险公司在农户之间、作物之间、地区之间分散风险的能力，从而使农业保险供给不足。1997年，米兰达和格劳伯对美国农作物保险市场进行分析和研究，得到的结论是提供一般保险标的的保险人所面临的风险远远低于农业保险人的风险，相差高达十倍多。此外，古德温（Goodwin）在2001年把伊利斯诺州、印第安纳州、俄亥俄州区域内，以县域水平上的玉米为研究对象做了相关性分析，认为农业保险的一个显著特征是农业保险本身存在着系统性风险。它不同于其他常规保险可以通过规模效应把风险降低下来，不可避免地系统性农业风险使保险人承担着巨大的风险。

综上所述，农业的相关性风险以及信息不对称问题使得保险风险集合和农业保险中出现下列问题，如道德风险、逆选择，特别是系统性风险问题。因此，农业保险的技术创新着力于处理。其中，指数保险就是一种有益的探索。

二、农业保险财政补贴模式

全世界有40多个国家举办了农业保险，无一例外，这些国家都对本国农业保险提供了财政补贴。由于这些国家举办农业保险有着不同的制度背景和政策目标，因此也形成了不同的保险补贴模式。

　　首先，格劳伯（Glauber）和柯林斯（Collins，2002）对美国农业保险的财政补贴模式进行了研究。美国的农作物保险法历经试办、加速发展、政府与私营公司混营、政府扶持以及私营公司经营和代理四个阶段。根据以前的美国农作物保险法，由农业部成立的联邦农作物保险公司（FCIC）负责全国农作物保险的经营和管理。此后，随着 FCIC 逐步退出原保险经营，政府现在已完全将农作物保险的直接业务交给了私营公司经营或代理。目前美国政府承担了 FCIC 的全部费用，并由 FCIC 向承办农作物保险的私营保险公司提供经营管理费用补贴和损失评定费用补贴。在对农户的保费补贴方面，美国的保费补贴因险种而不同，其中巨灾保险补贴全部保费。此外，美国政府还通过 FCIC 对参与农作物保险的各种私营保险公司和再保险公司提供再保险的财政支持。另外，随着美国农业保险的发展，美国的农业再保险也在逐步发展并得到实施。1947 年 FCIC 提出并颁布了《标准再保险协议》，但是直到 1980 年以后才在美国农业保险制度中开始实施。其经营体制是政府建立的机构直接经营农作物再保险业务，同时与商业再保险公司结合起来。在实际经营中，若商业再保险公司遇到困难，政府会提供保险费补贴以及经营管理费补贴等方面的支持。然而，斯科柯（Skeek）在 2000 年对美国政府财政补贴农业保险的研究发现，为了促进农业保险的发展，政府增加对农业保险财政补贴的支出，但是结果不尽如人意。他发现农业保险财政补贴模式存在以下问题：①农业保险成为政府财政的负担；②错误理解农业保险的功能，政府对农业保险财政补贴投入大量现金，使之变成了收入转移的支付工具，最终使农业保险的"保险"功能退化；③容易出现"寻租"现象，降低社会资金的效率。

　　其次，山内（Yamauchi，1986）对作为互助性保险机构经营农业保险的代表国——日本的农作物保险制度演化做了详细分析并认为，日本政府依据其独特的农业保险组织结构，形成了本国特色的财政补贴模式。第一，在对经营管理费用的补贴方面，政府主要承担了经营农业保险原保险的农业共济组合的部分费用和经营一级再保险的农业共济组合联合会的全部费用；第二，日本政府也对农户提供农业保险的保费补贴,与美国不同的是日本的保费补贴依费率不同而高低有别,费率越高,补贴越高。日本政府通过对再保险特别会计处的补贴为农业保险的再保险提供了大力援助。第三,通过再保险来分散农业保险经营者的风险,也是农业保险财政补贴方式的重要内容。日本也建立了农业保险再保险制度。实际上,日本的保险是两层再保险,即农业共济组合联合会为地方农业共济组合提供再保险服务,而中央政府为农业共济组合联合会提供再保险服务。

最后,印度作为亚洲人口大国之一,印度政府为稳定农产品生产,通过农作物保险手段支持农业,已经取得了很好的经验。印度的政策是中央政府或各联邦政府成立的补贴型保险公司以及没有政府补贴的保险公司都可办理作物保险计划;而在其所属地克拉拉邦,农作物保险是依据该邦的具体情况制订不同的农作物保险计划,并针对不同风险、不同作物制定提供或不提供补贴的规定,如园艺发展计划香蕉保险、作物保险计划和特殊作物保险计划等;政府还对小农户实行保费补贴,由中央政府按比例承担对农户的补贴和风险。为了不使农户对政府的补贴产生长期依赖,印度政府有针对性地设计了最多补贴五年且每年递减的补贴方案。上面这些模式都为发展中国家政府对政策性农业保险的财政补贴提供了很好的经验。

三、农业保险财政补贴比例

农业保险财政补贴比例指的是政府的财政补贴占农业保险保费的比例。实证研究方面,玛利亚·巴斯克(Maria Bassoco,1986)对墨西哥农业保险财政补贴比例的实证研究表明,如果政府对农作物的保险费补贴比例低于保费的 2/3 时,农业保险对农业生产者就缺乏足够的吸引力。而斯科柯(Skees),哈泽尔(Hazell)和米兰达(Miranda,1999)从理论上提出,政府的农作物保险计划要获得成功,应当注意两个补贴比例的适度问题:其一,应使保险公司对金融风险负责,对于重要的目标群体,对其经营农业保险的管理费用补贴比例应当适度,可以全部补贴或部分补贴;其二,根据农业风险的不同,对不同的险种补贴应该适度，应尽最大可能承保"可保风险"。

政府为农户提供保费补贴是各国支持农业保险普遍采用的措施，然而各国就如何确定补贴比例不尽相同。首先，自从 1980 年《联邦农作物保险法》颁布以后，美国联邦政府就开始对由生产者支付的保费进行补贴，补贴额度主要取决于承保水平。保费补贴是联邦作物保险项目最为突出的特点，保费补贴额度随着保障的扩大而增加。美国政府在 20 世纪 90 年代以前对农作物保险的保费补贴基本上占了全部保费的 1/3，而且对保险公司进行管理费全额补贴，但自愿投保的农场还不到一半；然而自 1994 年《农作物保险改革法》出台并实施后，由于政府较大幅度地提高了保费补贴，才使农作物保险的参与率有了显著提高；2008 年的补贴率为 58%，2009 年的补贴率为 61%，2010 年的补贴率为 62%。国家通过保费补贴来调动农民的参与积极性，但是农场依旧是农业保险最为核心的投入主体。农场需要的风险保障程度越高，自行承担的保费比例越高。例如，购买保障水平为 80%产量和 100%价格水平的保险，政府的保费补贴比例为 48%；购买保障水平为 85%产量和 100%价格水平的保险，政府的保费补贴比重就下降到了 38%；类似的是，加拿大政府也是对农作物保险全部管理费用和 50%的保费进行补贴，农民的自愿参与率才提高到 54%。其次，加拿大政府也是实行全额经营管理费补贴和 50%的保费补贴之后，将农户参保率提高至五成以上。克劳迪娅·伯尔（Claudia Burr，2004）对美、加两国进行研究发现，提高保费可以明显提高农户投保的积极性，进而提高农业保险参与率。另外，日本政府补贴按照农业保险费率的差异而不同，费率越高，保费补贴的比例也越高。最后，墨西哥将全国划分为 4 个风险区域，根据风险的大小确定农作物保费补贴比例，保费补贴比例与区域风险正相关，风险越高，保费补贴比例越大。

四、农业保险的补贴效率

西方学者在财政效率总体方面的研究相对已比较充分，但从现有研究成果看，关于农业保险效率的研究则较少，且多关注对国家整体福利水平影响的研究，并未形成一整套系统的相关理论，尤其是缺乏建立在理论基础上的农业财政支出效率评价方面的实证研究。同时，由于农业生产的复杂性、农业保险的特殊性、研究目的与视角的限制以及缺少对财政补贴效果的定量研究，国内外学者对于农业保险财政补贴的效果研究也未能得出一致结论。

（一）从社会福利角度来评价农业保险财政补贴效率

从福利经济学的角度出发，国外学者考察了农业保险财政补贴对社会福利所造成的影响，并由此形成了两种迥然不同的观点。

1. 社会福利的净损失

西方学者中有一部分人认为农业保险财政补贴不利于社会福利的增加。其中，夏姆瓦拉（Siamwalla）和巴尔德斯（Valdes，1986）从消费者剩余和生产者剩余的角度对农场主的投保行为进行成本－收益分析，并认为一旦农业保险被普遍采用，会使得农产品产量增加，进而产品的价格会下降。这样，生产者福利的净损失存在不确定性，消费者得到了净福利。整个社会的净福利大小则取决于供给曲线向下偏移的幅度。由于政府对农业保险的补贴，可能使供给曲线进一步向下偏移，由此造成的福利总产出小于补贴成本，从而导致了社会福利的净损失。此外，山内（Yamauchi，1986）也认为，农业保险的补贴政策鼓励了高风险区农作物的种植，高风险区农民得益比较多，并得到了净收入转移，但低风险地区的农民从保险补贴中所得利益不多；同时由于高风险区大都是生态环境较为脆弱的地方，对资源利用和环境保护也会造成不利影响。此外，谢赫（Shaik）和阿特伍德（Atwood，2002）对农业保险财政补贴的研究表明，随着财政补贴投入增加使得农业保险的参与率提高，会对农业设备、家畜和中间投入品（包括农业和化肥的使用）产生一些负面影响，说明随着农业保险财政补贴的增加，投保人会购买较少的投入品，不利于社会福利的增加。

2. 社会福利的正效益

然而，另外一部分国外学者认为，保费补贴对农业生产与农业保险的发展起到了积极的作用。比如米什拉（Mishra，1996）在研究了印度的农业保险之后发现：在农产品的价格方面，农业保险在增加农

15

产品产量的同时也会使农业部门和非农业部门的就业和收入增加，导致需求曲线向上移动，价格下降；并且，在特定区域中，农户的风险管理费用存在差异，如果不实行差别制定保险费率，政府不提供保费补贴，农场主投保就不划算，出现一个农场主或一个地区的保费补贴其他农场主或地区的情况。同时，米什拉（Mishra）也指出，夏姆瓦拉（Siamwalla）和巴尔德斯（Valdes）只考虑消费者获得的外部利益。如果需求不是完全弹性的，由于农业与非农业部门之间的紧密联系，非农业部门也会从中获得福利收益，因而不一定造成社会总福利的降低。再如克拉夫特（Kraft，1996）的研究也表明，农业保险影响了农业净收入的概率分布，进而比较了有无政府补贴保费的农作物保险的收入概率密度函数，政府补贴提高了收入水平，在有补贴时，赔款额（其中包括政府补贴）超过了农户缴纳的保险费，投保农作物的预期收入增加，减少了收入降至某一水平以下的可能性。

因而，政府对农业保险的补贴具有保障农民收入稳定的功能。政府可以通过对农业保险进行补贴，使农业保险作为一种实现转移支付政策的工具，从而将一部分国民收入以保费补贴等形式转移到农民手中，在一定程度上实现国民收入在整个国民经济与农业部门之间的再分配。杨（Yang）和莱瑟姆（Leatham，1997）从农业的基础地位出发，对美国北达科他州的农业保险财政补贴发挥乘数效应进行了实证研究，发现在投保了农业保险的前提下，获得的农业保险赔款能对商业销售额、个人收入、就业和州总产值等产生一定间接贡献，从而得出财政补贴能够在一定程度上提高农业保险的参与率，又由于农业与其他各部门之间存在密切的联系，从而使得农业保险对整个国民经济的发挥产生有利的乘数效应。此外，古德温 Goodwin（2001）认为对农业保险进行财政补贴，可以使整个社会的国民收入再分配倾向于农民这个弱势群体，整个社会的经济福利会得到提高。英尼斯（Innes，2003）从农业政策的角度分析了农业保险的政治经济效应，认为农业保险财政补贴可以刺激农业生产和发展，提高社会经济福利。

（二）从参保率来分析农业保险财政补贴作用有限

农业保险的参与率是指投保面积占可保面积的比例，或投保的农业生产者占总的农业生产者的比例。对保费补贴，目的就是为了增加农民的付费能力，从而提高农民参与农业保险的积极性。莱瑟姆（Lytham，1997）等认为财政补贴在某种程度上可以增加农户投保的积极性，进而提高参保率。当发生自然灾害时，投保农户可以得到一定比例的赔款，这样既能抵减农户收入的减少，保障农户的再生产，还能对国内生产总值（GDP）、就业等产生积极的影响。从而可以看出，农业保险财政补贴不仅使农户和农业部门受益，也会为整个社会的发展做出贡献。同时，克劳迪娅·伯尔 Claudia Burr（2004）对美、加两国进行研究发现，提高保费可以明显提高农户投保的积极性，进而提高农业保险参与率。

然而，从保费补贴历史来看，增加保费补贴并不能使参与率立竿见影得提高。由于农业保险财政补贴成本高且效率较低，社会各界对农业保险财政补贴制度开始了批评和质疑。多纳希（Donaghy）和罗伯特（Robert，2009）就提出要科学、合理地实施保费补贴，确定合理的保费补贴比例。他们认为，农民参与率的提高不能过分依赖于保费补贴率的增加，而应该更加理性、科学地对农业保险实施保费补贴，从而发挥保费补贴的最大效用。

美国在 1980 年以前，农作物的投保面积只占到潜在可保面积的10%左右，然而其在 1980 年通过采取了一系列措施来提高农作物的参保率，即达到 50%的目标，但是实施的结果不尽如人意。美国联邦政府在 1980 年通过的《农作物保险法》制订了新的补贴率后，农作物保险的参与率只有在 1989 和 1990 年达到 40%，离 50%的目标还有一定的差距。随后，美国在 1994 年和 2000 年再次通过立法加大对农作物保险的补贴率，其中 75%产量水平下的补贴率已经从最初的 16.9%上升至 55%，增长幅度非常大，但是农民的参与率始终在 40%左右徘徊，到 2000 年也只达到 56%，其中强制性投保还起了相当大的作用。

实际上，农业保险的参与率并不仅仅取决于保险补贴率的高低，就像美国的情况说明参与率对保费补贴的变化并不十分敏感。然而，其他一些因素，诸如农民对风险的偏好、农民可利用的风险管理工具及农业保险计划是否具有强制性等，都会不同程度地影响农民对参加农业保险的决策。据 1989 年美国农业部的调查，大部分农民愿意承担风险，而不是转移风险，因而不愿意购买农业保险，同时大约 75% 的农民有不同程度的非农业收入，以此转移分散风险。1992 年，美国农业部对 15 个州 1226 个种植小麦、玉米和黄豆的农民进行调查发现，提高保费补贴并不能使参与率有相当程度的改变，不能有效鼓励没有参加保险的农民投保。因此，农业保险财政补贴对提高参与率有限，即使像美国、加拿大这样对农业投入非常大的国家，参与率也没有达到 100%。所以说，保费补贴对提高农险参与率的作用有限。

第二节　国内农业保险财政补贴研究综述

2007 年以来，我国农业保险得到迅猛发展，其中财政补贴起到了极其重要的作用，是农业保险发展最重要的推手。目前，我国基本上建立了中央财政与地方财政"补贴联动"的农业保险保费补贴机制。

一、农业保险财政补贴的必要性

农业在我国的地位决定了财政农业补贴的必要性。民以食为天，农业是生存之本，是发展之根，是人类发展的基础。学者们对该不该补贴农业保险这一核心问题的认识基本形成了共识，国内对农业保险财政补贴的研究在以下几个方面取得了较为丰硕的成果。

（一）农业保险的市场失灵及其政策属性

国内的研究也沿着与国外类似的路径考察了商业性农业保险的市场失灵问题。郭晓航（1986）在国内首次提出农业保险属于政策性保险，国家应从政策性这一角度考虑给予农业保险适当的支持。李军（1996）在《农业保险的性质、立法原则及发展思路》中提到，农业保险是有别于商业保险的另一类业务，它的特点是社会效益高、自身经济效益低。并明确了我国农业保险的性质，应当采取多种方式进行政府财政补贴，如税收减免或优惠等方式。

刘京生（2000）研究农业保险，他发现农业保险既可以算作商品，但也同时具有非商品的性质。把农业保险归为商品是因为现行的经营农业保险的公司不是政府经营的，它的供给受市场供求关系的影响；农业保险同时又具有非商品的性质，体现在它具有准公共物品的性质。根本原因在于，农业是弱质性产业，受自然因素影响很大，需要政府的扶持。政府对待农业保险，应该通过多种渠道进行补贴。可见，根据我国实际情况，农业保险应该结合通过市场调节和政府集中控制双重管理模式。庹国柱（2002）认为，农业保险不是靠市场调节的私人物品，也不是完全由政府支配，而是介于两者之间，属于准公共物品。这就决定了，可以由私人公司经营农业保险，但必须要有国家的财政支持；或者是由政府出面经营农业保险。经营农业保险的公司或机构具有其他保险公司不同时具备的高成本和高风险（不能通过扩大规模由来降低的风险）；单纯依靠市场调节农业保险的供求，会造成农业保险供求不足，经营农业保险的公司或机构无法生存等严峻问题。因此，政府应该采取政策性农业保险。

冯文丽和林宝清（2003）发现农业保险从生产环节到消费环节，其社会收益明显大于私人收益。农业保险公司提供农业保险和农民购买农业保险，双方的私人收益均小于边际社会总收益，双方的边际私人成本均大于边际社会总成本。从农业保险的双重正外部性角度论证了农业保险财政补贴的必要性。

张跃华、何文炯、施红（2007）通过 Logistic 回归分析发现，保费补贴成为推动农户参加农业保险的主要因素，在没有补贴的情况下，生产者不倾向于使用农业保险来分散农业生产中遭遇到的自然风险，对于农业保险的发展，政府必须介入，对农业保险的承保人、保险人进行补贴以刺激农业保险的供给和需求，加快扭转中国农业保险供需萎靡的现状。同时，保险公司在亏损情况下仍有发展农业保险的动力，短期是为了拉近与政府的关系，谋求好的外部环境，在农村扩大保险公司的影响力；长期看如果不对保险公司补贴进行调整，可能会导致农业保险试点的失败。王韧等（2008）认为，面对损失程度极高的农业风险，必须由政府对投保人及保险人都予以补贴才能实现纳什均衡。

曾小波、常亮、贾金荣（2009）通过对陕西政策性农业保险试点地区泾阳、洛川农户的调查，采用 Logistic 回归模型得出结论：政府补贴对农户购买农业保险的意愿有直接的激励作用。

庹国柱（2011）认为财政补贴的农业保险费是农业保险市场不可缺少的要素，是农业保险价格的组成部分，从宏观上说是政府维持国家稳定与和谐发展的重要政策工具，是反哺农业的一个重要途径和手段，它如同公共财政支付的种粮直接补贴一样，是农户的实际收入。

杨标（2011）认为农业面临着自然和市场双重风险，一方面，农业在生产特征上有别于其他部门，自然灾害对农业生产的影响大于对其他产业的影响，即农业生产周期较长，受自然条件影响较大，生产具有强烈的季节性和区域性，另一方面，农业通常是利润比较低的产业，在市场竞争中往往处于不利地位。蔡杉（2014）认为我国土地资源匮乏，农产品生产成本居高不下，政府应该在世界贸易组织（WTO）的规则下对农产品进行合理的补贴。利用农业保险对农民和农业进行补贴，是世界贸易组织（WTO）规则允许的"绿箱政策"，我国应充分地利用这一政策。

刘从敏（2016）认为农业保险财政补贴的真正动因是农业风险的特殊属性、农业保险的特殊功能以及农业保险的双重外部经济特征。农业风险不仅可能导致大范围、大规模的经济损失，而且可能危及农村社会安定乃至整个社会安定。农业保险的双重外部经济特征是指"生产"和"消费"农业保险的过程中，给第三方带来了经济利益，而生产者和消费者没有得到相应的经济补偿。

（二）农业保险需求

农户的需求是农业保险理论研究的逻辑起点。截至目前，国内几乎所有的专家学者（庹国柱，2006；张跃华，2006；王红，2004；刘京生，2000）都一致认为农户对农业保险缺乏需求，只是各自在解释农业保险需求不旺的成因时角度和结论有所不同。庹国柱和王国军（2002）以及刘京生（2000）研究指出，农户可以通过土地规模的分散化以及种植的多样化等途径进行风险分散。张跃华等（2004）研究认为，农户在低收入时对于风险的偏好往往趋于风险中性。庹国柱（2006）

进一步研究认为，农户对于农业保险缺乏需求，而政府从农业与农村发展以及社会保障等政策目标出发，应该是农业保险的第一需求者。

一些实证分析也考察了影响农户对于农业保险需求的因素。张跃华等（2005）通过实证分析认为农户对于风险的规避程度先随财富和收入的增加而增强，达到某一点后开始随财富和收入的增加而减弱，并通过 Logistic 模型回归得出影响农户参加保险决策因素的主要有读书时间、是否务工、年收入，影响农户参加保险可能性的变量主要有灾害损失、是否了解保险以及是否务工。陈妍等（2007）实证分析得出农户的家庭农业收入、耕地面积及受教育年限和务农年限对农业保险需求有显著影响。王阿星和张峭（2008）以内蒙古鄂尔多斯市为例，分析了农业保险需求可能存在的影响因素。

（三）农业保险财政补贴对环境与投入的经济效应

农业保险制度的环境与投入经济效应方面的研究相对较少。宁满秀（2007）以预期效用理论为基础，从农户生产行为的视角对农业保险制度的环境经济效应给出一个理论分析框架，从而有助于更好地理解农业保险制度下农户生产行为的变化，为设计有利于环境保护的农业保险制度提供一种理论参考。钟甫宁等（2007）以新疆玛纳斯河流域为例，运用联立方程组对现行农业保险制度与农户农用化学要素施用行为之间的关系进行实证分析。实证结果显示，化肥、农药、农膜的施用决策对农户购买农业保险决策的影响不尽相同；同时，农户农业保险购买决策对其化肥、农药、农膜的施用行为以不同的方式产生影响。此外，研究也表明了在我国现行"低保费、低理赔"的种植业保险制度下，鼓励农户参保并不会给环境带来显著的负面影响。

二、农业保险财政补贴的模式

在农业保险财政补贴的模式方面，很多学者都探讨了我国农业保险制度模式以及组织形式的选择。这方面并没有达成一致的意见，对于政府的干预程度和方式，存在着政府主导型、政府诱导型以及政府参与型等农业保险模式的争论。庹国柱和朱俊生（2009）提出中国逐步形成"政府引导、市场运作"的"政府市场合作"农业保险制度模式。

在农业保险财政补贴的形式上，张晓云（2004）提出我国的农业保险财政补贴工作可以借鉴国外现行国家的成功经验，通过对参保农民进行保费补贴、对农业保险经营公司进行经营管理等费用的补贴、对经营农险的公司实行税收减免或优惠、对农业保险实行再保险业务等形式补贴农业保险。王清海（2005）提出应该采取对参保农民直接补贴的形式。他认为经营农业保险公司的亏损是不明确的，也可能是由于其经营不善导致其亏损，那么如果对其进行补贴，则违背了农业保险财政补贴政策。为了防止出现"寻租"现象，建议对参保农民进行农业保险财政补贴。

在农业保险财政补贴的范围上，很多学者都进行过研究，庹国柱和朱俊生（2005），顾海英等（2007）认为农业保险是准公共物品，农业保险的政策性毋庸置疑。但是为了充分发挥农业保险的作用，应该细化农业保险的补贴范围，如针对农作物种植和养殖业实行不同的农业保险财政补贴率，以增强我国农业保险的适应性。

影响农业保险财政补贴规模的因素分析方面，庹国柱和王国军（2002）研究发现，农业保险的纯保费率、农民对农业保险的偏好、农民的支付能力、农业保险的保障水平等因素是影响我国农业保险财政补贴的主要因素。张月华（2007）认为较之其他支农、惠农政策，农业保险财政补贴更能促进农业的发展，政府对农业保险的补贴也应更高。

在农业保险财政补贴的测算研究方面。庹国柱（2002）通过对水稻、玉米、小麦、棉花和能繁母猪这五种进行农业保险保费补贴和经营管理费的补贴，假定农业保险保障水平可以达到平均产量的70%，种植类农作物的保险费率为30%等，估计测算我国政府财政支持农业保险财政补贴需要八十多亿的资金，并且预测这部分政府支持的资金会随着对农业重视程度的加大而支出。邢鹏（2004）研究种植类农作物农业保险，他选取了粮食作物、水果、烟茶等十七种农作物为研究对象，通过计量模型，分析实行农业保险财政补贴方案的财政支持农业保险财政补贴额和农民收入的关系。测算的结果显示，政府对农业保险的支持较强。田甜（2006）在测算几种主要农作物的农业保险财政补贴额之外，还选取特定的地区为样本，如上海、河北、安徽、四川、上海、江苏、河南、贵州，大概估计了农业保险财政补贴对农民收入的影响。总之，学者们在测算农业保险财政补贴额的研究中，其假定条件不尽相同，测算的结果也存在较大的差异。

三、农业保险财政补贴的效率

农业保险财政补贴效率究竟如何，补贴的最优规模应是多少，对这些问题，学界尚存在争议。纵观国内学者进行的有关农业保险财政补贴效率的研究，我们看到研究的角度主要有四种，一是从社会福利最大化角度评价补贴效果，二是运用博弈论、信息不对称模型分析农业保险财政补贴可能带来的效率损失，三是从补贴对农民购买保险意愿的影响角度评价补贴效果，四是通过构建多指标体系测算农业保险财政补贴的效率。接下来我们对这四个角度的代表性研究进行综述。

（一）从社会福利最大化角度评价补贴效果

自 2004 年我国开始试点农业保险以来,国内多位学者从社会福利最大化角度探究了农业保险财政补贴效用的问题。他们利用福利经济学及效用最大化理论，试图找出农业保险财政补贴前后农业保险市场与农作物市场上消费者剩余、生产者剩余及社会福利的变化，以期得到是否需要进行农业保险财政补贴、补贴的合宜规模是多少等问题的答案。大部分学者认为，补贴能在很大程度上缓解农业保险供需"双冷"的局面，使农业保险可以在市场上达成交易，因此能增加消费者与生产者剩余，尤其当农业保险对社会的正外部性被考虑在内时，补贴带来的社会福利的增加就更为显著了。而补贴的最优规模便出现在当政府补贴带来的无谓损失即补贴成本与补贴收益相等的时点上。

学者们的分歧主要集中在以下三个方面。

首先，如何计算由农业保险正外部性带来的社会福利增加。包括李军（2004）、庹国柱（2005）在内的多位学者都认为，农业保险具有保障农业再生产稳定的重要职能，这也是政府进行农业保险财政补贴的重要原因，基于此，胡炳志（2009）等学者在高于农业保险市场需求曲线的位置上加了一条社会收益曲线，由此得出补贴前后社会福利的总体变化情况。但张跃华、施红（2007）却认为，根据外部性的定义，农业保险财政补贴的正外部性需要放在农业保险市场和农作物市场两个市场上去讨论，如果补贴可以间接提高作物产量，那么农户由于规避风险带来的效用提高、农作物市场上作物产量的增加、农作物价格的下降三者的综合作用共同构成了农业保险财政补贴的外部效应。我们认为，和美国等一些发达国家相比，我国的农业保险财政补贴总体规模并不算大，加之我国农业保险的保障水平较低，很多农民都把保险当作可有可无的事情，当前的补贴还远未起到刺激农业生产的作用，我国农业保险当前的主要任务应当还是稳定农业生产、保护农民收入。

其次，我国的农业保险市场的竞争强度究竟如何，供给曲线是什么形状。李明、黄亚林（2009）认为我国农业保险市场竞争性较强，他们通过建立农业保险市场的供给函数，得出供给曲线是一条向上倾斜但倾斜度不足 45°的曲线。不过，大部分学者认为我国的农业保险市场并不属于完全竞争格局。例如，孙香玉、钟甫宁（2008）认为由于我国大部分地区仍然只有一两家公司经营农险业务，农业保险的供给可能会处在一个很宽的规模报酬不变阶段，这使得供给曲线极有可能是一条水平线。再如王根芳、陶建平（2012）认为，农业保险市场属于强自然垄断市场，向下倾斜的平均成本曲线即是市场上的供给曲线。而我们认为，目前的农险市场具有整体性的同时也体现了一定的地域差异，大部分地区仅有两三家保险公司经营农险，人保、中华联合等大公司包揽了绝大多数业务，享受着规模经济带来的优势，但在宁波等地区，大公司的统治地位正在经受挑战，市场竞争程度在这些试点地区空前激烈。

最后，保费补贴带来的究竟是需求曲线还是供给曲线的移动。孙香玉（2008）等很多学者认为，保费补贴直接降低了保险公司的经营成本，激发了保险公司的农险经营热情，因此补贴的直接作用是提高供给。然而王根芳（2012）认为不然，由于政府进行保费补贴，农户承担的保费减少，支付能力增加，因此补贴带来的最为明显的效果便是增加农民需求。就目前的各项调研与分析来看，农民在保费补贴后的投保热情确实有所增加，但囿于我国农业保险还停留在"保成本"阶段，加上农民的保险意识不强，农民的参保积极性还有待提高。与此同时，一个不争的事实是近两年，每年都有大量公司进驻农业保险市场，相信是补贴带来的农险利润所驱使。刘璐等（2015）运用消费者剩余理论中的补偿变化与等价变化理论，测度了政府补贴农业保险的数额。在保障农户效用水平的前提下，通过货币变化测量效用变化，分析了政府对保险公司和农户的补贴比例及福利效果问题，并据此分别提出了对保险公司和农户的补贴方式，力求实现补贴政策的更高效率。

　　总览这一类从社会福利最大化角度评价补贴效率的文章，这是一种对农业保险财政补贴效用定性的分析，它适用于在补贴政策筹备阶段对这项政策实施的可行性做出评判，但如果将它应用于当下阶段去评价近十年来农业保险财政补贴的运行效率，可以看到存在着如下问题：第一，补贴给农户带来的效用、消费者剩余等福利测算中的核心概念都侧重于农民的主观感受，个人色彩明显并且难以量化衡量。第二，农业保险对社会的正外部性是一个外延很广的概念，从农民的增产增收到农业生产的稳定都可以包含在其中，难以做出准确定义。第三，福利本身就是很抽象的概念，不仅无法量化，也无法根据各地区、各年份的实际数据做出调整，因此福利方法并不是衡量农业保险财政补贴效率的最佳方法。

（二）运用博弈论、信息不对称模型分析农业保险财政补贴效率

　　赵书新、王稳（2012），王根芳（2013）等学者另辟蹊径，采用博弈论方法研究信息不对称条件下农业保险财政补贴可能带来的效率损失。其中赵书新、王稳（2012）通过假设不同补贴水平下政府的收益函数、保险公司或农户的成本与边际成本函数构建出政府与保险公司或农户的等利润线，运用stackelberg博弈模型，找到使双方达到均衡的补贴额。但由于政府并不知道保险公司或投保农户的真实成本，因而公司和农户可能会通过隐瞒真实的承保和参保能力获取更高的补贴。与此同时，即使公司和农户暴露了自己的真实成本，政府也可能对此并不相信，这会造成更大的效率损失。

在信息不对称、道德风险与逆向选择成为农业保险发展的一大障碍之时，博弈论的分析方法为我们研究农业保险财政补贴又打开了一扇门，但这种方法并不能用来衡量当前农业保险财政补贴的效率问题，原因如下：第一，与上一类文章相似，博弈论的分析方法仍然高度理论化，它属于对农业保险财政补贴实施效果的定性分析，不能根据不同时间、不同地区的特点予以调整，也不能运用数据进行量化分析。第二，政府、保险公司、投保农户之间产生博弈的原因是三者都追求自身利益的最大化并且各自的利益诉求并不相同。而在我国农业保险并不算发达的今天，政府实行农业保险财政补贴的直接目标是提高农业保险的覆盖率，这与目前保险公司的诉求一致，根本目标是稳定农民收入保持粮食生产稳定等，这在很大程度上与农民的诉求相符。第三，近年来，一批又一批保险公司挤入农险市场，一定程度上加剧了市场竞争，在此背景下，各公司都努力冲击着市场份额，以期获得更多补贴。与此同时，很多基层政府把当地农民的投保率当作一项业绩工程来抓，用各种手段提高投保率。因此在当下的背景下，很难看到农民或保险公司为获取更高补贴而限制参保或限制承保的行为。

（三）从补贴对农民购买保险意愿的影响角度评价补贴效果

近年来，国内多位学者将农民对农业保险的购买意愿作为衡量补贴效果的重要标准或是唯一标准。他们从微观农户入手，以对特定地区的调查问卷作为数据基础，采用计量方法实证分析保费补贴、农民收入、耕地面积以及其他因素对农民支付农业保险意愿的影响。大部分学者得出的结论为保费补贴显著地提高了农民购买农业保险的意愿，而其他变量诸如农民年收入、自然灾害程度等也一定程度上影响了购买意愿。

此类文章中的不同点主要体现在对解释变量保费补贴和被解释变量农民支付农险意愿的数据选择和基于此采用的不同计量方法上。如施红（2008）在问卷设置中简单采用"是否参加农业保险"和"是否知道农业保险财政补贴"作为衡量保费补贴和农民购买意愿的标准，且这篇文章中的大部分变量选择"是"或"否"的定性变量以及按照重要性排序的分级变量,因此,施红采用了 logistic 模型对影响农户农业保险参保决策的因素展开分析。再如孙香玉、钟甫宁(2009),他们默认农民对农险支付率的变化就是补贴效用的直接体现,因此他们的解释变量中未出现和补贴有关的变量,仅分析补贴带来的直接效用即农民支付意愿的增长还受到哪些因素的影响。他们创新性地采用了开放二元选择模式向农民询问支付意愿,将每位农民对特定品种、特定保额保险条款的支付意愿量化为愿意支付的最高保费,基于此,他们采用样本选择模型(Tobit 模型)予以分析。侯玲玲等(2010)将保费补贴转化为农民对农业保险财政补贴比例的期望,他们也采用评定模型(logit 模型),得出的结论为:农民对补贴期望越高,当下的购买保险意愿越低,并计算出补贴对购买保险意愿的弹性值。王志刚等(2013)将农民的农业保险购买意愿细化为农民是否购买作物保险这一定性变量和农户愿意为保费承担的支出这一定量变量。他采用 Heckman 二阶段模型,得出保费补贴增加会提高农民的购买意愿,但同时会在一定程度上减少农民的保费支出。周才云等(2016)以江西省南昌县、遂川县、余江县、会昌县和高安市五个县市农村居民中农业保险状况为例,主要采用问卷调查法进行研究,对实际数据采用 Excel 软件和 SPSS 软件进行统计,对农业保险实施的效率进行了评价,并分析了其中的影响因素,如年龄、学历和收入等,最终提出有针对性的优化建议。

在农业保险财政补贴实施初期,衡量补贴效果的标准的确有保费增长速度、补贴能在多大程度上提高农业保险覆盖率和农民支付意愿等,但随着我国农业保险保费收入高歌猛击、保费规模稳居世界第二,农业保险需走向"重量",但更"重质"的发展轨道。因此如果用此种方法分析当下补贴带来的效果,我们认为存在以下的问题:一是衡量补贴效用的标准过于单一,方法也过于简单,没有考虑到补贴资金对赔付率、对农民收入稳定和增长等方面的直接和间接作用。二是调查问卷的样本容量较小,难以代表某个地区的整体情况。三是以上的实证分析过程中,定性变量多于定量变量,特别是对于农民支付意愿和补贴仅采用"是否购买保险""是否知道补贴"的二元选择变量,很难得出补贴的实际效果,计算方法过于粗糙。

(四)通过构建多指标体系测算农业保险财政补贴的效率

从 2004 年我国开展试点开始,农业保险保费补贴已实施了十年有余,近两年来,不少学者就利用十年中积累的相关数据,构建出衡量农业保险保费补贴效率的指标评价体系,运用多种方法测算我国不同地区、不同时期的补贴效率。其中比较具有代表性的是郑军、朱甜甜(2014),钱振伟等(2014)和江生忠等(2015)的研究。

郑军、朱甜甜(2014)将农业保险保费补贴的效率划分为经济效率与社会效率两类,其中经济效率指标又细分为规模效率、结构效率和资金使用效率,分别用保费补贴占当地财政补贴比例、保费补贴占当地农林水事务支出比例、当地农险赔付率来衡量;而社会效率指标用农业生产总值在当地国内生产总值(GDP)中占比、人均家庭纯收入和人均家庭消费额来表示。他们将这些指标都处理成 5 级得分形式的定序变量,在给每个变量赋予不同权重后直接加总即得出全国 31 个省份 2011 年农业保险财政补贴的效率值。除此之外,这篇文章还将各地农业产出值与当地保费补贴、经济发展水平等变量作回归,用回归得到的保费补贴变量前的系数值作为最优补贴比例。

钱振伟等(2014)采用三阶段 DEA 模型,将各省政策性农业保险的投入置于相同外部环境与随机误差下,得出我国 31 个省份农业保险财政补贴的效率值。这篇文章选择的投入变量为中央、省、市的保费补贴和农民缴费额,产出指标为承保数量、参保农户户数和赔款支出,环境变量为家庭人均纯收入、成灾面积和文盲率。第一阶段为传统 DEA 实证分析,这篇文章测算了各省的规模效率、技术效率与纯技术效率;第二阶段是 SFA 回归分析,衡量环境变量对投入指标的解释程度;第三阶段为修正投入后的 DEA 评价指标,它提出了外部环境和随机误差对投入指标的影响,重新测算了各省补贴的效率值。这篇文章得出的结论为,我国农业保险财政补贴效率总体较高,但东、中、西部差异明显,东部的补贴效率显著高于西部。我们认为,这篇文章构建了一个比较全面的衡量农业保险财政补贴效率的指标体系,也采用三阶段 DEA 方法试图剔除环境变量对投入指标的影响，具有一定的创新性，但仍然可以在以下几个方面有所改进：一是投入指标的选取上。保费补贴的总额固然是一种重要的投入，但除补贴额外，各级政府因这笔额外的补贴产生的相关投入、各保险公司为得到补贴产生的交易成本和因农业保险为补贴型险种而需进行分开核算进而产生的费用等都需要被计入投入成本中。二是产出指标的选取上。如果农业保险不能带来一些社会外部性收益，那么它完全可以作为一个纯商业性险种自负盈亏。因此，仅仅选用这篇文章中提及的承保数量、参保农户户次和赔款指标作为补贴的产出指标就有些狭隘了，这些指标仅仅是农业保险财政补贴最直接也是最低级的目标，不妨考虑一些诸如衡量购买农业保险后农民收入稳定性的指标，这样就可以囊括农业保险财政补贴更深层次的意义。

江生忠等（2015）以各省为决策单元（DMU），运用超效率 DEA 方法分析我国农业保险财政补贴的效率值，在产出变量、影响因素变量的选择上进行了改进和调整，突出在产出变量选择中的独特性和创新性。他们采用反推的思路选取产出变量，一般逻辑为，首先证明农业保险财政补贴的必要性，然后分析补贴的效率。但该文章认为补贴效率高低的判断标准是：是否解决了必要性中强调的农业保险出现的问题，包括：供给不足、需求不足、外部性、逆向选择。从这几个方面出发并结合数据的可获得性确定产出变量。并在此基础上采用 Stata 软件进行影响因素的面板回归分析，探究影响我国农业保险运营效率的因素，得出的重要结论有：（1）经济状况变量结果分析：农业产值占比与补贴效率成正比。（2）自然灾害状况变量结果分析：自然灾害受灾面积与补贴效率成正相关关系。（3）农险市场竞争程度变量结果分析：市场集中度与补贴效率不显著。（4）农民自身因素变量结果分析：农民经营性收入占比与补贴效率负相关。为下一步农业保险财政补贴政策的取向、农业保险定位、经营模式等重大问题的解决提供实证支撑。

江时鲲（2016）利用 Bootstrap-DEA 方法分析了 2010—2013 年我国农业保险保费补贴效率的时空演进，从技术进步的角度看，我国农业保险保费补贴效率的提升需要进一步扩大补贴的规模。尽管规模效率变化率有小幅的提升，但其绝对规模一方面仍不能满足现实需求，另一方面也与农业的基础地位不匹配。

李婷等（2016）基于平衡计分卡原理，分析了农业保险保费补贴资金绩效评价 BSC 法的适用性，进而结合政府组织的特点对 BSC 指标体系进行了修正，从经济绩效、社会绩效、组织管理绩效和发展潜能四个维度设计了 BSC 框架下的农业保险保费补贴资金绩效评价体系，构建了农业保险保费补贴资金绩效的评价体系。

第三节　文献综述总结

农村科技、农业金融与农业保险是支持现代农业发展的三大支柱。而农业保险一直以来都被各国用来作为支持农业发展的重要手段，也是世界贸易组织（WTO）允许各国支持国内农业发展的"绿箱政策"之一，对农业以及国民经济的发展具有强大的福利功效、信贷支持功效和政策功效。农业保险自身的性质决定了其必须是一种政策性保险，不可能从保险公司商业化经营中寻求出路，而政府的财政补贴是其顺利发展的必要条件。因此，学术界普遍认为，应该利用财政补贴提高农业保险参与率。在农业保险实务中，美国、加拿大等典型发达国家对农业保险实施补贴政策已经多年，农业支持与补贴政策也相对来说比较完善；另外，巴西、印度是以农业为主的发展中国家都是农业大国，与中国的发展阶段相似，又同属金砖国家。因此，国外农业保险财政补贴的理论研究成果为我国农业保险财政补贴的深入研究提供了很好的参考。

我国自 1934 年开始试办农业保险至今已有 80 多年的历史，在 20世纪 80 年代末达到发展的高峰期，随后开始走向低潮，甚至一度停滞。而在 2007 年，我国迎来了农业保险发展历程中的里程碑：中央政府开始对农业保险进行保费补贴试点，为我国农业保险的快速发展提供了持续的推动力。2007 年实现农业保险保费收入 51.84 亿元，其后迎来爆发式的增长，农险保费收入在 2015 年达到 374.72 亿元。可见，保费补贴为保费收入的增长提供了持续的推动力。近几年，农业保险发展过程中财政补贴的重要性已经得到了理论界的普遍关注，政府相关部门也开始着手这方面的尝试，但是，我国农业保险财政补贴在实践中存在很多问题。首先，我国多强调介入农业保险的必要性，对政府大规模补贴的财务可持续性以及补贴对市场机制的扭曲程度缺乏考察。其次，多局限于现状对策分析，相对缺少结构性的理论凝练和前瞻性的预测分析。最后，研究方法主要是进行经验分析和理论探讨，缺少实证研究。

在这种情况下，借鉴国外农业保险财政补贴的发展历程，并结合具体国情来探索我国农业保险财政补贴的有效途径，对推动我国农业保险的发展及整个农业生产的发展有着重要的现实意义，也符合我国建设社会主义新农村的政策要求。

第三章

农业保险及其财政补贴的作用与功能

　　本章从农业生产的重要性和特征入手，简要介绍了农业在国家发展过程中占有的重要地位，说明了国家实施农业支持政策的必要性。然后通过列出农业生产过程中面对的主要风险，引出农业保险系统在应对农业风险过程中发挥的重要作用。最后在阐述农业保险系统存在缺陷的基础上，剖析了农业保险财政补贴的作用和功能。

第一节　农业生产的重要性及其特征

一、农业的价值

（一）农业在国民生产中的基础性地位

　　农业是指利用动植物的生长发育规律，通过人工培育来获取产品的产业。从人类社会的起源来看，农业是历史上最早被发明和发展的生产活动，同时也是支持人类一切生命活动的基础。农业为人类赖以生存的基本生活资料提供了相对稳定的来源，为人类的聚居生活提供了条件。因此如果没有农业，人类社会就无法建立，农业产业是传统社会的基础产业，这对任何一个国家来讲都是成立的。

同时，农业作为国家的第一产业，其在国民生产活动中的基础性地位还表现为刺激社会分工，促进第二、第三产业的产生和壮大，并为人类社会从农业文明向工业文明以及现代科技文明转变的过程提供动力。在社会发展程度较低的时期，农业是大多数国家最主要的产业部门，农业产出是一国经济的命脉。随着知识的积累和技术的进步，农业生产的效率逐渐提高，农业产出在满足生产者自身生活需求的基础上开始产生剩余产品。农业剩余的产生和积累使得剩余的劳动力和资源由农业部门向其他部门转移，从而推进了劳动力的社会分工，为工业革命的发生奠定基础，推动了工业（第二产业）、商业（第三产业）的产生以及商品经济和城市的发展繁荣。在此基础上，社会各产业共同推动了科学技术和人类文明的发展进程，技术和知识的积累又将反作用于农业生产，带动农业生产方式的改良进步，形成三大产业共同发展、互相促进的良性循环局面，在提高社会生产力的同时促进了现代文明的发展繁荣。因此，农业产业是人类社会工业化、城市化和现代化的最重要推动力，是现代社会的基础产业。

除了为人类社会的起源和发展提供条件之外，农业的基础性地位还体现在其不能被任何其他产业替代的特殊性上。首先，农业是居民生活所必需的食物和营养的最主要来源，这一点是农业最根本也是最主要的功能和作用，无论在过去还是现在都是无法被替代或改变的；其次，农业是工业生产原材料的主要来源，在现代社会背景下，工业产品（尤其是轻工业产品）是满足居民生活不可或缺的必需品，农产品则是工业生产的重要原料，是难以被其他途径生产的物品替代的；此外，农业部门为其他部门的发展提供了市场，这一方面是指农民在收入水平提高的背景下对非农产品不断增长的需要，另一方面是指在农业生产过程中不断发展的，对化肥、机械、灌溉系统等生产设备设施以及生产技术的需求。

图 3-1 展示了十年内我国三大产业产值所占国内生产总值比重的变化，可以看出，第一产业产值占国内生产总值的比重有缓慢下滑的趋势。在国民经济持续发展的大背景下，随着第二、第三产业的蓬勃发展，第一产业不再是国民经济增长的主力，但这并不代表农业在国

民经济中的地位有所下降。第一产业农业仍然是提供人类生产生活及社会经济发展所需产品的重要的且是无法被替代的生产部门，对人口增长和社会繁荣有着举足轻重的意义。

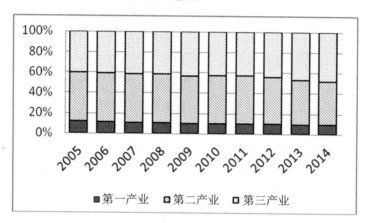

数据来源：整理自国家统计局网站

图 3-1   2005—2014 年我国三大产业产值占总产值比重

（二）农业的作用

1. 农业在经济发展中的作用

农业在一国发展中最主要的作用就在于促进经济增长。农业为一国经济发展所做的贡献可以被简要概括为四点：产品贡献、要素贡献、市场贡献和外汇贡献。

（1）产品贡献

产品贡献是农业为其他产业提供的最初始的贡献。即农业部门生产的产品在扣除农业部门本身消费和储备的部分后留下的农产品剩余，这些农产品剩余一方面可以为非农业部门的人口提供食物，另一方面可以为其他产业的生产提供原材料。

在产品贡献的食物供给方面，随着经济发展和人口增长，国民对食物需求的总量是不断上升的，因此农业最重要的作用就体现在满足居民食品需求上。与此同时，随着收入水平的提高和生活质量的改善，人们对农产品质量和多样性的要求也在不断丰富，这将给予农业产业更大的发展压力，也更加凸显了农业部门的产出对于人民生活发挥的重要作用。此外，在当今世界，粮食安全是维系一国安全稳定的重中之重，一旦粮食供给和价格产生波动，就可能导致经济发展停滞，甚至引发严重的社会动荡。因此，保障充足的粮食供给和稳定的粮食价格，从而维护国家安定和社会和谐，成为了农业在食物供给方面的另一个重要作用。图 3-2 展示了我国粮食产量的变化趋势，可以看出我国粮食产量近三十年以来基本处于稳定增长状态，为满足居民日益增长的食品需求和维护国家粮食安全奠定了重要基础。

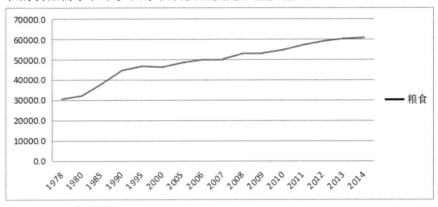

数据来源：整理自《中国统计年鉴 2015》，中国统计出版社。

图 3-2　我国主要农产品产量（万吨）

在产品贡献的原材料供给方面，农业产品主要为工业生产（如食品加工业、纺织业和烟草制品业等）提供必需的原材料。尤其在工业化初期或发展中国家的经济起步阶段，以农产品为主要原材料的轻工业对于工业化进程和经济增长有着重要的意义。这一方面是因为加工食物、纺织品等轻工业产品作为人民生产生活的必需品，能够保障一国居民的基本生活需要；另一方面是因为以轻工业为主的工业化布局符合发展中国家劳动力密集低廉而资本和技术尚不发达的实际国情，有利于获得在国际贸易中的比较优势。在农产品供给原材料的保障下，工业和其他产业将实现持续性的扩张，顺利推动一国工业化进程，从而带动国家经济整体的发展繁荣。表 3-1 展示了我国以农产品为原料的轻工业产值及其占工业总产值的比重变化，可以看出在 20 世纪 80 年代，中国工业（特别是轻工业）的发展对农业部门提供的原材料依赖度相当高，这体现了在经济发展起步阶段农业在原材料贡献上的重要性；随着经济总体的发展，以农产品为原材料的轻工业产值的绝对值仍在持续增长，虽然在相对比重上有明显的下滑，但是仍然在工业部门总产值中占有重要地位。

表 3-1　我国以农产品为原料的轻工业产值及其占工业产值的比重

年份（年）	以农产品为原料的轻工业产值（亿元）	轻工业总产值（亿元）	从农产品为原料的轻工业产值占轻工业总产值的比重（%）	工业总产值（亿元）	从农产品为原料的轻工业产值占工业总产值的比重（%）
1980	1604.3	2343.6	68.46	4992.4	32.14
1985	2756.6	4113.5	67.01	8294.5	33.23
1990	6119.5	8776.8	69.72	23924	25.58
1995	12793.1	20442.1	62.58	54946.9	23.28
2000	21069.9	34094.5	61.80	85673.7	24.59
2005	50292.7	79114.4	63.57	251619.5	19.99
2010	135815.5	200072	67.88	698591	19.44

注：①1985 年及以前的数据是分阶段按不变价格计算，详细见数据来源；1985 年后的数据按当年价格计算。②以农产品为原料的轻工业产值在 1998 年以前为乡及乡以上工业企业统计口径，1998 年以后为国有及规模以上非国有工业企业数据。

数据来源：整理自《中国农村经济统计大全（1949—1986）》，农业出版社；《中国农村统计年鉴 2002》，中国统计出版社；《中国统计年鉴 2011》，中国统计出版社。

（2）要素贡献

农业的要素贡献在于农业资源向其他生产部门的转移。可被转移的要素分为两种，即劳动力和资本。

在劳动力转移方面，随着经济发展程度的不断提升，农业产业为工业和服务业的扩张和发展提供了大量的劳动力。按照经济发展的一般规律，在起步时期，农业是国民经济的主导产业，其占有的劳动力在社会总劳动力中也占有绝对的份额；在工业化进程加速时期，以工业为代表的非农业产业部门的扩张使得对劳动力要素的需求大大增长，除了依靠提高技术水平、增加有效劳动力之外，还需要依靠大量农业部门劳动力的补充和支持。劳动力要素由农业部门向其他部门的移动实际上是一种全社会范围内资源配置的优化过程，它一方面能够提高农民收入，刺激新一轮的消费和投资热潮，带动经济整体的增长；另一方面，它促进了人口由农村向城市的流动，加速推动了城市化进程，并创造了新的商品与服务需求，创造了新的就业岗位和机会。由此可见，农业的劳动力转移不仅是工业化进程的重要环节，也是提高人民收入水平、改善人民生活质量、带动经济发展扩张的前提条件之一。

在资本转移方面，农业部门在经济增长过程中为非农业部门的发展和扩张提供了大量的资本投入。在工业化进程起步阶段，工业部门的专业化和集中化程度较低，其发展过程中大量的资本需求无法通过自身的储蓄投资得到满足。在这种情况下，作为国民经济主导产业的农业部门占有的资本可以成为工业扩张资本的主要来源。农业部门拥有的储蓄和资本可以通过农民的自愿投资或政府的转移支付政策等途径注入工业部门，一方面为工业生产提供强劲的资金支持，刺激工业迅速发展以达到规模经济，另一方面也会通过资本的增值使农业人口和经济整体直接或间接地获益。

（3）市场贡献

农业部门与国家其他部门的市场交易，形成了农业部门的市场贡献，并分为直接市场贡献和间接市场贡献两类。

农业人口的生产过程离不开对化肥、农业和辅助机械设备等非农业产品的消费，同时，农业人口的日常生活不仅需要自身的农产品产出，还需要日常用品、家具家电和服装等非农业部门的产品。农业对于经济的直接市场贡献就在于其购买生产投入品和日常生活必需品的行为，增加了社会消费需求，带动了市场的发展和工业化的推进，对国民经济的增长发挥了重要作用。农业人口的消费不仅能够带动产品供给方的规模发展，同时，这种消费使农民有更多可能性获得更新更好的生产资料和设备，以便投入新的农业生产中，促进农业生产效率的提高从而带动农业部门自身的发展。农业部门的发展又能反过来刺激新的市场交易，形成互相促进的良性循环。表 3-2 展示了我国农村居民消费水平的变化，随着国民经济持续增长，农民收入普遍提高，农村居民的消费水平与以前相比有显著提高，农民的消费对我国的市场贡献也越来越大。

表 3-2　我国农村居民消费水平

年份（年）	绝对数（元）	指数（上年=100）	指数（1978=100）	年份（年）	绝对数（元）	指数（上年=100）	指数（1978=100）
1978	138.00	104.30	100.00	2005	2783.64	106.78	488.88
1980	178.41	108.56	115.74	2006	3065.53	107.32	524.66
1985	345.97	114.42	192.49	2007	3537.84	108.72	570.43
1990	626.52	103.41	240.35	2008	4065.08	106.98	610.25
1995	1344.50	105.05	288.75	2009	4401.73	109.29	666.94
2000	1917.03	106.61	377.63	2010	4940.84	107.36	716.05
2001	2032.10	104.64	395.16	2011	6187.49	112.93	808.61
2002	2156.68	106.57	421.11	2012	6963.90	108.88	880.37
2003	2292.18	104.60	440.47	2013	7773.39	108.56	955.77
2004	2521.38	103.94	457.82	2014	8743.96	110.16	1052.86

数据来源：整理自《中国统计年鉴2015》，中国统计出版社。

农业的间接市场贡献表现在农民的直接消费能够通过乘数效应推动经济总体消费相对上涨。农业部门通过市场交易将资金转移到其后向产业的身上，引发新一轮的消费和投资，这样可以带动整条产业链的规模化发展，从而带动经济总体的扩张和增长。

（4）外汇贡献

除了上述三种贡献方式之外，农业在一定时期内可以通过对外贸易来创造外汇收入，拉动经济增长。对发展中国家而言，其充足而廉价的劳动力资源使其农业产品在国际贸易中拥有更大的价格优势，农产品的对外销售可使本国获得外汇收入作为工业化推进和经济发展的资本，带动国家综合实力的增强；对于发达国家而言，其拥有的先进农业技术和生产设备可在农业生产方式更新换代的过程中通过向发展中国家出售来为本国创造额外收入。

2．农业的其他作用

（1）社会作用

农业部门的社会作用体现在对社会和谐稳定发展的促进上。首先，农业部门具有为劳动力提供就业机会、保障劳动力收入来源的作用。在我国，虽然随着社会经济发展和产业结构的调整，第一产业的劳动力正在逐步向第二、第三产业部门转移，但是农业部门仍然容纳了我国将近三成的劳动力（2014 年第一产业就业人员占全部比重约为29.5%），其就业功能至关重要。其次，随着农业收入的提高和扶持政策的完善，农业逐渐开始具有一定的社会保障功能，这体现在农村养老、医疗和教育卫生等方面。此外，农业生产还具有保障国家粮食安全、维系居民基本生活的安全功能。

（2）生态作用

除了社会作用以外，农业发展在环境保护和维护生态平衡等方面也发挥了重要的作用。具体而言，农业对于调整生态环境具有多重作用，例如，通过农作物的光合作用和呼吸作用实现供氧和固碳，发挥气体调节的功能；通过植被覆盖以及部分作物品种和牲畜的育肥功能实现土地资源保护和循环利用，发挥保育土壤的功能；通过作物调节径流实现水质的净化和水量的调节，发挥涵养水源的功能；通过农林业为各类动植物提供生活和繁衍场所，为不同物种的生存和进化提供条件，发挥保护生物多样性的功能。

除了利用农作物生长过程中自身的性质来达到生态调节的目的以外，农业还在新能源的发现和利用领域中发挥着重要的作用。在过去，农业生产的过程不可避免会产生一些废弃物，如秸秆、动物粪便及其他废物废水等，不仅会对环境造成污染破坏，对它的处理还面临着高昂的成本问题。随着科学技术的发展，这些废弃物开始通过各种途径发挥其新的价值，如秸秆沼气化、生物柴油和燃料乙醇等清洁能源的开发。这些新技术不仅符合现代经济可持续发展的原则，为农业和工业生产提供了环保可靠的能源，还为进一步提高农民收入、改善农民生活水平提供了新的途径。

（3）文化作用

农业的文化功能体现在两个方面：一方面，体现在对文化的传承和保护上，以我国为例，作为一个历史上的农业大国，我国拥有大量以农业和农村为温床进行传承的物质和非物质文化遗产，如农业设备、仪式、语言、歌曲和传说等，在历史研究、审美和教育领域具有巨大的潜在价值。另一方面，随着社会经济文化的不断发展和人民物质文化需求的逐渐提高，农业的旅游、观光和休闲作用正在逐渐凸显，这也进一步发挥了农业的潜在功能，为农民的增收和农业向新型发展模式的转变提供了动力。

综上所述，农业在国民经济中的基础性地位和在国家发展过程中发挥的各项重要作用，共同决定了国家保护和促进农业发展的重要性。而针对农业生产的特征，制定适合的帮扶措施，也成为了国家农业发展战略的重中之重。

二、农业生产的特点

（一）传统农业的特点

农作物农业生产的过程在很大程度上受到自然条件的限制，气候条件、水源条件、地形条件和土壤条件会分别从不同角度影响农作物的生长和农业的发展。同时，每一种农作物都拥有各自不同的生长周期和对自然环境的要求，因此农业生产的过程也会受到来自农作物自身生长规律的限制。由于农业显现出的这种对自然环境和作物自身特点的强依赖性，传统农业生产过程的特点在总体上表现为地域性、周期性和自然性。

农业生产的地域性源于自然条件地带性与非地带性对于农作物生长环境的影响。图 3-3 是 2014 年我国各地区主要农作物产量的比重，可以看出，在不同作物的主要产区各不相同，各地区的主要农产品也各不相同。由于纬度、海陆分布以及地质地貌的不同，各个省份和地区形成了多种多样复杂的生态环境。这些自然地理的差异是不同地区作物分布差异产生的基础。此外，社会经济条件的差异也在一定程度上影响农业生产的地域性，这体现在人口、资源、技术和历史背景不同地区对农业发展方向、结构、经营方式和布局的差异上。

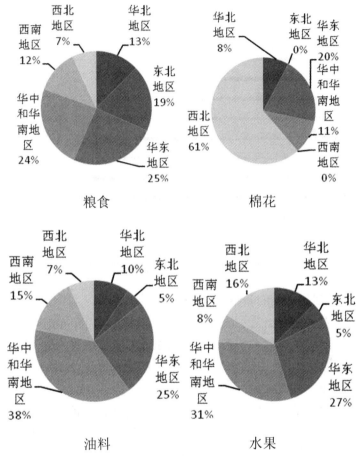

数据来源：整理自《中国统计年鉴 2015》，中国统计出版社。

图 3-3　2014 年我国各地区主要农作物产量比重

农业生产的周期性和季节性源于影响作物生长发育的温度、水分和光照等自然条件随季节产生的周期性变化，因此作物的生长和产出也会遵循相同的规律。图 3-4 显示了我国近年来农业总产值各季度的累积值，可以看出每一年第三、四季度的农业产值增量是明显大于第一、二季度的，农业生产有明显的周期性和季节性特点。

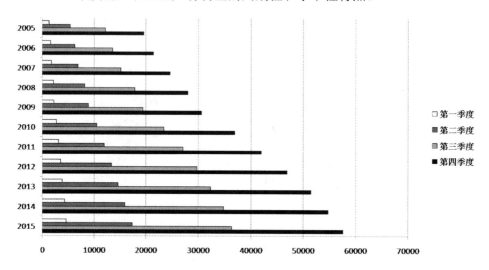

数据来源：整理自国家统计局网站。

图3-4 我国农业总产值季度累积值

（二）现代农业的新特点

现代农业主要指第二次世界大战后经济发达国家和地区的农业，是指应用现代科学技术和管理方法的农业产业。在农业现代化的发展背景下，农业生产过程中产生了与以往不同的新特点。

1. 农业生产技术的科学化

科学技术是第一生产力，同时也是现代农业发展的重要驱动力。在农业现代化的进程中，科学技术逐渐取代土地、资本和劳动力，成为了对提高产量贡献最大、回报率最高的投入方式之一。此外，农业科技的运用也使得农业产品更新换代的速度不断加快，满足了人民日趋多样化的消费需求。

2. 农业生产过程的机械化

在农作物培育的各个阶段，机械设备正在逐步取代人工劳动，在提高生产效率和精确度的方面发挥了重要作用。表 3-3 是近年来我国主要农业机械拥有量的相关数据，随着国民经济的发展和农业技术的进步，我国农业生产对农业机械的依赖性逐渐增强，农业机械的数量正在快速增长。

表3-3　我国主要农业机械拥有量

年份（年）	农业机械总动力（万千瓦）	大中型拖拉机		小型拖拉机		农用排灌柴油机数量（台）
		数量（台）	配套农具（部）	数量（台）	配套农具（部）	
2005	68397.85	1395981	2262004	15268916	24649726	8099100
2006	72522.12	1718247	2615014	15678994	26265699	8363525
2007	76589.56	2062731	3082785	16191147	27329552	8614952
2008	82190.41	2995214	4353649	17224101	27945401	8983851
2009	87496.10	3515757	5420586	17509031	28805621	9249167
2010	92780.48	3921723	6128598	17857921	29925485	9462526
2011	97734.66	4406471	6989501	18112663	30620134	9683914
2012	102558.96	4852400	7635200	17972300	30806220	9823100
2013	103906.75	5270200	8266200	17522800	30492100	9347000
2014	108056.58	5679500	8896400	17297700	30536300	9361300

注：大中型拖拉机中不包括变形拖拉机。

数据来源：整理自《中国统计年鉴2015》，中国统计出版社。

3. 生产方式的专业化、规模化

随着农村土地流转制度改革的不断深化，形式多样的土地出让方式使原本分散的耕地开始适度集中。新型农业经营主体（农业合作社和专业农场）及其专业化、规模化的经营方式随之出现，产业结构由传统的小农经济向规模农业经济方向转变。在规模经济作用下，农业生产效率和产量都有大幅提高。

如表3-4所示，在现代农业这三个特点的共同作用下，我国农业生产的效率有了显著提升，各类农产品单位面积产量都有显著提升。但需要注意的是，这在促进农业产业发展的同时也给农业发展带来了更大的潜在风险。

表3-4 我国主要农产品单位面积产量（公斤/公顷）

年份	谷物	棉花	花生	油菜籽	黄红麻	甘蔗	甜菜
2005	5224.62	1128.88	3076.10	1793.27	2670.12	63969.96	37523.46
2006	5310.00	1295.26	3254.22	1832.64	2780.98	70450.25	39766.87
2007	5319.90	1286.44	3302.40	1873.82	2968.83	71228.21	41359.75
2008	5547.66	1302.00	3364.77	1835.34	3216.51	71209.66	40754.40
2009	5447.48	1288.57	3360.64	1876.52	3139.08	68093.39	38536.21
2010	5524.40	1229.42	3455.45	1775.10	3685.63	65700.04	42498.05
2011	5706.63	1310.00	3502.47	1827.26	3896.31	66485.12	47361.10
2012	5823.70	1458.15	3598.46	1884.77	3898.72	68600.30	49792.75
2013	5894.21	1449.50	3663.33	1919.81	3580.88	70576.50	50922.35
2014	5892.04	1463.25	3579.98	1946.81	3885.30	71351.90	57646.97

数据来源：整理自《中国统计年鉴2015》，中国统计出版社。

第二节 农业风险的特征及其影响

一、农业生产面临的主要风险及其影响

由于传统农业对自然条件的强依赖性，以及现代农业正在受到技术、资本等越来越多要素的影响，农业生产过程中需要面对来自各方面的风险。本书将主要的农业风险划分为四类：灾害风险、市场风险、资源风险和技术风险。

（一）灾害风险

自然风险是指在农业生产过程中由于自然环境的变化或人为因素的影响导致灾害发生，从而使农业部门发生损失。根据不同的灾害原

因，灾害风险还可以被细分为四种风险。

1. 气象灾害风险

气象灾害风险主要是指气象的异常突变对农业和农民的生命财产安全造成直接或间接的损失。气象灾害主要包括旱灾、暴雨与洪涝灾害、台风、沙尘、寒潮、冻雨、冰雹和霜冻等。不同的气象灾害造成损失的方式、范围和持续时间各不相同，但一般会导致农作物产量低下甚至绝收，对农民收入产生不利影响。

2. 地质灾害风险

地质灾害风险主要是指在自然或者人为因素的作用下形成的具有破坏性的地质现象对农业生产造成的损失。地质灾害主要包括地震、滑坡、泥石流、塌方、地裂、火山喷发、土地沙漠化和盐碱化等。地质灾害对农业的危害往往是毁灭性的，既可能对农作物和农业系统基础设施造成严重的破坏，有时甚至会完全改变原先农业用地的地貌和土壤条件，使农业生产的恢复变得困难。

3. 生物灾害风险

生物灾害风险主要是指由病、虫、草、鼠的暴发性增殖和流行造成农作物和牲畜的大量损失。生物灾害风险的发生频率较高，危害也非常严重，既会导致农产品产量降低乃至绝收，还会对生态环境造成严重破坏，影响到较长时期内的农业再生产。

4. 生态灾害风险

生态灾害风险主要是指因生态环境恶化或被破坏导致的农业损失，包括环境污染、水土流失、温室效应和物种资源衰竭等。生态灾害风险一般是由于人类过度的开发利用自然资源导致的，其对农业生产环境的不利影响是长期的、渐进的甚至是难以逆转的。

表 3-5 展示了 2014 年我国各省因自然灾害导致的农业损失状况。灾害风险是制约农业发展壮大的重要因素之一，也是农业产量不确定性的一大主因，严重影响了农业发展的稳定。随着市场经济的发展和农业生产规模的扩大，自然灾害对于农业的不利影响越发显著，并会间接作用于国民经济和国家安全。一旦发生自然灾害，不仅农业部门会发生收入损失，还可能导致粮食、肉类等生活必需品供给不足、价

格上涨，对社会安定造成不利影响。

表 3-5　2014 年分地区自然灾害损失情况

地区	直接经济损失（亿元）	地区	直接经济损失（亿元）	地区	直接经济损失（亿元）	地区	直接经济损失（亿元）
全国	**3373.8**	黑龙江	55.8	河南	118.7	贵州	198
北京	10.5	上海	—	湖北	68.4	云南	444.2
天津	1.3	江苏	14	湖南	206.5	西藏	1.9
河北	135.1	浙江	64.4	广东	337.1	陕西	93.4
山西	50.8	安徽	29.4	广西	191.7	甘肃	74.6
内蒙古	113.1	福建	45.4	海南	177.4	青海	9.3
辽宁	169.6	江西	72.8	重庆	98.5	宁夏	16.6
吉林	117.4	山东	82.4	四川	205.4	新疆	170.1

数据来源：整理自《中国统计年鉴 2015》，中国统计出版社。

（二）市场风险

农业生产过程中的市场风险主要是指农业部门在参与市场交易活动中由于供需条件变化、经营管理失误和通货膨胀等原因导致的损失，可具体分为以下几种。

1. 价格风险

价格风险主要指由于农产品价格波动导致的生产者预期收益与实际收益之间的差距。这种波动一方面是由于农业生产自身的周期性和季节性特点，导致了农产品在短时间内的集中供应或稀缺，从而影响到农产品价格在各个季度的剧烈变化；另一方面是由于农业生产者获取市场信息的滞后性和盲目性，由前一期的产品价格决定后一期的产量从而影响到后一期的产品供给，导致农产品价格的周期性波动。如图 3-5 所示，我国的农产品生产价格是多变且缺乏规律的，这在客观上导致了更高的价格风险。价格风险不仅会使农业生产者的实际收益严重偏离其预期收益，还会对消费者的利益造成损害，并影响到农产品市场的健康发展。

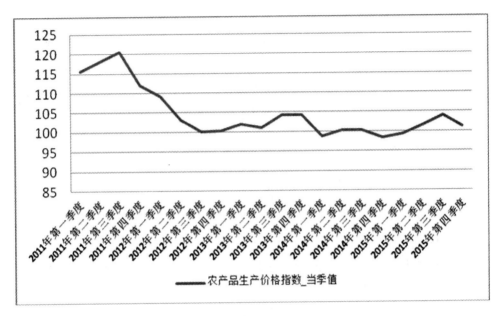

数据来源：整理自国家统计局网站。

图 3-5 我国农产品生产价格指数（按季度计）

2. 信用风险

信用风险主要是交易双方的违约行为造成的经济损失。这一方面是指在农产品交易过程中生产者面临的买方违约风险，由于农业生产需要一个较长的农作物生长周期，交易双方很难实现一手交钱一手交货，因此面临一定的毁约风险；另一方面是指在农业信贷过程中贷款机构面临的农业生产者违约风险。由于农业生产过程的不确定性，一旦农业生产者发生损失，失去还款的资本，贷款机构将难以收回贷出资本。

（三）资源风险

农业生产过程中的资源风险，主要是指由于生产所需资源的短缺导致的农业损失，可以按照资源类型分为自然资源风险和劳动力资源风险。农业作为一种资源密集型产业，一旦出现资源供给不足的状况，就会对农业生产者的生产可持续性和安全性造成危害。

农业的生产对自然资源有很强的依赖性，自然资源风险主要分为三类：耕地资源风险，包括耕地面积总量减少、耕地质量下降和耕地污染等，这些现象可能导致较低的劳动生产力和人地资源关系紧张等问题；水资源风险，主要表现为水资源短缺、水资源分布不均衡和水资源污染等，这些现象会导致大规模的产量损失以及农产品质量下降等问题；生态资源风险，主要表现为生态破坏和生物多样性的减少，生态破坏会导致农业生产环境恶化，而生物多样性的减少则会影响农作物的品种改良和农业生物科技的更新进步。

随着农村劳动力的兼业化和劳动力由第一产业部门向第二、三产业转移的趋势，农业生产正在面临劳动力资源风险。在"打工潮"流行的背景下，传统农业的劳动力状况不可避免地出现了女性化、老龄化的趋势，这将会导致劳动力素质的下降和农业生产效率的降低。

（四）技术风险

农业技术风险主要是指在农业技术的运用过程中产生的不可预期的损失。在农业现代化的背景下，农业生产过程中对现代科学技术的利用越发重要。农业科技的发展不仅改变了农业生产完全依赖自然条件的局面，在极大程度上提高了农业产出率，还开发出了新的农产品，扩展了农业生产的经营范围。但是农业技术的运用在高收益的同时面临着高风险：第一，农业科技投入生产实践首先需要大量的资金和劳动力投入，一旦实践失败未能收获预期效果，采用新技术的生产者将蒙受比未使用新技术时更加严重的经济损失；第二，某些农业科技的大规模推广在发挥其优势效果的同时，可能对农业生产甚至生态环境的其他方面造成损害，譬如杀虫剂、除草剂和化肥的大量使用虽然在短期内能够起到提高产量的效果，但是在长期内可能导致土壤板结、害虫害草产生抗药性、环境污染等更加严重的问题，加剧农业甚至生态环境总体的脆弱性，对生产者收入造成更大的损失；第三，由于农业科技的先进性和科学性，其在生产实践中的运用通常要求生产者具有一定的知识水平和生产技能，但是以目前的教育推广程度而言，我国农民文化水平普遍偏低，这往往会导致农民由于未能正确掌握新技术的使用方法而导致大规模损失；第四，农业科技的成功运用能够为身先士卒的生产者带来大量的收益，但是新技术一旦被证实确实有效，就会在极大范围内被其他生产者运用和模仿，从而引起农产品的供给大幅增加和产品价格的下滑，可能导致生产者的实际收入与预期收入严重背离。

二、农业风险的特征

（一）农业风险种类多、频率高、损失大

农业生产的过程中会受到来自自然和社会的多重因素的共同作用。农业风险的形成既会受到自然灾害和自然资源的影响，又会受到农产品市场和农业科技的影响，因而导致农业风险具有种类多、频率高、损失大的特点。仅以我国自然灾害为例，2010 年以来每年导致的直接经济损失都在 2000 亿元以上，并且经济损失的数额没有明显的变化规律，这导致了农业生产和农民收入的严重不确定性，甚至危及整个国家的安定发展，因此农业风险管理体系的建立是十分重要的。

（二）农业风险具有明显的区域性

农业风险，尤其是灾害农业风险在分布上具有明显的区域性。由于所处纬度、海陆位置、地形地貌条件和经济社会背景各不相同，各地所面临的农业风险也具有不同的特点，主要风险类型、发生频率和损失程度的差异也很大。如图 3-6 所示，以我国为例，华北地区和东北地区由于气候相对干燥，降水量小，自然灾害以旱灾为主；华东地区、华中南地区和西南地区由于其显著的季风性气候特点，夏季降水集中（尤其华东地区夏季易受台风和风暴潮影响），其他季节降水稀少，同时受到干旱和洪涝灾害的威胁；西北地区受到海陆位置的影响，旱灾十分严重，同时由于其自身高海拔的地理条件，低温冻灾和风暴灾害的威胁也十分明显。风险的地域性要求在风险管理的过程中必须按照各地实际状况，进行风险区划管理。

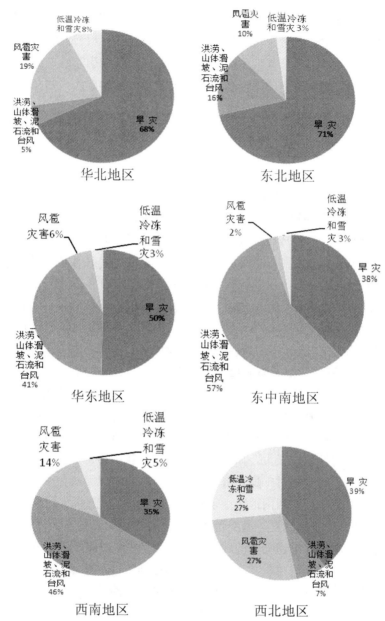

数据来源：整理自《中国统计年鉴 2015》，中国统计出版社。

图 3-6　分地区自然灾害受灾面积状况

（三）农业风险具有伴生性

某一个农业风险事故的发生往往可能导致一连串新的风险事故的发生，使得农业风险损失进一步扩大。比如暴雨和洪涝灾害可能导致山体滑坡和泥石流等次生灾害，旱灾则可能导致病虫害和鼠害的肆虐等。农业风险半生性的特点不仅要求农业风险管理体系必须有灾后的迅速反应能力和控险措施，以防止损失的进一步扩大。

（四）风险事故与风险损失具有非一致性

在一般情况下，风险事故与风险损失存在绝对的相关性，即风险事故一定会对风险主体造成非正向的影响。但是在农业领域，就事故结果而言，许多重大的农业风险事故最终不一定会导致损失，反而可能对产量和农民收入造成正向的影响。比如，洪涝灾害和台风灾害虽然可能导致部分农田和农用设施的损毁，但其带来的冲积土壤和降水往往可以缓解周边地区的夏季旱情，进而促进丰产丰收。如表 3-6 所示，各地区受到不同自然灾害的绝收面积与受灾面积并不具有完全相同的趋势，这体现了风险事故与风险损失的非一致性。

表 3-6　2014 年分地区自然灾害受灾和绝收情况（千公顷）

地　区	旱　灾			洪涝、山体滑坡、泥石流和台风		
	受灾	绝收	绝收面积与受灾面积之比	受灾	绝收	绝收面积与受灾面积之比
华北地区	3089.2	339.5	10.99%	216.5	42.5	19.63%
东北地区	2441.5	651.8	26.70%	560.6	76.3	13.61%
华东地区	1445.7	111	7.68%	1176.6	75.2	6.39%
华中和华南地区	2458.4	225.8	9.18%	3681.8	551.2	14.97%
西南地区	930	43	4.62%	1241.7	190.5	15.34%
西北地区	1906.9	113.6	5.96%	344.8	41.2	11.95%

地区	风雹灾害			低温冷冻和雪灾		
	受灾	绝收	绝收面积与受灾面积之比	受灾	绝收	绝收面积与受灾面积之比
华北地区	885	105.9	11.97%	360.4	77	21.37%
东北地区	348.2	54.6	15.68%	80.4	0	0.00%
华东地区	174.2	23.6	13.55%	78.7	0.2	0.25%
华中和华南地区	138	13	9.42%	186.4	16.6	8.91%
西南地区	373.2	58.7	15.73%	137.8	9.7	7.04%
西北地区	1306.8	201.9	15.45%	1288.8	64.7	5.02%

数据来源：整理自《中国统计年鉴2015》，中国统计出版社。

（五）农业风险具有系统性

由于农业生产分布广泛的特点，单次农业风险事故的涉及面往往非常广泛，特别是自然灾害风险，一旦发生事故，将导致大量农产品的损失和高额的农民收入损失。由于涉及范围过大，农业风险往往难以通过风险分散机制在一省甚至一国的范围内得到有效分散。此外，农业作为国民经济的基础，其受到农业风险影响产生产量的波动也会影响到整个国民经济的平稳运行。因此，农业风险导致的损失在客观上是不仅止于农业部门的，它的影响范围涉及国民经济的各个部门，因此风险很难得到有效分散和转移。

第三节　农业保险对农业发展和农民收入的影响

一、农业保险的作用

由于农业产业在国民经济中的重要地位以及在农业生产过程中所

面临的农业风险，出于安全考虑，许多国家都选择建立农业保险系统来实现农业风险的转移，以此保障农业部门生产活动的稳定，同时保障国民经济的健康发展。

农业保险体系的建立对于一国农业部门的发展具有极大的经济效益和社会效益，主要体现在促进农业发展、提高农民收入两个方面。新中国成立以来特别是改革开放以来，中国农业发展取得了巨大的成绩，农民收入得到了极大的提高。与此同时，发展农业保险为农业生产、农村经济发展及农民收入提高提供了充足的保障。随着农村金融制度的改革，国家正在探寻培育更加高效的农村金融生态环境体系，改善农村金融的广度和深度。近年来，大力发展农业保险作为强农、惠农、富农政策，连续多年被写入中央文件，农业保险保费从 2006 年的 8.5 亿元直线上升到 2014 年的 325.7 亿元（庹国柱等，2015），2013 年 3 月《农业保险条例》实施后，农业保险再次进入发展黄金期，保险业提供的关于农民身体和健康的保险产品和直接作用于农作物种植和养殖等领域的与农业生产密切相关的保险产品都会有效促进农业发展与提高农民收入。对于农业保险的作用，一个直观的认识是农业发展与农民收入存在密切联系，而农业保险又对二者都具有重要作用。

本节将首先建立一个农业发展与农民收入的非线性动力系统模型，以此研究二者之间的动态规律和相互作用机制；其次，探讨该经济系统自发调控与依靠农业保险作为控制变量的调控工具的差异，探讨了不同调控方案对该经济系统的影响特点。

二、非线性动态经济系统（NLDS）模型的构造

农业产出与农民收入之间会存在较为复杂的非线性关系，在这些关系中既有相互促进的，也不乏相互抑制的。这些相互影响关系通过农业产出增长率（ao）与农民收入增长率（ai）之间的非线性动力关系休现，存在于微分方程组的结构与系数的符号中。

借鉴赵果庆（2006）、周文等（2012）、邵全权（2015）的研究，我们不妨假设农业产出与农民收入存在自我发展机制、相互影响关系

以及溢出机制三种主要的关系,将二者的动力学方程表达为:

$$
\begin{cases}
\dfrac{\mathrm{d}ao}{\mathrm{d}t} = f_1(ao) + g_1(ao \times ai) + h_1(ai) \\[2mm]
\dfrac{\mathrm{d}ai}{\mathrm{d}t} = f_2(ai) + g_2(ao \times ai) + h_2(ao)
\end{cases}
\tag{1}
$$

式(1)中,$f_1(\bullet), f_2(\bullet)$ 表示当二者没有传导机制的情况下,ao 和 ai 相互并不影响,按照其自身具有的规律发展,表示二者各自的演化规律。$g_1(\bullet), g_2(\bullet)$ 表示在 ao 和 ai 的相互作用中二者各自得到的效应,这是一种需要二者具有明确的相互影响才能体现出的间接作用。$h_1(\bullet), h_2(\bullet)$ 表示二者之间可能存在的包含同向影响的挤入效应和反向影响的挤出效应的溢出机制。采用双 Logistic 函数将(1)式三种抽象函数具体化为 NLDS1 系统:

$$
\begin{cases}
\dfrac{\mathrm{d}ao}{\mathrm{d}t} = \alpha_1 + \alpha_2 ao + \alpha_3 ao^2 + \alpha_4 ao \times ai + \alpha_5 ai + \alpha_6 ai^2 \\[2mm]
\dfrac{\mathrm{d}ai}{\mathrm{d}t} = \beta_1 + \beta_2 ai + \beta_3 ai^2 + \beta_4 ao \times ai + \beta_5 ao + \beta_6 ao^2
\end{cases}
\tag{2}
$$

在(2)式基础上引入控制变量农业保险赔付率的变化率($nxpfl$),对 NLDS1 系统实施直接控制,(3)式为包含自我发展机制、相互影响、溢出机制及控制机制四种效应的在受控情况下 f 与 g 的非线性动力系统模型,在应用农险赔付率变化率介入控制的情形下为 NLDS2 系统。

$$
\begin{cases}
\dfrac{\mathrm{d}ao}{\mathrm{d}t} = \alpha_1 + \alpha_2 ao + \alpha_3 ao^2 + \alpha_4 ao \times ai + \alpha_5 ai + \alpha_6 ai^2 + b_{ao} nxpfl \\[2mm]
\dfrac{\mathrm{d}ai}{\mathrm{d}t} = \beta_1 + \beta_2 ai + \beta_3 ai^2 + \beta_4 ao \times ai + \beta_5 ao + \beta_6 ao^2 + b_{ai} nxpfl
\end{cases}
\tag{3}
$$

为构造 NLDS 模型进行最优控制,需要将上式转化为离散形式进行参数估计,(3)式的计量经济学模型设定为:

$$\begin{cases} ao_{t+1} = \alpha_1 + (\alpha_2+1)ao + \alpha_3 ao_t^2 + \alpha_4 ao_t ai_t + \alpha_5 ai_t + \alpha_6 ai_t^2 + \varepsilon_{ao,t} \\ ai_{t+1} = \beta_1 + (\beta_2+1)ai_t + \beta_3 ai_t^2 + \beta_4 ao_t ai_t + \beta_5 ao_t + \beta_6 ao_t^2 + \varepsilon_{ai,t} \end{cases} \quad (4)$$

根据刘秉正等（2005）的研究，作为二次多项式的非线性离散映射方程，在拟合效果较好时，（4）式可以近似转化为 NLDS1 系统。在（4）式基础上，加入农险赔付率变化率数据作为控制变量，我们也可以采用相似的方法估计 NLDS2。

根据赵果庆（2006）、周文等（2012）的研究，在进行最优控制时需要设计相应的目标函数并求出使其最小化的策略，在此采用罗默（1999）设计的目标函数：$L = \dfrac{1}{2}[(ao-ao^*)^2 + \alpha(ai-ai^*)^2]$。$L$ 衡量社会福利损失，α 表示决策者对农业产出和农民收入的偏好，该目标函数实际上为一个二次型函数。我们需要选择最优策略使 NLDS 系统以最小成本收敛到要求的目标，由于对复杂非线性系统的最优控制策略需要进行线性化处理，我们采用线性二次型最优控制处理非线性控制。在通过最优控制实现 NLDS 在不同状态间转化的过程中，需要在目标点（ao^*，ai^*）点进行线性化，我们引入新变量 x（t）：

$$x = \begin{pmatrix} \Delta ao \\ \Delta ai \end{pmatrix} = \begin{pmatrix} ao - ao^* \\ ai - ai^* \end{pmatrix}, u = \begin{pmatrix} nxpfl \\ nxpfl \end{pmatrix}, B = \begin{pmatrix} b_{ao} \\ b_{ai} \end{pmatrix}$$

取 $A=J$，NLDS 在目标点（ao^*，ai^*）的线性控制状态方程组为：

$\dot{x} = Ax + Bu$，A 或 J 为（3）式在（ao^*，ai^*）的雅可比矩阵。用矩阵表示的二次型最优控制模型为：

$$\begin{cases} \min J(u) = \dfrac{1}{2}\int_0^t [x^T Q x + u^T R u]dt \\ \dot{x} = Ax + Bu \end{cases} \quad （5）$$

在 NLDS 系统的线性二次型控制问题中，目标是将农业产出 ao

与农民收入 ai 控制到要求的水平，状态向量 $x(t)$ 表示上述经济变量与要求的水平的差，控制向量 $u(t)$ 表示一组策略变量，因此控制的目标是使状态向量 $x(t)$ 尽量趋向于 0，该功能由 $x^T Qx$ 实现。如果系统能控，控制时间与控制力度负相关，控制力度实际上不可行或需要较高成本，且由于线性模型只是在一定范围内的近似，过大的控制作用可能造成线性方程失效，为控制 $u(t)$ 取值过大设置 $u^T Ru$ 项。Q 矩阵主对角线元素衡量对 f 和 g 趋向目标的不同重视程度，R 表示为实现控制策略 u 所付出的代价。理论上通过选择适当的 Q 和 R 加权矩阵可以实现上述目标的较好折中（王翼等，2008）。

（5）式最优策略为：$u*(t) = -RB^T \hat{P}x(t) = -Kx(t)$，$K$ 为最优反馈增益矩阵，$\hat{P}$ 为代数里卡蒂方程 $-\hat{P}A - A^T\hat{P} + \hat{P}BR^{-1}B^T\hat{P} - Q = 0$ 的解。由此得到稳定反馈闭环系统：$\dot{x} = \bar{A}x + Bu*$，$\bar{A} = A - BK$。在采取最优策略 $u*(t)$ 时，目标函数的最小值为 $J*(x(t_0),t_0) = \frac{1}{2}x^T(t_0)\hat{P}x(t_0), x(t_0) = x_0$。

三、NLDS 实证模型和结果

采用 1983—2014 的年度数据进行估计和拟合非线性动态经济系统模型。农业产出（ao）与农民收入（ai）增长率数据均来自"中经网统计数据库"；控制变量我们选择农业保险赔付率，因为农业保险保费与赔付作为反映农业保险规模及发展的重要指标，可能都会对该非线性动态经济系统产生影响，但由于农业保险保费发展受政策影响显著，而赔付则在很大程度上受外部农业生产环境的影响，如果分别以农业保险保费和赔付作为控制变量，都只能反映农业保险对经济系统影响的某一个方面，如果通过农业保险赔付率把二者联系起来则可以相对完整地解释农业保险对经济系统的影响和控制。农业保险赔付率1983—2011 年的数据来自中国农业年鉴与中国保险年鉴（转引自黄亚林（2014）），2012—2014 年的数据来自庹国柱等（2015），在具体的操作中，为保持与构成非线性动态经济系统的农业发展与农民收入增长率数据相一致以及经济含义上的统一性，我们采用农险保险赔付率的变化率（*nxpfl*）作为控制农业产出、农民收入非线性动态经济系统的控制变量。

我国农业产出与农民收入的变化结构存在较大的差异，只有当NLDS 模型中各变量存在协整关系的前提下，系统才具有非线性关系。多变量存在 1 个协整向量，则这些变量至少存在单向因果关系，如果多个非线性变量非平稳，其组合却体现出平稳性，则其间存在协整关系。NLDS 中涉及的非平稳变量的线性组合是否存在协整关系，取决于变量之间是否具有相同的单整阶数。因此本书应用 ADF 方程对NLDS 模型中各变量进行单位根和单整检验，表 3-7 结果表明，所有变量的 ADF 统计量均大于 5%水平的临界值，为单位根过程，但是这些变量的一阶差分序列的 ADF 统计量均为小于 1%水平临界值的平稳序列。即 ao，ai，$-ao^2$，ai^2，$ao \times ai$ 均为一阶单整变量，理论上都应该进入 NLDS 模型。

表 3–7　NLDS 模型中各变量的单位根检验

变量	I（0）		I（1）	
	统计量	P 值	统计量	P 值
ao	-3.2181	0.0995	-6.4139	0.0000
ai	-2.5419	0.1158	-4.9335	0.0004
$-ao^2$	-3.4668	0.0609	-5.8336	0.0002
ai^2	-3.3363	0.0797	-4.5792	0.0051
$ao \times ai$	-3.4840	0.0594	-5.0948	0.0015

根据理论模型推论,农业产出与农民收入之间会存在各种线性与非线性的相互作用和影响,但是在这些关系中并非所有关系都是显著的,需要进行相应的实证分析。我们根据大部分变量 10%的水平上建立NLDS 模型,在 NLDS2 两个估计方程中,为了解决自相关问题,我们还引入 AR（2）项。表 3-8 中 4 个方程的调整可决系数和 DW 值较为合理,可以判断其残差序列为没有明显时间趋势的平稳序列,对其进行的 EG 平稳性检验（结果省略）,EG 方程包含一个滞后项与常数项,由 EG 统计量的 P 值可以判断 $\varepsilon_1 - \varepsilon_4$ 为平稳序列,也说明 NLDS1 和

NLDS2 均为协整系统，农业产出与农民收入之间存在长期均衡关系。

表 3-8 NLDS 计量模型与 P 值

	NLDS1		NLDS2	
	ao（$t+1$）	ai（$t+1$）	ao（$t+1$）	ai（$t+1$）
变量	系数（P 值）	系数（P 值）	系数（P 值）	系数（P 值）
ai	1.412837	1.467837	1.601841	1.259812
	（0.0000）	（0.0000）	（0.0000）	（0.0000）
ai^2	-0.071102	-0.143994	-0.172185	-0.047053
	（0.0260）	（0.0086）	（0.0321）	（0.0505）
ao				
$-ao^2$		-0.081106	-0.100899	
		（0.0634）	（0.1296）	
$ai \times ao$	0.042346	0.201016	0.245541	0.031172
	（0.0784）	（0.0301）	（0.0785）	（0.0831）
$nxpfl$			0.164543	0.114571
			（0.0764）	（0.1025）
Ar（2）			-0.208765	-0.116005
			（0.3135）	（0.6168）
Adj.R2	0.2099	0.4622	0.3102	0.4218
DW	2.1628	2.0387	2.0268	2.0978
AIC	7.0457	6.2623	7.0474	6.4348

将表 3-8 中的 NLDS1 和 NLDS2 转化为下述模型：

$$\begin{cases} dao/dt = -ao + 1.4128ai - 0.0711ai^2 + 0.0423aiao \\ dai/dt = 0.4678ai - 0.1439ai^2 - 0.0811ao^2 + 0.2010aiao \end{cases} \quad （NLDS1）$$

$$\begin{cases} dao/dt = -ao + 1.6018ai - 0.1722ai^2 - 0.1009ao^2 \\ \quad + 0.2455aiao + 0.1645nxpfl \\ dai/dt = 0.2598ai - 0.0471ai^2 + 0.0312aiao + 0.1146nxpfl \end{cases} \quad （NLDS2）$$

上式表明，NLDS1 具有多重系统属性：首先，鉴于 NLDS1 具有 ai 和 ao 的二次项，说明该系统具有较强的非线性系统特征；其次，dao/dt 方程表明农民收入对农业产出既具有正向的一次影响，也具有负向的二次影响；最后，dai/dt 方程表明农业产出对农民收入既有负面的二次作用，也通过交叉相乘项影响农民收入。与此类似，我们可以对 NLDS2 展开相应的说明：首先，农民收入 ai 对农业产出的影响包含了正向的一次项与负向的二次项，因此其总体影响效果依赖于 ai 的具体数值；其次，农业产出 ao 对农民收入的影响是正向的；最后，农业保险赔付率的变化率无论在农业产出方程中，还是在农民收入方程中都为正，这表明农业保险赔付率的提高可以同时促进农业产出与农民收入的提高。

在 NLDS1 模型中令 $dao/dt=dai/dt=0$，解出 4 个均衡点，除去（0，0）和包含虚数部分的三个点不符合农业产出与农民收入的实际情况外，其中有意义的均衡点为 E=（15.7213，13.8755），我们将其作为调控目标点。将 E 代入 NLDS1 的雅可比矩阵，在 E 处计算得到的特征根均为负值。理论上，NLDS1 在 E 附近不同起点，经过一段时间后都会向 E 收敛，E 是均衡点同时也是最优点，即不动点，该稳态同时也是 NLDS1 的最优状态。通过对比样本期间的数据，可以发现我国农业产出与农民收入增长率的平均值为（11.6205，12.1446），可以发现，最优点的农业产出增长率高于平均值，农民收入的增长率也高于平均值。该结果表明，我国关于农业产出与农民收入的 NLDS1 长期处于次优状态。

四、NLDS 的最优控制

鉴于上述分析，我们将我国农业产出与农民收入增长率目标定为 (15.7213, 13.8755)。以 2014 年度（ao，ai）=（12.2080，11.1972）与最优目标状态相比，农业产出与农民收入增长率都要提高。

（一）农业产出——农民收入 NLDS 的最优控制

我们首先关注没有把农险赔付率作为控制变量的控制方案。以（NLDS1）为基础设计表 3-9 中最优控制实验方案 1：将对农业产出增长率加速控制力度设定为 0.3，而将对农民收入增长率的加速控制力度设定为 0.5。然后，基于 NLDS2，我们设计表 3-9 中最优控制实验方案 2，将农险赔付率的变化率作为控制变量。

表 3-9　农业产出与农民收入的最优控制

	方案 1	方案 2
目标	$(ao^*, ai^*) = (15.7213, 13.8755)$	
目标函数	$L(u) = \dfrac{1}{2}\displaystyle\int_{2014}^{2022}(x^T Qx + u^T Ru)\,dt$	$L(u) = \dfrac{1}{2}\displaystyle\int_{2014}^{2029}(x^T Qx + u^T Ru)\,dt$
状态方程矩阵	$A = \begin{pmatrix} -0.4124, & 0.1054 \\ 0.2390, & -0.3679 \end{pmatrix}$	$A = \begin{pmatrix} -0.7655, & 0.6838 \\ 0.4325, & -0.5559 \end{pmatrix}$
控制策略	$Q = \begin{pmatrix} 1,0 \\ 0,1 \end{pmatrix}, R = 0.25, B = \begin{pmatrix} 0.3 \\ 0.5 \end{pmatrix}$	$Q = \begin{pmatrix} 1,0 \\ 0,1 \end{pmatrix}, R = 0.25, B = \begin{pmatrix} 0.164543 \\ 0.114571 \end{pmatrix}$
代数里卡蒂方程解	$P = \begin{pmatrix} 0.9018, & -0.0683 \\ -0.0683, & 0.7175 \end{pmatrix}$	$P = \begin{pmatrix} 0.9318, & 0.7604 \\ 0.7604, & 1.5140 \end{pmatrix}$
反馈增益矩阵	$K = (0.9456, 1.3530)$	$K = (0.9617, 1.1943)$
最优策略	$u^*(t) = -0.9456 \times \Delta ao(t)$ $-1.3530 \times \Delta ai(t)$	$u^*(t) = -0.9617 \times \Delta ao(t)$ $-1.1943 \times \Delta ai(t)$
特征根	$\bar{\lambda}_1 = -0.5531, \bar{\lambda}_2 = -1.1874$	$\bar{\lambda}_1 = -1.2210, \bar{\lambda}_2 = -0.3954$
目标函数值	$L = 7.4963$	$L = 18.3360$

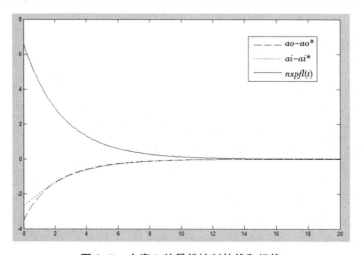

图 3-7　方案 2 的最优控制轨线和规律

在表 3-9 中我们分别报告了方案 1 和方案 2 的主要结果。在上述两个方案的最优控制中，我们发现上述两个控制都形成负反馈，其特征根均为负值，最优控制策略为根据反馈增益矩阵计算的负的目标值的线性组合。我们发现，方案 1 比方案 2 实现最优目标点的时间更短，在两个方案中，以方案 1 的社会福利损失最小，农业产出与农民收入的增长率逐渐上升，在分别经过大概 8 个与 15 个时间单位左右后达到目标，随后处在目标状态运行（图 3-7 和图 3-8）。从控制规律看，为使得 NLDS 趋于目标，在调控的初始阶段需要较大的投入才能使 NLDS 改变路径，之后逐步降低投入水平，达到控制目标后投入减少为 0；无论是农业产出增长率还是农民收入增长率的变化，都遵从了较为相似的变化规律，二者在控制早期变化较大，而后逐渐平稳，直到达到控制目标点；但从农业产出与农民收入增长率变化趋于目标的时间看，二者又存在显著差异，ai 增长率的变化要比 ao 增长率的变化以更少的时间达到控制目标。图 3-8 表明引入农险赔付率的变化率控制农业产出与农民收入的经济系统后，控制变量能够以更多的时间和更高的福利损失达到稳态，说明将产寿险结构作为控制变量相对于单纯依靠产寿险发展的自主调节机制并不具有明显优势，控制成本的变化也并不显著。

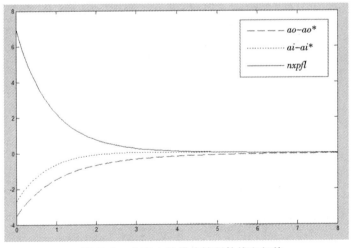

图 3-8　方案 1 的最优控制轨线和规律

（二）农业保险赔付率最优值的调控规律

根据 NLDS2 模型中得到的控制变量即农业保险赔付率的变化率在各期的取值,我们可以倒推出控制变量在调控阶段内各期的目标值,依此可以明确在各期内如何对控制变量进行调控。图 3-9 和图 3-10 分别得出了通过农险赔付率控制经济系统以及在要求以一定速度收敛时,控制变量对应的原始数据在各期应该通过调控实现的目标。图 3-9 表明,农险赔付率应该从 2014 年的 0.658 逐步提高到 2030 年的 0.79;图 3-10 表明,考虑系统以 0.5 的收敛速度趋于稳态时,农险赔付率应该从 2014 年的 0.658 逐步上升到 2030 年的 1.05。上述两种情况均说明现有农险赔付率过低,需要按照一定规律提高才可以调控农业发展与农民收入的经济系统达到稳态。图 3-9 和图 3-10 也得出了在调整阶段内,每一年农业保险赔付率应该达到的水平,即农险赔付率的最优调整路径。当农险赔付率完成调整后,农业发展与农民收入增长也达到稳定状态,并按照经济系统的内在稳定增长率发展。

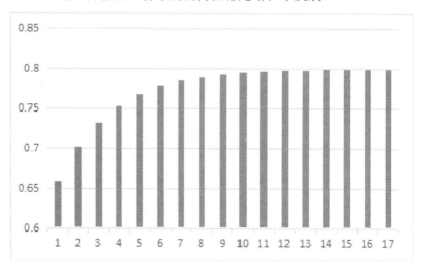

图 3-9　方案 2 农业保险赔付率的最优调整规律

注:本图中 2014 年作为第一期。

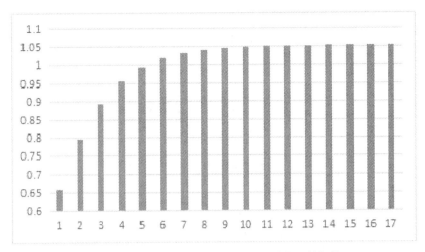

图 3-10 方案 4 农业保险赔付率的最优调整规律

注：本图中 2014 年作为第一期。

五、小结

本节通过建立农业发展与农民收入的非线性动力系统模型，引入农业保险赔付率作为控制变量，较为全面、系统地研究了依靠控制变量控制经济系统和基于稳定度控制经济系统的两种控制方案。现将实证主要结论总结如下：

首先，我国农业发展与农民收入存在非线性关系，且二者之间存在长期均衡的非线性关系。其次，农业保险赔付率对农业发展与农民收入的影响都是正向的。

一方面农业发展会影响农民收入，另一方面农民收入也会对农业发展产生作用，因此，应该将农业发展与农民收入提高作为一个系统，充分发挥农民收入对农业发展的积极作用；此外，农业保险赔付率的变化率与农业发展、农民收入具有正相关的关系，但这并不意味着农业保险赔付率需要一直提高，因为我们的模拟结果显示，农业保险赔付率的变化率最终将趋近为 0，这也说明农业保险赔付率存在一个最优的状态，只要将农业保险赔付率尽可能维持在此状态，农业发展与农民收入的非线性动力系统就可以稳态运行，实现最优控制的效果。

第四节　农业保险的市场失灵与财政补贴

一、市场失灵——农业保险财政补贴的必要性

农业保险市场的建立和发展对于经济和社会的发展有着诸多重要的作用。但是由于农业保险产品特点和农业保险市场发展的自身规律，在自由竞争市场下，农业保险市场往往会出现市场失灵问题，使得市场发展趋势放缓甚至陷入停滞。此时，农业保险的财政补贴政策对于农业保险市场的干预和调整就显得尤为重要。

（一）农业保险的正外部性

外部性又称溢出效应或外部影响，是指经济主体的经济活动对他人和社会造成的非市场化的影响。这种效应没有通过货币或市场交易体现出来，经济主体从其经济行为中产生的私人成本和获得的私人收益无法与社会总体产生的成本和收益相对等，总存在生产过量或不足，使市场经济不能达到帕累托最优。外部性又分为正负两个种类，正外部性是指将经济行为的收益外溢到其他社会主体，使其他主体免费受益的现象；负外部性是指将经济行为的成本附加给其他社会主体，使其他主体无辜受损的现象。

农业保险即具有正的外部性特征：农民投保农业保险，在避免自身的生产和收入受到损失的同时，也保障了本国农业发展和国民经济稳定，使整个社会受到有利的影响，社会效益要大于供需双方获得的经济效益。对于参加保险的农户，其购买农业保险产品所得的利益小于其个人付出的价格；对于提供保障的保险公司，其卖出保险产品所

获得的收益要小于提供服务所获得的成本；而对于其他社会主体，其并没有付出代价却确实享受了农业保险带来的好处。此时，如果缺乏政府的干预和调整，将造成市场失灵现象，农业保险市场将陷入供需双冷、发展乏力的局面。

（二）市场失灵

1.有效需求不足

农业保险的正外部性对需求影响的主要表现是，农民购买农业保险时，由于边际私人收益小于边际社会收益，边际私人成本大于边际社会成本，导致农民有效需求不足。

如图 3-11，在农民投保农业保险的过程中，由于利益的外溢使得边际社会收益大于边际私人收益，表现为边际社会收益曲线 MSR 在边际私人收益曲线 MPR 的上方。同时购买保险的成本不能随着利益的外溢向外部转移，在没有政府提供农业保险补贴的情况下，农民只能承担全部的成本，因此边际私人成本大于边际社会成本，表现为边际私人成本曲线 MPC 在边际社会成本曲线 MSC 的上方。此时私人最佳均衡需求量为 O_1，明显小于社会最佳均衡需求量 O_2。因此在缺乏财政部门干预的情况下，农业保险市场会出现有效需求不足的问题。

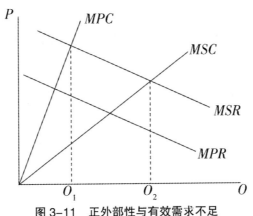

图 3-11　正外部性与有效需求不足

2. 有效供给不足

农业保险的正外部性对需求影响的主要表现是，保险公司向农民提供农业保险时，由于边际私人成本大于边际社会成本，边际私人收益小于边际社会收益，导致供给不足。

如图 3-12，在保险公司承保农业风险的过程中，由于利益的外溢使得边际私人收益小于边际社会收益，表现为边际私人收益曲线 MPR 在边际社会收益曲线 MSR 下方。为了简化分析，我们假定边际社会成本与边际私人成本相等，即 $MSC=MPC$。此时私人最佳均衡供给量为 O_1，明显小于社会最佳均衡供给量 O_2。因此在缺乏财政部门干预的情况下，农业保险市场会出现有效供给不足的问题。

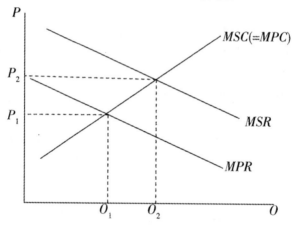

图 3-12　正外部性与有效供给不足

农业保险的外部性特征造成了农业保险市场供需双冷的局面，这表明政府的支持和干预必不可少。从目前世界各个国家的实践经验可以看出，农业保险补贴在推动农业保险发展中发挥了至关重要的作用。其主要原理在于补偿了供需双方承担的成本，刺激了供给双方的活力，促使农业保险市场进一步发展。

二、农业保险补贴的作用

（一）刺激需求增长

以保费补贴形式发放的农业保险补贴能够降低农民购买农业保险产品的成本，从而刺激更多农民购买保障水平更高的农业保险，提高农业保险需求。

如图3-13，由于农业保险的正外部性，在完全市场经济环境下，农民通过投保获得的收益小于支付的成本，因此农业保险的需求很低，初始需求曲线对应图中的 D。同时，保险公司在追求盈利的利益诉求下以较高的价格提供农业保险产品，初始供给曲线对应图中的 S。此时，由于缺乏来自政府的干预和支持，农业保险市场呈现市场失灵状况，D 曲线与 S 曲线不相交（或在数量极少、价格极高的位置相交），保险市场发展停滞不前。

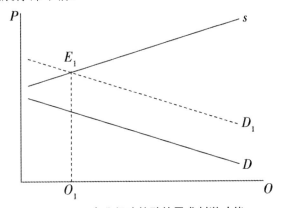

图 3-13 农业保险补贴的需求刺激功能

当政府介入农业保险市场，向农民提供保费补贴时，农民实际承担的保费有所降低。这相当于提高了农民的购买和支付能力，刺激了保险需求，使需求曲线向上平移至 D_1 位置，此时需求曲线与供给曲线相交与 E_1，农业保险市场的规模开始扩大。

需要注意的是，农业保费补贴的提高不仅能够吸引原本不具备购买能力的农民进入农业保险市场，还会鼓励原先就购买保险的农民增加投保范围，提高参保率，充分挖掘农业保险市场潜在的需求，刺激农业保险市场进一步发展壮大。

从表 3-10 可以看出，自我国实施农业保费补贴以来，我国种植业的保险覆盖率增长十分迅速，这说明农业保险补贴政策极大地提高了农户投保的积极性。

表 3-10　2006—2013 年种植业参保率

年份	承保农作物面积（亿亩）	农作物播种面积（亿亩）	参保比重（%）
2006	0.60	23.24	2.58
2007	2.31	23.02	10.03
2008	5.32	23.44	22.70
2009	6.49	23.80	27.27
2010	6.80	24.10	28.22
2011	7.87	24.34	32.33
2012	9.70	24.13	40.20
2013	11.00	24.44	45.01

数据来源：保监会网站及相关资料。

（二）刺激供给增长

以税收优惠或经营管理费用补贴形式发放的农业保险补贴能够提高保险公司的预期收益，从而刺激保险公司推出更多的农业保险产品，增加农业保险供给。

如图 3-14，在图 3-13 的基础上，当政府从供给方介入农业保险市场，为保险人提供税收优惠政策，或以弥补经营管理亏损的形式发放补贴时，供给曲线 S 将下移至 S_1，此时供给曲线与需求曲线相交于 E_2 点。与 E_1 相比，市场供需平衡的均衡数量更多，均衡价格也更低，农业保险市场规模进一步扩大。

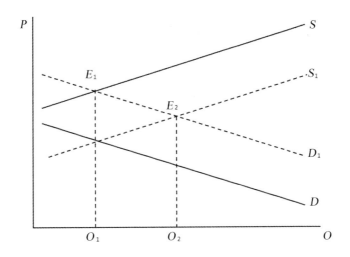

图 3-14　农业保险补贴的供给刺激功能

此外，由于农业保险补贴能够保障农业保险公司的收益、改善保险公司的资本运营状况，保险公司自身的运营效率也会提高，保险事故后拖赔欠赔的现象将有所减少，使农民的损失得到更好的保障；另一方面，这也将鼓励保险公司优化管理流程，引进更多高端人才和先进技术，加大农业保险产品的创新开发力度，使农业保险产品推陈出新，更加符合投保人的需求。

（三）增加社会福利

农业保险补贴对于改善社会福利正在起到越来越重要的作用。第一，农业保险补贴制度能够帮助实现支农性的国民收入再分配。随着农业保险补贴制度的建立和发展，农业保险已经成为政府财政向农业部门转移支付的重要手段，是公共财政支农的重要工具之一。一方面，投保农民向农业保险公司支付保险费，保险公司再用获得的保费向受灾农民支付保险金，实现了社会财富在受灾地区与未受灾地区、受灾农民与未受灾农民之间的再分配；另一方面，财政部门向农业保险市场进行补贴，也实现了国民经济与农业部门之间的收入再分配。政府部门在建立农业保险补贴制度、实现转移支付的过程中，实际上使国民收入再分配更加倾向于收入水平较低的农民群体。因此农业保险补贴促进了社会公平与和谐，提高了社会整体的福利水平。

第二，农业保险补贴能通过带动农业保险和农业发展，对经济整体带来有利的乘数效应。乘数效应是指当某种经济行为增加了某个经济主体的收入时，会引发一系列新的消费支出、投资和就业，使经济总量上升的现象。农业部门和农业保险市场与国民经济各个部门都联系紧密，政府财政发放农业保险补贴，一方面使保险公司获得资本，从而引发金融市场一系列新的资金流动；另一方面使农民收入提升，增加了农民的消费支出，对国民经济产生更多有利的影响。

第三，来自政府的农业保险补贴有利于促进农业保险产品责任范围的扩大。中国种植业发展面临的最主要的灾害就是旱灾和洪涝灾害，还有病虫草鼠害和其他地质灾害。但是由于保险技术落后、保险公司财力不足、再保险欠发达等条件的限制，目前大多数保险公司无法承保这些风险。农业保险补贴资金的注入为保险公司的收益提供了保障，使保险公司有足够的资金基础去承保农业生产过程中面临的主要风险，从而使农民的生命和财产安全获得了更加全面的保障，增加了社会福利水平。

农业保险与一般商业保险不同，它的目的不在于通过转嫁风险为保险公司实现盈利，而在于扶持国家农业发展进步，因此农业保险制度必须能够充分体现政府扶持农民和农业的意志。以我国为例，我国的农业保险有80%的保费完全由政府补贴，也就是说农业保险体制实际上是由政府推动建立的，保险公司在其中起到的只是连接政府与农民的桥梁纽带作用。因此，可以说农业保险补贴制度就是政府用来带动农业经济发展、增加社会福利的工具之一。

（四）引导农业产业发展

1. 加强农业保护，提升国际竞争力

农业发展对于一国的安全稳定发挥着举足轻重的作用，在经济发展中具有至关重要的战略地位。但是农业生产面临的自然风险和市场风险决定了其需要国家政策保护的特点。当前世界，无论是发达国家抑或是发展中国家，都在通过不同的方式和手段对农业实行保护、扶持措施，来维护粮食安全，提高生产效率，进而提高本国农业的国际竞争力。

农业保护政策有利于国家的经济发展，既有其必要性，但又会造成国际农产品贸易不公平竞争等问题。在世界贸易组织的规定中，农业保护政策被分为三类：会对生产和贸易造成严重扭曲效应的"黄箱"政策，入世成员国必须进行削减；对市场没有扭曲作用或仅有最微小的贸易扭曲作用的"绿箱"政策，是不需要做出减让承诺的国内支持政策；以及介于两者之间的"蓝箱"政策。其中"绿箱"政策是世界贸易组织成员对农业实施支持与保护的最重要的措施。农业保险及其补贴作为免受削减的"绿箱"政策，在农业保护方面发挥了极重要的作用。

我国的农业补贴政策在政府的不断探索过程中发展出了许多类型，总体上可以分为收入类直接补贴、生产投入补贴、生产技术推广补贴、农村公益事业建设补贴、农民生活补贴、专项转移支付、子资源生态补贴以及间接补贴八个基本类型。农业保险补贴作为生产投入补贴的一种，可以通过少量的政府资金提高农民的购买能力，壮大农业保险市场；同时还为农民获取贷款提供保障，进而撬动整个农村金融市场的发展。因此与其他形式的农业补贴政策相比，农业保险补贴政策具有更大的杠杆作用。

2.地区精准发展

农业保险补贴能够有效带动不同地区差异化、个性化发展，有利于实现中央关于精准扶贫、精准脱贫的战略目标。

精准扶贫是与粗放扶贫相对应的概念，是指针对不同贫困区域环境、不同贫困农户状况，运用科学合理的手段，对扶贫对象实施精确识别、精确帮扶、精确管理的扶贫方式。虽然我国的农业保险市场规模正在不断发展壮大，但还是存在保险品种较少较窄，不符合地方实际的问题。在这种情况下，针对特定农业保险产品的保险补贴就能够发挥其带动作用。地方政府通过对地方特色农产品的提供保险补贴，一方面能够鼓励保险公司加快产品开发，推出有针对性地符合地方农民实际需求的农业保险产品，另一方面能够为当地农民的生产生活提供保障，进而推动地方特色农业的发展，实现中央的相关战略目标。

（五）强化农户保险意识

农业保险补贴政策不仅是一项经济刺激手段，同时也是对农民进行保险宣传教育的一种方法。它可以使农户深入了解保险的运行机制和能够带来的实际好处，从而强化农户的保险意识，鼓励农户参与财产保险、人寿保险和健康保险等其他险种。此外，农业保费补贴使更多农民获得了风险保障，提高了农民的收入水平，这也能够促使农民有更高的保险购买力。

第四章

农业保险财政补贴的国际经验

　　本章在世界银行调查（World Bank Survey（2008））的基础上，选取典型发达国家和发展中国家为研究案例，运用历史考察与逻辑分析相结合等研究方法，通过对国外不同农业支持政策下的农业保险补贴政策的手段、效果以及补贴强度、补贴品种及政策动态变化等方面的比较研究，揭示农业保险补贴政策的变迁规律和运行效果。在此基础上，借鉴国外先进经验，并根据中国国情和农业保险发展现状，提出优化和调整中国农业补贴政策的对策建议。

　　从世界银行的调查报告可以看出，全世界有 60 多个国家对农业保险的发展提供不同程度的财政支持。其中农业保险发展比较健全的国家主要是发达国家。最具代表性，而且具有特色的财政支持的农业保险发展模式有美国和加拿大政府主导商业经营模式、西班牙和意大利民办公助经营模式、日本政府支持下互助合作经营模式和印度选择性政策扶持经营模式[1]。本章就以这四种农业保险发展模式为例，分别介绍这四种模式的农业保险财政补贴经验。

---

　　[1] 丁少群，冯文丽.农业保险学[M].北京：中国金融出版社，2015.

第一节 美国和加拿大政府主导型农业保险财政补贴经验

一、美国的农业保险财政补贴经验

（一）美国农业保险市场

在美国，私营互助公司和商业公司推出农作物冰雹保险已经超过一个世纪了。公营农作物保险是在 1938 年透过联邦农业保险公司（Federal Crop Insurance Corp）的多重风险农作物保险（MPCI）补贴政策运作的。畜牧业保险政策则是在 2002 年上市，最初是在爱荷华州养猪生产者中推动保险试点计划。

农作物和牲畜保险最重要的营销渠道是保险公司的保险代理人网络，这里没有为小农及边缘农民设置特殊的销售渠道。在 2008 年总计有 17 家私营保险公司销售农业保险，其中有 7 家仅出售农作物保险、1 家仅销售畜牧业保险、剩下的 9 家保险公司则兼卖农作物和畜牧保险。

实际上，在赔偿基础保险类型产品之中推出各种赔偿基础（indemnity-based）和指数基础（index-based）保险计划，包括了农作物冰雹或指定风险、多重风险农作物保险、农作物收入保障险、牲畜保险、养殖业（蛤蜊）保险等。在指数保险类型产品之中也推出了区域产量指数保险、气候保险以及标准化植被差异指数（NDVI）遥感卫星（IRS）保险。

农作物和牲畜保险计划通常是自愿性质的，然而，生产者若希望取得农作物灾害救助资格，则强制性保险是必要条件。但倘若遇到大灾难时，农作物灾害救助金也会涵盖非保险农作物。

（二）农业保险的政策支持与财政补贴

1. 农业保险政策支持种类丰富

美国政府在许多方面支持农业保险，包括：

（1）农业保险立法（成为法律）：该项立法影响到风险管理局（Risk Management Agency）的农作物保险政策，包括联邦农作物保险法（FCIA）、农场法案（Farm Bill）、农业风险保护计划（Agricultural Risk Protection Plan，简称 ARPP）以及国会为预算拨款立法等。联邦农作物保险法对联邦农作物保险公司的一切财产，包括但不限于其分支机构、资本、准备金、结余、收入以及财产权和免赔额，免征一切现在和将来可能开征的税收，包括但不限于国家所征收税种，自治区域、属地和领地所征税种或州、县、自治市以及地方税务机关所征收的税种。

（2）保费补贴政策：针对实际生产历史（Actual Production History，简称 APH）和农作物收入覆盖（Crop Revenue Coverage，简称 CRC）计划，保险费补贴政策是以精算稳健保险费（Actuarially Sound Premiums）的百分比估算的，此精算基础随着保险覆盖水平不同而改变，而对于畜牧业保险费补贴政策则是按照统一费率的 13% 执行。

（3）保险业者的经营管理费用补贴政策：此项补贴涵盖了保险公司的总营运和管理费用。近年来，保险公司管理联邦计划的补贴金高达总净保费收入的 20% 至 25%。《2014 年食物、农场及就业法案》强制要求这项补贴金必须降低至总净保费收入的 18%。

（4）损失估价成本[1]（Loss Assessment Costs）补贴：这项补贴金提供给保险公司，目的是在协助它们支应管理政府保险计划的所有费用，其中包括了损失估价相关成本。

（5）政府再保险的索赔：再保险合约是基于损失率基础签订的，其最重要的作用是保险索赔的权力要求，换句话说，政府再保险就是一项要求索赔的权力。

（6）教育训练补贴政策：风险管理局（RMA）隶属于美国农业部，它运作的目的是监管美国农业保险计划的顺利实施。风险管理局是透过签订风险管理伙伴协议（Risk Management Partnership Agreements，简称 RMPA），在研究发展、教育训练以及小区拓展服务工作上提供必

---

[1]张囝囡. 美国农业保险制度演进研究[D]. 辽宁：辽宁大学，2011.

要的资金。

（7）产品研究与发展补贴政策：产品研究和发展经费是由风险管理局（RMA）再次通过签订各种风险管理伙伴协议（RMPA）出资筹划的。根据《2000 年农业风险保障法》，联邦政府于 2001 至 2005 年间为商业性保险公司提供 6500 万美元用于研发新的农业保险产品，其中 2001 年至 2002 年每年补贴 1000 万美元，此后三年每年补贴 1500 万美元。

2. 保费补贴范围广、项目多、补贴水平高

表 4.1 内容列出了在 2008 有资格适用于 FCIC 补贴的所有农作物名单。即保险费补贴可适用于所有可获保农作物，所有农作物和畜牧业生产者都有资格获得补贴。其中有的农作物适用于特殊农作物计划，其他则适用于一般农作物计划。

表 4.1　2008 年可获得保费补贴的农作物

农作物	项目	农作物	项目
杏仁		牧草	APH，GRP
苹果		牧草种子	Alfalfa
牛油果	Revenue，APH	牧草播种	
香蕉	AGR	市场新鲜甜玉米	APH，Dollar
香蕉树	AGR	市场新鲜西红柿	APH，CRC**，GRIP***，GRP，IP*
大麦		高粱	
蓝莓		葡萄	
洋白菜*		罐头绿豆	
油菜	(APH，RA**)	豌豆	
樱桃	Dollar	杂交玉米种子	
辣椒		杂交高粱	
柑橘		夏威夷果	
柚子		夏威夷果树	
柠檬		小米	
莱檬		薄荷*	
柑桔		芥末	
茂谷柑		脐橙	Citrus Dollar*，APH
橙子		燕麦	
橘柚		洋葱	
金桔		木瓜*	
柑橘树（德州）		木瓜树	
		桃子	
咖啡*		花生	APH，GRP

续表

农作物	项目	农作物	项目
咖啡树*		梨	
玉米	APH，CRC**，GRIP**，GRP，IP*，IIP*，RA**	山核桃	
棉花	APH，CRC**，GRIP**，GRP，IP*，RA**	胡椒	
蔓越莓		李子	
栽培野生稻*		爆米花	
干豆角		土豆	
干豌豆		西梅	
ELS棉花		提子	
无花果		大米	APH，CRC**，RA**
亚麻		黑麦	
佛罗里达果树*		红花	
牛油果树		青贮高粱*	
杨桃树		大豆	APH，CRC**，GRIP**，GRP，IP*，IIP*，RA**
柚子树		核桃	
柠檬树		杏子	
青柠树		柿子	
芒果树		桃子	
橘子树		草莓*	
其他柑橘树（橘子、橘柚、茂谷柑）			
甘蔗			
向日葵	APH，RA**		
罐装甜玉米			
红薯*			
鲜葡萄			
烟草			
西红柿（罐装和加工）			
小麦	APH，CRC**，GRIP**，GRP，IP*，RA**		
甜菜			

资料来源：世界银行调查（2008）
*限制范围和持续时间的试点保险项目
** FCI Act 508（h）批准的农作物和农作物项目

政府提供畜牧保险，被保险生产者则适用于 13%的单一固定保险费补贴，换言之，畜牧业生产者只需缴交剩下来的 87%的保险费用。表 4.2 内容为可获得保险费补贴的畜牧业产品。

表 4.2　2008 年可获保费补贴的牲畜产品

产品	项目描述
生猪、羔羊、牛	LGM①保护动物的价值和玉米大豆的花费之间的纯利润
蛤蜊*	AQU②保险计划保护由于植被、微生物活动、有害赤潮以及其他原因导致的缺氧引起的蛤蜊死亡导致的蛤蜊生产商的损失

资料来源：世界银行调查（2008）。

*限制范围和持续时间的试点保险项目。

所有联邦农作物保险计划除了给团体风险保障（Group Risk Protection，简称 GRP）和团体风险收入保障计划（Group Risk Income Protection，简称 GRIP）外，农作物保险费补贴应用于不同的涵盖率水平，如下：100%、67%、64%、64%、59%、59%、55%、48% 和 38%的净保险费补贴分别适用于 CAT、50%、55%、60%、65%、70%、75%、80% 和 85% 的覆盖率水平。GRP 和 GRIP 保险费补贴水平表列于4.3。也就是说，对于团体风险保障 CAT、50%、55%、60%、65%、70%、75%、80%、85%和 90% 的覆盖率水平，相对应的保费补贴比例分别为：100%、NA、NA、NA、NA、59%、59%、55%、55%和51%。对于团体风险收入保障计划 CAT、50%、55%、60%、65%、70%、75%、80%、85%和 90% 的覆盖率水平，相对应的保费补贴比例分别为：NA、NA、NA、NA、NA、59%、55%、55%、49%和44%。

2001 至 2008 年联邦政府保险费补贴、种植者保险费和管理营运费用列于表 4.4。FCIC 方案，总保费数据公布是以"净保费"为基础，净保费并不包含管理和营运所产生的固定或是装载费用的净利润空间。

---

① Livestock Gross Margin.

② Cultivated Clams Insurance (Pilot).

表4.3　联邦农作物保险计划

覆盖度	CAT（巨灾）	50	55	60	65	70	75	80*	85*	90*
保费补贴因素**	100%	67%	64%	64%	59%	59%	55%	48%	38%	NA
GRP保费补贴因素	100%	NA	NA	NA	NA	59%	59%	55%	55%	51%
GRIP保费补贴因素	NA	NA	NA	NA	NA	59%	55%	55%	49%	44%

资料来源：美国风险管理局，http://www.rma.usda.gov/data/premium.html。

* 条件适用。　** 适用于除了GRP、GRIP和畜牧业之外的所有保险计划。

从表4.4可以看出，2001年至2008年期间，农民的保费和保费补贴都不同程度的增加，其中保费补贴的增长速度更加明显。过去8年以来，总保费已经上涨了三倍之多，从30亿美元（2001年）大幅攀升到98亿美元（2008年）。同一时期，政府保费补贴成本也随之水涨船高，从2001年的18亿美元或总保费的60%大幅上升到2008年的57亿美元或总保费的58%。其中2006年，FCIC公布的原保费预估数据为56.67亿美元，到2008年增加到了119.9亿美元，仅两年期间原保费的增加比例达到了111%，增幅相当明显。

3. 政府为公营部门的农业保险提供再保险

公营部门农作物和畜牧业保险计划则由政府与联邦农作物保险公司（FCIC）签订比例或非比例再保协议，授权联邦农作物保险公司开展再保险业务。而实际上，在美国农业部的授权之下，联邦农作物保险公司是政府为执行联邦农作物保险法（The Federal Corp Insurance Act，简称FCIA）管辖的计划所设置的企业机构。美国私营部门农作物雹灾保险一般是由商业再保险公司分保的，私营部门的其他保险产品的再保险参考标准再保险协议（SRA）和牲畜价格再保险协议（LPR），而标准再保险协议和牲畜价格再保险协议是联邦农作物保险公司和保险公司之间是双方共同商议签订的合作再保协议。国际再保险公司可以进入美国市场发展任何种类的农作物或畜牧业保险,因为最终再保险协议是由政府提供的,任何企业机构都有义务遵守协议规范。

表 4.4 联邦农作物保险项目:世界银行估算的经营数据(单位:十亿美元)

农作物年份	农民的保费	保费补贴	净保费	管理和营运花费	其他项目的资金成本	其他管理和营运花费	总保费
2008	4.161	5.691	9.852	2.004	0.084	0.053	11.993
2007	2.739	3.823	6.562	1.335	0.070	0.053	8.020
2006	1.897	2.682	4.579	0.962	0.081	0.044	5.666
2005	1.612	2.337	3.949	0.833	0.058	0.081	4.921
2004	1.714	2.472	4.186	0.894	0.060	0.083	5.223
2003	1.390	2.042	3.431	0.736	0.061	0.088	4.316
2002	1.175	1.741	2.916	0.628	0.024	0.091	3.659
2001	1.191	1.771	2.962	0.644	0.009	0.073	3.688
总计 2001—2008	15.878	22.560	38.438	8.036	0.447	0.566	47.487

资料来源:2009 年风险管理机构网站。

4. 公共灾难援助计划为财政支持的补充

负责为这些计划筹资的主要机构是农业服务局(Farm Service Agency,简称 FSA)。灾难援助计划所覆盖的农业风险包括破坏性极端气候事件如干旱、冷冻、冰雹、过多的湿度、大风或飓风、地震或洪水、过于闷热,以及疾病或病虫害等。一旦宣布为极具灾难性极端气候事件,他们必须进行处置,如农作物预期单位生产大幅降低 50%以上,或是避免让生产者原本预期的种植面积内种植超过 35%农作物。对于计划农作物,投保农作物保险是农民获得灾难援助资格的必要条件。然而,还是有非计划农作物不符合保险资格者获得灾难援助。

在 2003 年至 2007 年期间,支付给生产者的灾难援助金额,见表 4.5。特别灾难援助金额每年变化相当大,在 2003 年总计为 29 亿美元,2005 年降低为 310 万美元,年度最大一笔的灾难援助金额出现在 2007 年,总计为 50 亿美元。值得注意的是,2004 年和 2005 年畜牧业灾难援助金出现负数,这些数字出现负数是有几个原因的:首先,那些数据是以日历年基础公布的;其次,超额支付款项必须在年底偿还,然而，大多数人在当年度得到超额支付，因此，他们必须在下一年度偿还多收的款项，因此造成了年度负数金额。

表 4.5　灾难援助支付金额

年份	农作物（百万美元）	畜牧（美元）	总计（百万美元）
2003	2,575.2	360.5	2,935.7
2004	217.3	−505,530	216.7
2005	3.2	−16,253	3.2
2006	—		166.0
2007			5,007.0

资料来源：世界银行调查（2008）。

（三）农业保险补贴政策的效果

通过对典型国家的农业保险财政补贴政策效果的评价，即农业保险财政补贴政策对促进农民参保、推动农业发展、调整农业保险赔付率及改善农业保险经营机构的直接与间接经济效益的分析，继而为优化中国农业保险财政补贴制度奠定了一定的分析基础。

1. 农作物保险的参与率全球最高

表 4.6 内容是 FCIC 计划的农作物保险参与率[①]，根据国家农业统计服务数据库在 2002 年农业普查所公布的总耕地为参与率基础来计算。可以看出，农作物耕地面积的投保率从 2003 年的 72%上升到 2007 年的 90%。这一数据结果是全球所有参与自愿性农业保险计划的国家中最高的保险参与率。

表 4.6　2003 年至 2007 年农作物保险参与率估计

年份（年）	保单数目（百万）	农民投保的百分比（%）	投保面积（百万公顷）	农作物面积投保率（%）
2003	1.241	90	88.0	72
2004	1.229	93	89.4	73
2005	1.191	93	99.5	81
2006	1.148	92	98.0	80
2007	1.138	91	110.0	90

资料来源：世界银行调查（2008）。

2. 畜牧保险投保数量起伏不定

---

① 参与率的衡量是以美国投保面积相对于 2002 年收割耕地的比例计算出来的。

FCIC 从 2003 年至 2007 年的畜牧保险成果见表 4.7。相对来说，这项联邦补贴方案的时间相对较近且规模较小，在数据公布期间，整体畜牧业投保数量变化较大，从最低投保数量的 335,832 头，到最高投保数量的 1,027,822 头，数量起伏不定。在 2007 这一年，总保费是 320 万美元，其中保费补贴金额为 16.5 万美元，占总保费的 5%。2005—2008 年以来，其平均赔付损失率是 67%。

表 4.7　2003 年至 2007 年联邦畜牧业保险项目结果

年份	保单数	被保险头数	保险总额 (US$)	保险费 (US$)	保费补贴 (US$)	索赔 (US$)	平均比例	保费补贴	赔付率
2003	227	335,832	23,807,768	1,331,821	94,269	328,856	5.6%	7%	25%
2004	443	1,027,822	195,324,502	7,053,387	494,632	7,128,629	3.6%	7%	101%
2005	2,775	778,231	155,412,863	5,067,399	288,840	1,838,726	3.3%	6%	36%
2006	3,593	715,715	189,529,859	4,927,801	302,033	2,890,741	2.6%	6%	59%
2007	4,907	515,975	109,511,064	3,205,044	165,476	2,332,570	2.9%	5%	73%
合计	11,945	3,373,575	673,586,056	21,585,452	1,345,250	14,519,522	3.2%	6%	67%

资料来源：RMA 网站. Livestock Insurance program as of 1st Aug 2009（Federal State Insurance Corporation） Reinsurance Year Stats. 2009 年 8 月 1 日联邦国家保险公司牲畜保险项目再保险年度统计数据。

3. 农业保险政策的公共成本补贴逐年增加

从表 4.4 可以看出，2001 年至 2008 年间，管理和营运花费以及其他成本占总保费的 19%，接近五分之一，说明联邦农作物保险的各项成本费用过高。

根据世界银行的估计，在 2006 年，营销和采购成本（佣金）占原保费的 15.6%；保险业者本身的管理费用（不含农地现场损失（In-field Losses））占比为 6.2%。另外，损失调整成本占比为 2.9%。合计，总费用占比为 24.7。1999—2006 年期间，平均费用在保费收入中的占比情况如下：营销和采购（佣金）15.6%；保险业者本身的管理成本 7.3%；损失调整成本 3.3%；合计 26.2%。

对于占比如此之高的各项成本费用，管理和营运（A&O）的补贴对于联邦农作物保险的发展是至关重要的一项。根据 2008 年数据显示，该项补贴费用已经从 2001 年的 7 亿美元提高到 2008 年的 21 亿美元，成长惊人。在 2003 年和 2004 年，经营管理费用补贴政策占所有私营保险公司总保费收入的 25%，紧接着，从 2005 年到 2007 年这段期间，这项占比被限制在 20%左右，但是美国国会在 2008 年 5 月通过了农场法案（Farm Bill）要求这项占比进一步下降到 18%左右。这项补贴的主要目的也同时是在覆盖损失调整费用的支出。尽管补贴保费收入比例已经逐年下降了，然而，过去 5 年以来，管理和营运费总成本补贴仍然上扬。联邦政府的 FCIC 保险补贴计划在 2003 年至 2007 年期间的总成本总计为 134 亿美元，另外还有 91 亿美元的渠道营销成本（管理与营运费用和再保险成本，见表 4.8）。

表 4.8 2003 年至 2007 年联邦农作物保险项目经营情况（十亿美元）

年份	2003	2004	2005	2006	2007	2008	2003—2007	1981—2008
赔偿	3,260	3,210	2,367	3,504	3,546	8,634	15,887	53,583
总保费*	3,431	4,186	3,949	4,579	6,562	9,852	22,708	58,291
保费补贴	2,042	2,477	2,344	2,682	3,823	5,691	13,368	31,003
生产者保费	1,389	1,709	1,605	1,897	2,739	4,161	9,340	27,288
净赔偿	1,871	1,501	762	1,606	808	4,474	6,548	26,295
经营管理费用补贴	734	888	829	962	1,335	2,004	4,748	—
政府标准再保险协议净承保收益	378	692	915	819	1,569	1,119	4,373	—
总分销成本**	1,112	1,580	1,744	1,781	2,904	3,123	9,121	20,453
总保险支出	2,982	3,081	2,506	3,387	3,712	7,596	15,668	46,749
赔付率（基于总保费）	95%	77%	60%	77%	54%	88%	70%	92%
生产者赔付率 *a*	235%	188%	147%	185%	129%	208%	170%	196%
Hazell 比 *b*	315%	280%	256%	279%	236%	283%	389%	208%
转换效率 *c*	63%	49%	30%	47%	22%	59%	42%	56%
A&O 花费比例	21%	21%	21%	21%	20%	20%	21%	—

资料来源：Glauber（2006）。

* 总保费由保费补贴和生产者支付保险费构成

** 总分销成本包括经营管理费用补贴和再保险索赔（政府标准再保险协议净承保收益）

 a. 生产者赔付率=赔偿/生产者保费

 b. Hazell 赔付率 =（赔偿+ 分销成本）/ 生产者保费

 c. 转换效率=净赔偿/总保险支出

4. 农业保险经办机构的财务状况逐步改善

为了提供 FCIC 计划预估原始总保费（Original Gross Premium,

简称OGP）并且与其他国家的原保费做比较，世界银行特别增加了一栏公布项目，内容包括了管理和营运费用占总保费比例、赔付率和生产者赔付率。从表4.9可以看出，保险公司的赔付率从1981年最开始的多于100%下降到100%以内，从2003年开始一直稳定在100%以内。自2003年到2007年期间，平均赔付率为70%（相对于总保费基础）。相对于较长期间从1981年到2008年的赔付率反而更高，达到92%，同时，相对应于"生产者赔付率"分别是170%（2003年到2007年）和196%（1981年到 2008年）。

表4.9　1981年至2008年联邦农作物保险项目保险结果（百万美元）

年份	赔偿	总保费	保费补贴	生产者保费	净赔偿	分销成本	总保险支出	生产者赔付率 a	Hazel l赔付率 b	转换效率 c	赔付率
1981	407.3	376.8	47	329.8	77.5	4.5	82	123%	125%	95%	108%
1982	529.1	396.1	91.3	304.8	224.2	26.3	250.5	174%	182%	90%	134%
1983	583.7	285.8	63.7	222.1	361.6	32.1	393.7	263%	277%	92%	204%
1984	638.4	433.9	98.3	335.6	302.9	84.1	387	190%	215%	78%	147%
1985	683.1	439.8	100.1	339.7	343.4	104.2	447.6	201%	232%	77%	155%
1986	615.7	379.7	88.1	291.6	324.1	110.6	434.7	211%	249%	75%	162%
1987	369.8	365.1	87.6	277.5	92.3	122.3	214.6	133%	177%	43%	101%
1988	1,067.60	436.4	108	328.4	739.2	129.5	868.7	325%	365%	85%	245%
1989	1,215.30	819.4	206.3	613.1	602.1	290.5	892.6	198%	246%	67%	148%
1990	1,033.60	835.5	215.1	620.5	413.2	320.4	733.6	167%	218%	56%	124%
1991	955.3	737	190.5	546.5	408.8	276.7	685.5	175%	225%	60%	130%
1992	918.2	758.8	196.8	562	356.2	262.6	618.8	163%	210%	58%	121%
1993	1,655.50	755.7	200.1	555.6	1,099.90	160.2	1,260.10	298%	327%	87%	219%
1994	601.1	949.4	255.3	694.1	−93	386	293	87%	142%	−32%	63%
1995	1,567.70	1,543.30	889.5	653.8	913.9	509.3	1,423.20	240%	318%	64%	102%
1996	1,492.70	1,838.60	982.1	856.4	636.2	714	1,350.20	174%	258%	47%	81%
1997	993.6	1,775.40	903.1	872.3	121.3	793.1	914.3	114%	205%	13%	56%
1998	1,677.50	1,875.90	947.6	928.4	749.2	715.5	1,464.70	181%	258%	51%	89%
1999	2,434.70	2,310.10	1,394.00	916.2	1,518.50	770.3	2,288.90	266%	350%	66%	105%
2000	2,594.80	2,540.20	1,365.80	1,174.30	1,420.50	824.8	2,245.30	221%	291%	63%	102%
2001	2,960.10	2,961.80	1,771.80	1,190.10	1,770.00	994.1	2,764.20	249%	332%	64%	100%
2002	4,066.70	2,915.90	1,741.40	1,174.50	2,892.20	578.5	3,470.70	346%	396%	83%	139%
2003	3,260.00	3,431.20	2,041.90	1,389.30	1,870.80	1,111.50	2,982.20	235%	315%	63%	95%
2004	3,209.72	4,186.13	2,477.42	1,708.71	1,501.02	1,579.90	3,080.91	188%	280%	49%	77%
2005	2,367.32	3,949.23	2,343.83	1,605.40	761.92	1,744.22	2,506.14	147%	256%	30%	60%

年份	赔偿	总保费	保费补贴	生产者保费	净赔偿	分销成本	总保险支出	生产者赔付率 a	Hazel l赔付率 b	转换效率 c	赔付率
2006	3,503.66	4,579.28	2,681.85	1,897.43	1,606.23	1,780.73	3,386.96	185%	279%	47%	77%
2007	3,546.40	6,562.25	3,823.43	2,738.83	807.58	2,904.41	3,711.99	129%	236%	22%	54%
2008	8,634.39	9,852.18	5,691.37	4,160.81	4,473.58	3,122.85	7,596.43	208%	283%	59%	88%
所有年份合计	53583	58290.88	31003.3	27287.78	26295.32	20453.21	46748.53	196%	208%	56%	92%
2003—2007年合计	15,887.11	22,708.10	13,368.43	9,339.67	6,547.54	9,120.76	15,668.20	170%	389%	42%	70%

资料来源：Glauber（2007）。

a. 生产者赔付率=赔偿/生产者保费

b. Hazell 赔付率=（赔偿+分销成本）/生产者保费

c. 转换效率=净赔偿/总保险支出

整体上美国农业保险补贴的总额一直保持稳定增长的趋势，尤其是1994年《农作物保险改革法案》大幅提高农业保险补贴的比例，1995年补贴的总额达到8.894亿美元，相较上一年度增长幅度达到349%。2011年美国农业保险补贴总额为历史最高，达到74.634亿美元，此后补贴的总额略有减少。伴随补贴比例稳定上升的是农业保险计划参保率的稳步提升，1989年的参保率仅为21.9%，1995年大幅提高农业保险补贴比例后迅速增长到47.4%，随后依旧保持了稳步提升的长期趋势，2015年达到最高的64.1%。损失率的波动在很大程度上受到灾害因素的影响，如2012年的损失率高达157%，即是受2011年美国南部地区7个州遭到龙卷风与强风暴袭击的影响。尽管如此，美国农业保险实施过程中一直通过调整费率和补贴、完善巨灾风险制度等方式从整体上控制损失率。

从表4.10可以看到，2003年到2011年连续9年的损失率维持在100%以下，这说明美国农业保险的精算稳定性大幅提升。通过不断的实践和调整，美国农业保险参保率低和赔付率高的问题基本得到解决。

这其中农业保险补贴形式的完善①、补贴比例的提升起到了很大的作用，同样，美国农业保险制度模式的创新也是至关重要的原因。

表 4.10　1989—2015 年美国农业保险发展基本情况　（单位：亿美元、亿公顷）

年份	保费收入	补贴总额	补贴率	赔付支出	赔付率	承保面积	参保率②
1989	8.143	2.050	25.2%	12.122	149%	0.411	21.9%
1990	8.365	2.153	25.7%	9.730	116%	0.411	21.8%
1991	7.370	1.901	25.8%	9.553	130%	0.333	17.7%
1992	7.586	1.967	25.9%	9.182	121%	0.337	17.9%
1993	7.557	2.000	26.5%	16.545	219%	0.339	18.0%
1994	9.494	2.549	26.8%	6.011	63%	0.403	21.4%
1995	15.433	8.894	57.6%	15.677	102%	0.893	47.4%
1996	18.336	9.821	53.6%	14.927	81%	0.830	44.1%
1997	17.754	9.028	50.9%	9.936	56%	0.738	39.2%
1998	18.759	9.463	50.4%	16.775	89%	0.736	39.1%
1999	23.101	9.549	41.3%	24.347	105%	0.797	42.3%
2000	25.402	9.512	37.4%	25.948	102%	0.836	44.4%
2001	29.618	17.717	59.8%	29.601	100%	0.856	45.4%
2002	29.160	17.414	59.7%	40.667	139%	0.870	46.2%
2003	34.314	20.420	59.5%	32.608	95%	0.880	46.8%
2004	41.861	24.774	59.2%	32.097	77%	0.895	47.5%
2005	39.492	23.438	59.3%	23.673	60%	0.996	52.9%
2006	45.795	26.820	58.6%	35.035	77%	0.981	52.1%
2007	65.621	38.234	58.3%	35.476	54%	1.100	58.4%
2008	98.513	56.909	57.8%	86.799	88%	1.103	58.6%
2009	89.515	54.274	60.6%	52.223	58%	1.072	56.9%
2010	75.953	47.119	62.0%	42.544	56%	1.038	55.1%
2011	119.723	74.634	62.3%	108.693	91%	1.077	57.2%
2012	111.133	69.772	62.8%	174.453	157%	1.145	60.8%

---

①美国农业保险补贴的形式包括保费补贴、税收优惠、再保险补贴、经营管理费用补贴、折扣保费和研发试验费用补贴。

②参保率以参加农业保险的土地总面积占耕地总面积的比例计算，计算基数为 2012 年美国耕地总面积 1.88 亿公顷。

年份	保费收入	补贴总额	补贴率	赔付支出	赔付率	承保面积	参保率[①]
2013	118.036	72.942	61.8%	120.724	102%	1.199	63.7%
2014	100.677	62.121	61.7%	91.153	91%	1.194	63.4%
2015	120.858	60.544	50.1%	50.394	52%	1.007	64.1%

数据来源：美国风险管理局网站：http://www.rma.usda.gov/data/sob.html。

美国"低保费、高补贴"的保费补贴和保费折扣在刺激农户投保上效果显著，同时针对商业性保险公司形式丰富、内容完备的税收优惠、经营管理费用补贴、再保险补贴和研发试验费用补贴极大地减轻了保险公司的运营成本，在客观上降低了保险费率的同时也丰富了农业保险的供给主体。美国农业保险补贴的实践是建立在极其强有力的财政保障基础之上的，补贴形式的完善也和阶段性经济发展环境密切相关。由于国情差异，我国尚不足以支撑如此大规模的农业保险补贴，但对于研发试点费用的补贴应当予以借鉴。

二、加拿大的农业保险财政补贴经验

（一）加拿大农业保险市场

加拿大政府于 1938 年以及 1964 年分别引入了雹灾和农作物保险产品，自 1950 年开始，私营部门高价值畜牧保险也顺利推出。另外，自 1978 年起，政府部门畜牧保险仅在新斯科舍省有限的基础范围内实施。从 2009 年至 2010 年间，埃布尔达省也推出了涵盖基础较为广泛的畜牧保险；此项保险估计将采取非补贴方式实施。

加拿大农作物保险最重要的销售渠道是"保险人自营代理网络"系统，其次才是保险经纪人。畜牧保险主要通过生产者协会和合作社销售，少部分的保险商品则通过保险人自营代理网络系统销售。在 2007—2008 年共计有 10 家保险公司提供农作物和畜牧保险、9 家私营保险公司提供了雹灾保险以及 30 家畜牧协会（共同/合作社）提供

[①]参保率以参加农业保险的土地总面积占耕地总面积的比例计算，计算基数为 2012 年美国耕地总面积 1.88 亿公顷。

畜牧保险。另外，还有一家公营保险公司专营销售畜牧保险。

加拿大提供了多样化的救济给付基础和指数基础保险计划。救济给付基础保险商品其中包括了农产品雹灾、农产品多重灾害保险（MPCI）、畜牧意外以及死亡保险。另外，指数基础保险商品则提供天气指数保险、标准化植被差异指数（Normalized Difference Vegetation Index，简称 NDVI）、印度遥感卫星（India Remote-sensing Satellite，简称 IRS）保险以及区域产量指数保险（见表 4.11）。

表 4.11　2008 年销售中的农业保险商品类型

销售中农作物保险产品				温室	林业
多重灾害保险	列明风险	收入保险	指数保险		
是	是	是	是	是	是
销售中畜牧业保险产品					水产养殖
全险	意外与死亡保险	传染病保险	其他保险	指数保险	
是	是	无	无	无	是

资料来源：世界银行调查（2008）。

（二）农业保险政策支持与财政补贴

1. 农业保险政策支持种类较多

政府政策种类包括：

（1）农业保险立法（法令）。农民收入保护法规范来自联邦政府的各项补助。另外，许多省份也为省内农作物保险而立法。

（2）保险费补贴政策。

（3）补贴保险人的管理和作业费用。资助畜牧管理费用将于 2009 年随着推出新的保险计划开始实施。

（4）政府雇用人员参与农民损害评估作业。

（5）训练与教育费用以及商品研究发展费用等将会得到补助。此外，农业保险费项下的销售税也获得免除。然而，政策并不补贴再保险费用。

2. 保费补贴由各级政府分摊

依据以下 4 项"联邦费用分摊"类型补贴农作物保险费：

（1）无补贴；（2）综合性补贴政策，包括农作物保险或指数基础商品提供给整体农作物占总计 60%保险费补贴；（3）高成本补贴如雹灾现货或农地损失保险占总计 32%保险费补贴；（4）灾难性补贴，如灾难性事件发生时农民确信已经无法负担现有保险费用，政府将会提供全额保护。

联邦政府通常负担 60%农作物保险费补贴，剩余的 40%保险费用系由省级政府提供补贴。换句话说，省级政府负担100%的现有畜牧保险费用补贴。联邦资金的运用关系到畜牧业保险部分还在协商当中，最终保险人的管理费用估计将会得到联邦政府的补助。

联邦保险费用补贴政策并不适用于畜牧保险，保险费补贴政策涵盖了几乎所有农作物但并非所有的畜牧业。牛、猪和家禽相关保险商品正在研讨之中。所有的农作物生产人都合法获得保险费用补贴。无论任何情况，所有农民都不能够（重复）申请类似的保险费用补贴。

3.联邦政府提供非直接再保险

联邦政府为省级农业保险经纪商提供停损形式的保险责任范围。然而，这种政策比较类似于平稳现金流方式，而非直接再保险。由于这是一种分期偿还形式，因此，它并没有风险转移。即使平稳现金流是由联邦政府所管辖的，许多省份还是会向私营再保险部门购买再保险。

4.公共灾难援助计划转为农民收入计划

农业收入灾害援助计划属于一项农民收入支持计划，于 1998 年立法。在 2000 年后，这项援助计划由另一个类似计划所取代了，也就是"加拿大农民收入计划"。一旦发生突发事件，农民因此而大幅损及收入的话，这项计划将提供必要的援助。这项援助的支付款项依据是2005—2008 年期间毛利率和平均利润率之间的差距损失（扣除了这期间最高、最低的利润率）；但是，援助款项不得超过 2005—2008 年平均的 70%。这项援助计划资金来源是由联邦政府提供 60%的资金，其余 40%的资金是由省级政府提供。

（三）农业保险补贴政策的效果

1.农业保险的参与率不断下降

农作物和畜牧通常是自愿性保险。然而在某些特殊情况下，如有突发性重大灾害发生，政府必须对生产者给付灾损补贴时，此时政府灾损补贴款项必须事先扣除生产者预估现有自愿性农作物/畜牧保险计划可能获得的补偿。政府采取这样的手段是为了避免侵蚀现有保险制度，以及鼓励农民积极参与风险管理。在加拿大，农业政策并不允许任何人强制参与。

在表 4.12 列出了 2003 年至 2007 年农作物保险参与率。国内被保险农业区域百分比逐年降低，从 2003 年的 74%降低至 2007 年的 63%，说明农业保险的参与率在不断下降。

表 4.12　2003 年至 2007 年农作物保险参与率估计

年份	保单件数	保险区域（百万公顷）	投保的农作物面积百分比
2003	113,689	28.9	74%
2004	100,932	24.0	61%
2005	90,594	26.0	66%
2006	86,295	24.7	63%
2007	84,221	24.8	63%

资料来源：世界银行调查（2008）。

2.农作物保险赔付率下降，雹灾保险赔付率不断上升

表 4.13 列出了加拿大于 2003 年至 2007 年之间农作物和雹灾保险的财务结果。结果是农作物和雹灾保险双双呈现出保险总额逐年上升的趋势，2003 年至 2007 年总计上升了 6.9%。这是一项值得关注的数据，农作物保险赔付率逐年降低，自 2003 年的 76%下跌至 2007 年的 66%，然而同一期间，雹灾保险赔付率却是逐年上升，从 2003 年的 64%提升到 2007 年的 98%。此期间（2003—2007 年）的长期损失率是 74%。

表 4.13　2003 年至 2007 年农业保险经营结果

年份	保单件数估计	保险总额（美元：百万）	保险费：包括补贴（美元：百万）	支付索赔（美元：百万）	赔付率
农作物保险					
2003	113,689	6,426.5	720.1	544.7	76%
2004	100,932	5,457.9	661.3	638.3	97%
2005	90,594	560.6	665.4	481.5	72%
2006	86,295	6,528.9	708.6	401.1	57%
2007	84,221	8,635.1	892.1	591.5	66%

雹灾保险				
2003	—	—	—	—	—
2004	—	2,879.7	119.2	76.5	64%
2005	—	3,183.7	137.9	89.3	65%
2006	—	3,076.5	138.1	118.2	86%
2007	—	3,854.2	189.3	184.6	98%
农作物保险和雹灾保险合计				
2003	—	—	—	—	—
2004	—	8,337.6	780.5	714.8	92%
2005	—	3,744.2	803.3	570.8	71%
2006	—	9,605.4	846.6	519.4	61%
2007	—	12,489.3	1,081.3	776.1	72%

资料来源：世界银行调查（2008）。

3. 农业保险政策的公共成本补贴比较高

根据世界银行提供的数据显示，原总毛保费（原保费）率是 7%，其中包括了 0.1% 的营销和采购成本；保险人管理成本为 4.4%，以及损失调整费用的 2.5%。这意味着，总计 62.9% 的保险费用来自于管理和作业成本，35.7% 为直接归因于损失调整成本，最后，仅有 1.4% 为营销和采购成本。

表 4.14 列出了农作物保险费用补贴项目以及管理和运营费用补贴。从 2003 年至 2006 年，管理和运营费用补贴始终保持在 0.5 亿美元左右，到 2007 年以后，这项补贴达到 0.625 亿美元，在发达国家也算是比较高的财政补贴。依据加拿大农业金融服务公司（Agriculture Financial Services Corporation，简称 AFSC）运营典范项目来看，在这期间，管理和运营费用补贴占整体保险费用的 7%。

表 4.14　2003 年至 2007 年农业保险的补贴情况

年份	保险费补贴*（美元：百万）	管理和运营成本补贴（美元：百万）
2003	435.8	50.4
2004	402.2	46.3
2005	404.5	46.6
2006	428.5	49.6
2007	545.7	62.5

资料来源：世界银行调查（2008）。

*补贴金额仅供农作物保险。在那段时间，牲畜保险没有补贴。

第二节　意大利和西班牙的民办公助农业保险财政补贴经验

一、意大利的农业保险财政补贴经验

（一）意大利农业保险市场

意大利政府自 1970 年起通过"国家团结基金"（The National Solidarity Fund，简称 NSF）介入农业风险管理，它主要是针对农业生产和畜牧损害提供了预防和赔偿措施。接着在 2000 年一个更专业的"风险再保险基金"（Risk Reinsurance Fund，简称 RRF）正式成立，RRF 是更进一步促进农业部门创新的保险机制，它的主要目的在于提供保险公司两项再保险机制，包括停损和配额分享再保险，实务操作中，这两项机制都适用于综合风险和农产品多重灾害保险（MPCI）保险单内。在 2003 年，政府设置了"农业风险数据库"（The Agricultural Risk Data Bank，简称 ARDB），以便于给农业保险业务相关单位提供更精确农业风险信息。ARDB 网络在线数据库数据包罗万象，主要数据来源是依据统计、保险以及与农业风险管理的经济数据、畜牧生产、水产养殖等信息输入，数据内容超过百万条。政府对于农业风险管理已经拥有广泛且丰富的法律规定，农业保险对于灾难的定义和灾损覆盖面规范除了提供详尽有力的支持，还提供临时灾害援助。

在意大利，无论是农作物或畜牧业保险都是自愿性质的，农业政策完全没有强制性要求。有关农作物保险方面，主要的销售渠道包括了保险代理人、经纪人和生产者组织等。畜牧业保险则是通过保险经纪人作为最重要的销售渠道。然而，意大利的一般小农和边缘农民却没有专门的机构组织或计划支持他们。国家设置了一个公营—私营保险联营组合（共保，Coinsurance Pool）系统，这个组合主管农业风险管理，共计有 25 家私营保险公司以及很多家互助/合作机构参与这项

农业保险系统。这其中最重要的保险公司是成立于 1927 年的 FATA Assigurazioni，该公司长期以来都精于农业保险，在 2005 年它的市场份额估计达到 13%。其他两家比较有规模的保险公司是 Toro 和 ARA Assigurazioni，它们分别拥有大约 7%至 8%的市场份额。从实务上来说，保险公司设定自己保险单的保险费率，但是，它们必须与农业部协商价格政策，协商的重点包括可获得保险费率补贴资格的最高标准。

公营再保险基金提供了农产品多重灾害保险（MPCI）覆盖责任，与此同时，私营保险公司的产品更为广泛，除了有 MPCI 外，还提供了列明保险（named peril）。另外，私营保险公司在市场上广泛提供了温室保险、畜牧事故死亡保险和水产养殖保险。在意大利，畜牧业和水产养殖业保险并未获得政府支持，同样的，指数保险产品也未上市。市场竞争态势主要是基于各家保险业者服务的质量。自 2003 年起，意大利引入 MPC 保险，到了 2005 年，MPCI 整体组合在总保险费金额的市场份额为 2%，市场规模相对较小。

表 4.15 2008 年销售中的农业保险商品类型

销售中农作物保险产品				温室	林业
多重灾害保险	列明风险	收入保险	指数保险		
是	是	无	无	是	无
销售中畜牧业保险产品					水产养殖
全险	意外与死亡保险	传染病保险	其他保险	指数保险	
无	是	无	无	无	是

资料来源：世界银行调查（2008）。

（二）农业保险政策支持与财政补贴

意大利政府制定了农业保险法令监督管理农作物和畜牧业保险，为此，政府为农作物和畜牧业保险费进行政策性补贴。政府作为一个再保险业者，在它资助的再保险计划里必须派遣工作人员积极调整农业损失，同时，意大利政府拨款将其运用在产品开发和研究发展上面。

另外，农作物保险费收入是免征销售税的。

1. 保费补贴比例较高，但补贴品种有限

农业保险费补贴是由中央政府负担的，分别是政府补贴 66% 的农作物保险费以及 50% 的畜牧业保险费。然而，保险费的补贴只包括部分主要的农作物，如苹果、葡萄、谷物、西红柿等。此外，畜牧业保险补贴则适用于奶牛保险。根据欧盟的规定，针对政府保险单补贴政策而言，其最高可达到保险费的 80%，其中包括归因于保险单所发生的损失。然而，在其他情况下，一般保险费的补贴往往可高达 50%。表 4.16 提供了政府保险费补贴的数据。

表 4.16 2003 年至 2007 年保险费补贴情况

年份	保险费补贴（美元：百万）
2003	148.5
2004	186.0
2005	214.3
2006	226.4
2007	280.2

资料来源：世界银行调查（2008）。

经过 2007 年推动农业保险发展，农业可获得保险费补贴资金投入的项目有蔬菜作物、农业结构以及畜牧养殖场。更具体而言，在 2007 年农业保险计划规范中，适用于购买受补贴的保险单包括：

（1）所有草本作物，果树，灌木和苗圃，木料用树木以及种子植物用以对抗以下灾害事件：如冰雹、大风、霜冻、干旱、雨水过多、洪水、植物病虫害；

（2）金属框架和屋顶覆盖钢化玻璃的温室、金属框架和屋顶覆盖非钢化玻璃或刚性的塑料材料的温室（玻璃纤维、双向的 PVC、聚碳酸酯、有机玻璃等），金属框架和屋顶覆盖塑料薄膜（无论是双层或单层薄膜）和防雹网用以对抗以下灾害事件：冰雹、雪、风、龙卷风、飓风和闪电；

（3）牛只和水牛养殖场用以对抗以下灾害事件：口蹄疫、布氏杆菌病、胸膜肺炎、肺结核、流行性白血病等，直到任何其他国家不再提拨资金补偿动物疾病损失为止或者任何其他国家由于资金缺乏在农场停止运作期间和处理动物尸体成本政府不再提拨资金补偿为止。

每家公司独立处理自己的关税和其他保险附属条件。然而一般来说，保险公司往往倾向于根据农业和林业部制订的拨款补助政策参数自行调整它们的关税，以便适用于保险费用补贴的最高限额标准。这项拨款补助政策参数计算是根据每年度考虑到时间序列的保险数据（保险额、保险费、赔偿金额、投保数量、损失数量等）并依据每一个涵盖率、产品、直辖市组合等资格获得补贴的。

2. 政府财政支助再保险运营者

风险再保险基金（FRR）主要是扮演一个再保险营运者的角色。政府资助这个基金，每年度财政支出为 1,300 万美元作为风险资本支出。随着政府这项风险资本运作，无论是 FRR 再保险条款、营利或亏损记录都是承担着国家再保险营运者的角色。

在意大利农业风险管理系统内，私营和公营再保险业者均在市场上积极运作。私营再保险业者的营运受到限制，几乎全数投入传统农作物保险单的业务（单一事故以及一些综合和多重风险）。农作物保险是通过政府（通过 FRR）再保险的，通常是以配额分享和停损条款为基础。有一些农作物保险组合则是通过国际私营再保险业者承作再保险的，往往是以停损条款为基础。同样，畜牧业保险组合也是以停损条款为基础并通过国际私营再保险业公司所承担的。

3. 政府通过国家团结基金提供公共灾难援助计划

自 1970 年以来，意大利政府介入有关农业风险管理政策给已经通过了国家团结基金（FSN），该基金的目标是为了给天然灾害或特殊意外事件所引发的农产品和畜牧业的损害、农民和农业基础设施的灾损等提供预防性和补偿性措施。FSN 的补救措施有三种形式：

（1）政府鼓励购买用来避免农产品（种植业和畜牧业）灾损和农业设施（温室和防雹网）损失的保险措施，每一年都由部级法令规定批准一项特定的保险计划；

（2）补偿款的获得，仅当生产和农业结构损失不被覆盖在以上提及的农业保险计划中才得以获得补偿。其目的是在于使遭受损害的农场能够在经济和生产力的恢复上得到适当的补偿；

（3）恢复农业活动相关基础设施的政策，包括根据该农场灌溉和回收基本需求的基础设施。

在意大利国家渔业和水产养殖业的国家团结基金（FSNPA）是专门针对渔业和水产养殖业的风险管理所设置的。伴随着 2005 年第 100 条法令涉及 FSNPA 条款整合了第 14 条第 154 号法令（2004 年 5 月 26 日），政府又在 1992 年 2 月重新改革渔业和水产养殖业的国家团结基金，这次改革的目的在于制定预防性措施以防范于未然，设法防止自然灾害或异常恶劣的天气致使渔业和水产养殖产业的生产与生产力结构造成损害。

（三）农业保险补贴政策的效果

1. 农业保险的参与率起伏不大

表 4.17 是意大利农业保险的参与率，以国家农业风险数据库所公布的总耕地为参与率计算基础。从保单数量来看，从 2003 年保单数量仅仅由 212988 份增长到 238501 份，5 年以来的同比增幅只有 11%；从投保的地区来看，增幅也不是很明显，这一数据结果是这种完全自愿参与的农业保险计划的参与率增幅很有限。

表 4.17　2003 年至 2007 年农作物保险参与率估计

年份	保单数量	农民投保的百分比	投保的地区（百万公顷）	全国总面积投保的百分比
2003	212,988	—	1.0	7.8%
2004	209,201	—	1.0	8.1%
2005	209,363	—	1.1	8.2%
2006	208,385	—	1.1	—
2007	238,501	—	1.3	—

资料来源：世界银行调查（2008）。

2. 农业保险的赔付率较低

自 2003 年到 2007 年期间，农作物保险成果列于表 4.18。相对来

说，2005 年以来农作物保险承保量一直稳定增长，平均年增长率为
8%。四年期间（2003—2006 年）农作物赔付率起伏不大，平均长期
赔付率仅为 57%。

畜牧业保险仅提供最近两年期数据（2006— 2007 年）。2007 年对
外公布的赔付率为 26%，相对于其他国家农业保险的赔付率来说，这
种赔付率已经是很低的水平了。

表 4.18　2003 年至 2007 年农作物保险经营结果

年份	保单数量	总保额（百万美元）	保险费：包括补贴 （百万美元）	支付索赔（百万美元）	赔付率
2003	212,988	3,800.2	314.1	134.2	43%
2004	209,201	4,288.2	319.3	216.4	68%
2005	209,363	4,306.6	315.2	193.5	61%
2006	208,385	4,372.9	320.6	184.8	58%
2007	238,501	5,320.0	380.7	—	—

资料来源：世界银行调查（2008）。

表 4.19　2006 年至 2007 年畜牧业保险经营结果

年份	保单数量	保险总额（百万美元）	保险费：包括补贴 （百万美元）	支付索赔（百万美元）	赔付率
2006	—	260.5	1.1	—	—
2007	—	421.1	2.0	0.5	26%

资料来源：世界银行调查（2008）。

二、西班牙的农业保险财政补贴经验

（一）农业保险市场

在 1980 年以前，西班牙仅出台有限的农作物冰雹保险政策，之后，
1980 年政府颁布法令建立国家农业保险计划，称之为农业综合保险
（SAC）计划，这是公营/私营共保伙伴关系，一个私营联保的统筹机

构由政府授权以自愿投保方式给西班牙境内所有农民提供农业保险补贴并由农业保险联保共同体（Agroseguro），下文直接用 Agroseguro 来表述该机构）承保。在 2008 年，Agroseguro 便已经是全欧洲最大且最全面的国家农业保险计划，该计划承保了超过 200 种不同的农作物、畜牧业、水产养殖和林业项目，多样化的农作物保险项目带来了总计 8 亿美元的年度保险费收入。

2008 年 Agroseguro 是由 28 家私营保险公司（21 家有限责任公司和 7 家互助会社）和国家再保公司"Consorcio de Compensación de Seguros"（CCS）共同创建成立的一家联保组合机构。Agroseguro 基本上承销了西班牙几乎所有的农业保险业务，全方位地涵盖了列明风险和多重灾害保险单（MPCI），另外，畜牧业保险更是覆盖了牛、绵羊和山羊以及淡水和海水养殖的保险单（表 4.20）。除了 Agroseguro 的产品之外，本土保险公司产品也承保农业保险单，包括纯种畜牧、制造纸浆和纸张的商业林场、温室和水产养殖的所有风险，但是数量相当有限。

Agroseguro 也开始运用卫星遥感（标准化植被差异指数）基础科技进行研究开发指数基础产品，该产品应用于干旱牧场保险单，并且在 2002 年开始上市销售。在 2005 年，极端干旱气候导致了牧场指数保险单的大量索赔。

表 4.20 2008 年销售中的农作物保险商品类型

销售中的农作物保险产品				温室	林业
多重灾害保险	列明风险	收入保险	指数保险		
是	是，大范围覆盖	是	是，NDVI	是，只覆盖农作物保险	是，小规模植树造林
销售中的畜牧业保险产品					水产养殖
全险	意外与死亡保险	传染病保险	其他保险	指数保险	
无	是	是	无	无	是

资料来源：世界银行调查（2008）。

（二）农业保险政策支持与财政补贴

1. 多部门参与农业保险支持政策

西班牙综合农业计划呈现出了公营/私营伙伴关系共同结合成为铁三角协议（见图4.1），此协议关系人包括了：（1）中央政府、财政部以及农业部通过国家农业保险机构（ENESA La Entidad Estatal de Seguros Agrarios ）积极参与其中；（2）自治州/地区政府和生产者协会；（3）Agroseguro 共保资产池和 CCS（再保险联盟）。

西班牙政府支持农业保险的重心在于：保险立法；农民和畜牧业生产者的农业保险费补贴政策；通过 CCS 运作共保和再保业务。

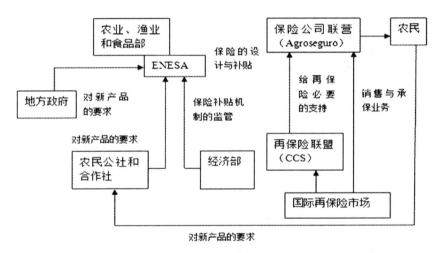

图 4.1　农业保险的公私合营体制

2. 采取灵活的保费补贴政策

根据西班牙模式保险费补贴政策主要是用来作为一种政策工具，目的在于向广大的农民推广自愿性接受和采纳农业保险。Agroseguro设计的农业保险方案是为了使保险费补贴政策得到农民的青睐，这项补贴政策的资金来源是由国家和省级政府负责筹措的。Agroseguro 凭借着极为广泛的保险覆盖率，结合政府的补贴政策，它的经营范围几乎涵盖了西班牙境内所有的农作物种类和畜禽物种。从作业分工来说，Agroseguro 仅负责依据精算结果设定保险费率的机制，另一层面则是政府负责确定保险费补贴的政策（如表 4.21），然后，这个模式采纳了区别保险费率系统。根据区别费率系统，不同类别的农作物和畜牧业对应不同种类的保险产品（如指定风险等），则形成了不同程度的补贴方案，除此之外，目标农民客户群，包括青年农民、多种农作物保险或多年度保险单，若他们是通过协会集体签约购买保险单的话，政府将提供额外的补贴政策。从表 4.2 中可以看出，在 2006 年，可获得最高保险费补贴水平从第 1 组农作物和畜牧业保险人的 27%直到第 6 组商品保险费非常高补贴水平的 75%。目前，在西班牙，保险费补贴成本是由国家和省级政府共同负担的，而其补贴基础如下：

表 4.21　西班牙各级政府保费补贴比例

补贴提供者	农作物保费补贴份额	畜牧业保费补贴份额
国家政府	74.0%	63.7%
省政府	26.1%	36.3%

资料来源：世界银行调查（2008）。

保费补贴在不同作物风险分级的基础上针对不同的投保主体、投保方式可以叠加，包括基本补贴和额外补贴在内最高可达 75%，基本上由中央政府和省级政府按照 3∶1 的比例承担（见表 4.22）。

表 4.22　基于风险分级的西班牙农业保险补贴率

	I	II	III	IV	V	VI
基本补贴	4%	9%	16%	18%	22%	39%
额外补贴						
集体投保	5%	5%	5%	5%	5%	5%
全职农民/农业合作组织成员	5%	14%	14%	14%	14%	14%
青年农民	2%	2%	2%	2%	2%	2%
对多种作物统一投保	2%	2%	2%	2%	2%	—
持续一年投保	3%	3%	3%	6%	6%	6%
持续两年投保	6%	6%	6%	9%	9%	9%
最高补贴率	27%	41%	47%	56%	60%	75%

资料来源：World Bank Survey（2008）Ministry of the Presidency，Order PRE/262/2006（9 February 2006）.

从 2003 到 2007 年五年期间，政府负担从 Agroseguro 保险费补贴政策的成本见表 4.23。在这五年期间，保险费补贴成本明显逐年走高，数据显示政策成本从 2003 年的 3.33 亿美元提升到 2007 年的 5.856 亿美元。在 2007 年，农作物保险费补贴总计为 3.62 亿美元（占年度农业保险总保费补贴的 62%）；而畜牧业保险费补贴金额为 2.20 亿美元（占年度农业保险总保费补贴的 38%）。单就农作物保费补贴水平相对于总保费而言，在 2003 年的比例占总保费的 61%，直到 2007 年比例占总保费的 70%，逐年上涨；然而，畜牧业保费补贴的占比却是逐年下降，从 2003 年占总保费的 91%，下降到 2007 年占比 74%，逐年下降。总体来说，在 2007 年，保费补贴与总保费占比水平是 72%。西班牙的保费补贴基本是全球所有农业保险计划中最高保费补贴水平了。

表 4.23　2003 年至 2007 年农作物和畜牧业保费补贴支付

年份	农作物保费补贴（百万美元）	农作物保费百分比	畜牧业保费补贴（百万美元）	畜牧业保费百分比	总保费补贴＊（百万美元）	总保费百分比
2003	203.2	61%	123.2	91%	333.1	71%
2004	217.4	59%	131.9	82%	356.5	67%
2005	291.4	73%	178.0	89%	471.2	78%
2006	303.3	64%	200.6	73%	506.9	67%
2007	361.8	70%	219.6	74%	585.6	72%
平均	275.4	66%	170.7	80%	450.6	71%

资料来源：世界银行调查（2008）。

＊总保费补贴包括农作物、畜牧业、水产养殖、林业。

另外，在西班牙没有为农民和边缘农民设置特别组织推广农业保险单；但是，生产者协会则会积极地向他们的会员推广团体保险，同时，政府也给特定贫困地区的弱势农民提供附加保险费用补贴方案。在西班牙，任何保险公司都可以推出自己的农业保险单销售给农民，但是在这样的情况下，他们自己发行的保险单就不符合保险费补贴政策了。

3. 不同类别的保险产品，再保险的支持不同

针对保险和再保险的不同，Agroseguro 划分了两大类保险产品承作业务：

（1）可控制产品线。这项产品包括波动变化较小的农作物和畜牧业保险方案，包括冰雹、指定风险农作物保险和个体动物死亡率覆盖等。各类别的保险业务特别排除了风险较大的干旱、洪水和疫病等潜在的灾难风险。

（2）实现性产品线。这些业务包括波动性相对较大的业务，如全面性的多重风险农作物保险（MPCI）因干旱导致收获不足的覆盖保险；全面的抗洪保险单；水产养殖；畜牧业保险包括如绵羊、山羊以及畜尸破坏和清理费用的牲畜保险；水产养殖、林木业、草原牧场指数保险涵盖等，项目产品线项目巨细靡遗。

干旱保险仅提供实验性产品线并涵盖在"整体冬季谷物计划"内，以及特定农作物的产量损失保险单，如葡萄、橄榄和甜菜等的干旱损失。Agroseguro 为确保 MPCI 保险单控制在总体保险单的一定份额内，因此，它的业务营运非常谨慎。从 1999 年冬季，抗洪保险单仅仅被列为专项风险的保险单。除此之外，为了尽量降低反选择风险，防洪是所有农作物保险单的强制性责任风险，后果自负。干旱与洪水保险被它们归类为实验性产品线，并且必须向 CCS 承作再保险。至今为止，该公司并没有承保任何农业收入保险单，原因就在于，收入保险单不仅包含了农作物损失，还包括了价格的保护措施。

西班牙农业保险模式对于全球保险业来说可称之为一种独特典范，西班牙模式的核心机制就在于 CCS（Concorsio de Compensación de Seguros）这个特殊机构。CCS 创立于 1956 年，隶属于公共部门再保险机构，目的是提供巨灾风险的再保险机制，包括在发生地震、洪水和恐怖主义等大灾难时，它得以发挥重要的作用。CCS 的再保险机制提供了双重保障：首先，它是一个直接再保险业者的资金池；其次，它是再保险业者的后盾，为所有 Agroseguro 共保险业者资金池提供了极为全面性停损再保险的保障。在 CCS 的可控制产品线上，CCS 提

供了渐进式的保障，首先，它保障停损再保险达到 160%损失率，接着，高于上述损失率以上者，它提供 100%再保险。另外，在 CCS 的实现性产品线上，CCS 甚至提供更全面超额再保险损失的保障。西班牙农业生产者支付商业保险费率内含了 CCS 再保险费用，此费用估计原保险费用的 21%。即便如此，在商言商，CCS 的业务依据商业基础运作全然市场化。除此之外，个别资金池会员可以自由选择购买 CCS 的停损再保险，此为 CCS 从私营国际再保险业者中特别保留在可控制产品线上的保险产品，Agroseguro 为了共保业者的利益，特别安排从国际私营再保险业者转介此项自愿性私营再保险保单。最后，多年以来，为了保护自己，CCS 从国际再保公司购买"多年度停损转再保险"（multi-year stop-loss retrocession protection）作为 CCS 的自我保障，以免发生灾难干旱、洪涝、霜冻或传染病等农业灾害。

4. 公共灾难援助计划

西班牙政府采取了与美国类似的做法。美国政府给没有投保巨灾农作物损失或危险保险的农民提供灾难事件后援助，如牲畜传染疫病。但是，这是有条件的援助，仅针对有首次购买农作物或畜牧业保险单的农民/牲畜生产者。

（三）农业保险补贴政策的效果

1. 农业保险的参与率比较高

在西班牙，农作物和畜牧业保险通常都是自愿性质的。2005—2008年期间，Agroseguro 农作物保险的摄取率（Uptake Rates）维持着稳定的局面，其农作物保险单平均销售数量为 289,000 份，总计覆盖了 640万公顷的参保土地面积，大约是全国耕地面积的 25%（表 4.24）。然而，这个数据并未能够显示出全国采用率（Adoption Rates）的完整图像。相对来说，高经济价值农作物摄取率非常高，包括了 100%的香蕉种植面积、超过 85%的烟草种植面积和冬季番茄、超过 70%的稻米种植面积以及超过 60%的树木果实如杏仁等。反之，在大规模低经济价值中耕农作物例如春季谷物，它的采用率仅有约 25%耕地面积，而冬季谷物也仅有 33%的耕地面积投保。

表 4.24　2003 年至 2007 年农作物保险参与率估计

年份	保单数量	农民投保的百分比	投保的地区（百万公顷）	全国总面积投保的百分比
2003	283,116	—	5.5	21.4%
2004	288,904	—	5.9	22.6%
2005	322,776	—	7.0	26.8%
2006	246,214	—	6.9	26.5%
2007	303,305	—	6.8	26.5%
平均值	288,863		6.4	24.7%

资料来源：世界银行调查（2008）。

　　畜牧业如牛、绵羊、山羊和家禽的保险率如表 4.25 所示。2005—2008 年以来牛的保险摄取率同样维持相当稳定的水平，每一年大约有 120 万头牛投保，略低于全国家畜群的 20%。然而，这个数据并不包括 Agroseguro 涵盖了为牛只死亡事件中兽体毁灭费用的创新形式保险，其中大约有 600 万头牛只投保，动物投保率几乎达到 100%。然而，西班牙还有 2700 万头绵羊和山羊，依现状来说，这些家畜的保险采用率相当低，仅相当于国家总羊群的 8%。家禽保险在过去三年上市时还是一种新式保险项目，现在评估家禽保险的需求仍然为时过早。至今，Agroseguro 的保单并不涵盖猪只或马科物种。

表 4.25　2003 年至 2007 年畜牧业保险参与率估计

年份	投保险的牛数目（百万）	国家投保险的牛群百分比	投保险的猪数目	国家投保险的猪群百分比	投保险的绵羊和山羊数目（百万）	国家投保险的羊群百分比	投保险的家禽数目（百万）	国家投保险的家禽百分比
2003	1.1	19.3%	—	—	1.7	6.0%	—	—
2004	1.1	17.4%	—	—	2.3	8.4%	—	—
2005	1.2	17.6%	—	—	2.2	8.8%	4.4	—
2006	1.2	17.6%	—	—	2.1	8.4%	2.7	—
2007	1.3	19.4%	—	—	2.2	8.6%	3.9	—
平均值	1.2	18.2%	—	—	2.1	8.1%	3.3	—

资料来源：世界银行调查（2008）。

2. 农业保险规模不断扩大

Agroseguro 再保险赔偿前的原始财务结果列于表 4.26。在保费补贴不断增加的情况下，西班牙农业保险规模不断扩大，总保额不断增加。经过了 28 年保险业务的经营至今规模庞大，2007 年总保额（TSI）高达 135 亿美元，总保险费收入 6.37 亿美元，平均增长率为 6%。

五年所有保险方案的平均损失率为 85%，其中农作物占 83%、畜牧业占 88%。在 2005 年，Agroseguro 的农作物和畜牧业方案双双造成了损失记录。由于年初季节的霜冻损失，冬季番茄和柑橘尤其严重，紧接着，年度初春的冰雹损失，冬季谷物的严重干旱损失，所有的灾难聚集在一起导致农作物保险方案产生重大亏损。然而，在农作物保险方案中却仅呈现出 121% 的损失率，这一个财报事实反映出 Agroseguro 谨慎的承保作风，最重要的是注重分散风险以及保持保险组合平衡配置，现今它已然达到熟能生巧的程度了。

表 4.26 2003 年至 2007 年农作物和畜牧业保险经营结果

年份	保单数	保险总额（美元：百万）	保费（美元：百万）	支付索赔（美元：百万）	赔付率	平均总保费（美元）	平均保费（美元）	平均率
农作物								
2003	283,116	6,134.9	330.6	189.3	57%	21,669	1,168	5.4%
2004	287,881	6,719.6	370.0	320.1	87%	23,342	1,285	5.5%
2005	321,790	8,139.4	401.7	485.6	121%	25,294	1,248	4.9%
2006	245,005	7,401.0	475.1	353.4	74%	30,208	1,939	6.4%
2007	301,963	8,607.9	513.7	395.8	77%	28,506	1,701	6.0%
平均值	287,951	7,400.6	418.2	348.8	83%	25,701	1,452	5.7%
畜牧业								
2003	157,436	3,461.5	136.1	121.3	89%	21,987	865	3.9%
2004	179,124	4,143.6	161.7	136.4	84%	23,133	903	3.9%
2005	221,370	4,826.1	199.8	236.8	119%	21,801	902	4.1%
2006	224,480	4,958.1	274.1	207.1	76%	22,087	1,221	5.5%
2007	213,121	4,854.2	295.0	240.7	82%	22,777	1,384	6.1%
平均值	199,106	4,448.7	213.3	188.5	88%	22,343	1,072	4.8%
总计								

年份						保单数	保险总额（美元：百万）	保费（美元：百万）
2003	440,583	9,663.0	469.5	313.4	67%	21,932	1,066	4.9%
2004	468,063	10,939.7	534.8	462.5	86%	23,372	1,143	4.9%
2005	544,171	13,023.9	604.6	722.4	119%	23,933	1,111	4.6%
2006	470,708	12,409.1	751.7	560.7	75%	26,363	1,597	6.1%
2007	516,438	13,542.9	811.0	637.0	79%	26,224	1,570	6.0%
平均值	487,993	11,915.7	634.3	539.2	85%	24,418	1,300	5.3%

资料来源：世界银行调查（2008）：Source of Country Overview Information: World Bank Survey（2008）.

欧盟国家的农业保险模式属于民办公助模式，绝大多数欧盟国家没有系统的农业保险制度，政府也很少插手，因此，绝大多数的国家都没有强制规定农户必须参保。在这种模式下，大多数国家农业保险的保费来源是由农民自己支付，有的国家为了支持私营公司举办农业保险，减轻参加农业保险农民的保费负担，也给予一定的保费补贴，但补贴的额度较低。但是在世界贸易组织的框架下，考虑到"绿箱政策"对降低农业生产成本、提高农产品竞争力的意义，欧盟近年来也在学习美国的模式，建立类似政策性的农业保险制度。

第三节 印度选择性扶持农业保险补贴经验

一、印度农业保险市场

印度于 1972 年开始实施以试点为基础的农作物保险。自从 1979 年开始，印度实施所谓的公营部门补贴政策，包括"产区指数"、农产品多重灾害保险（Multi-Peril Crop Insurance，简称 MPCI）。在 1985 年由印度大众保险公司（General Insurance Corporation of India，简称 GIC）在 16

州以及 2 个中央直辖区引进了综合农作物保险计划（Comprehensive Crop Insurance Scheme，简称 CCIS）。CCIS 计划仅强制性提供给农作物信用接受者（债务人）。之后，在 1999—2000 年间的早春时节，CCIS 计划由国家农业保险计划（The National Agricultural Insurance Scheme，简称 TNAIS）所取代了。在 20 世纪 60 年代后期推出了畜牧业保险，但直到 1972 年综合保险产业国营化后畜牧业保险才开始受到重视。

在 2002 年，印度政府设立了一家专业公营部门农业保险公司，称之为农业保险有限公司（The Agriculture Insurance Company of India Limited，简称 AIC），这家公营事业的主要职责是承接了 GIC 国家农业保险计划针对土地面积产量指数计划的执行任务。

NAIS 农作物保险计划的销售渠道是由 AIC 在每一州内委托银行业作为专属销售机构。自从 2006 以来，印度保险监管机构核准微型金融机构代理人（微型金融机构、非政府组织和自助团体）销售小额保险产品（涵盖所有农村保险，包括农作物和畜牧业保险）给农民。

印度农业保险有限公司是印度规模最大且独占公司部门的农业保险业者。传统上，印度农业保险公司仅承作单一产品，即 NAIS 计划中土地产量指数的农产品多重灾害保险单。这样计划依赖于联邦和州政府的大量补贴。土地产量指数（Area-Yield Index Scheme）保险单涵盖了大范围的食品农作物、油籽、园艺和各种经济作物的保险。这项保险单为无法预防风险所造成的农作物产量损失提供了保障，保险范围包括：（a）大自然火灾和闪电袭击；（b）暴风雨、冰风雹、热带气旋、台风、暴风雪、飓风、龙卷风等大自然灾害；（c）水灾、洪水泛滥和土石流；（d）旱灾、干旱；（e）病虫害、疾病。

表 4.27　2008 年销售中的农作物保险商品类型

销售中农作物保险产品				温室	林业
多重灾害保险	列明风险	收入保险	指数保险		
无	是	无	是，面积产率和气象指数	无	无
销售中畜牧业保险产品					水产养殖
全险	意外与死亡保险	传染病保险	其他保险	指数保险	
无	是	无	无	无	是

资料来源：世界银行调查（2008）。

二、政府农业保险政策支持与财政补贴

（一）农业保险政策支持种类多，但财政补贴比例逐年下降

NAIS 的计划是公营事业部门社会和经济的双目标而制订的，它保证了印度国内大多数小农和边缘农民在季节性生产贷款部分得以获得合理的保险费率。政府对于 NAIS 的财政补贴按照二分之一的比例与联邦政府、州政府共同承担，其中包括：

（1）负担得起的保险费率。粮食作物和油籽保险费率被限制在远低于保险精算所需承担的费率（保险封顶，insurance capped）。另外，在商业和园艺作物方面则是接近保险精算后的实际费率（见表4.28）。

表 4.28　NAIS 保险费率

季节	农作物	保险费率
雨季	珍珠栗和油菜籽	投保额或保险精算比中较少一个的3.5%
	其他农作物（谷类、黍类、豆类）	投保额或保险精算比中较少一个的2.5%
冬季	小麦	投保额或保险精算比中较少一个的1.5%
	其他农作物（其他谷类、小米、豆类、油菜籽）	投保额或保险精算比中较少一个的2.0%
雨季和冬季	年度商业和园艺农作物	保险精算比

资料来源：世界银行调查（2008）。

（2）提供小农和边缘农民农业保险费用的补贴（分别是拥有小于2公顷的土地和小于1公顷土地的农民）。根据 NAIS 保险补贴最初的规定是以50%为标准，而在以后年度，这个标准陆续被调降，2003—2004年降为30%；2004—2005年降为20%；最后，2007年再降为10%。参照表5.3说明了，在2006—2007年支付给小农和边缘农民的保险费用补贴金额总计高达700万美元，是这一期间大约总保费收入的5%。

（3）AIC 的经营管理费用补贴。AIC 代表投保人支付保险费用中

的 2.5%给州级银行，作为经管 NAIS 保险单的营销和管理手续费用。
AIC 则反过来收到自己经管的营销和管理手续费补贴。在 2003—2004
年，这方面的退款补贴金额达到年度公司营运费用总额的 60%；在
2004—2005 年这个费用金额为 40%；2007 年为 20%。表 4.29 显示，
在过去的五年中，NAIS 每年的管理和营运补贴平均大约为 AIC 总保
险费收入的 3.3%。

表 4.29　2003 至 2007 财年 NAIC/AICI 补贴和政府再保险情况

年度	保费补贴（百万美元）	保费百分比	管理和运营费用补贴（百万美元）	保费百分比	理赔费用补贴	再保险保费补贴	政府支付的赔款（百万美元）	赔款比例
2003	9.9	14%	2.8	3.8%	是	否	335.5	82%
2004	6.1	9%	2.6	3.8%	是	否	202.7	82%
2005	4.9	4%	3.3	2.9%	是	否	175.6	68%
2006	5.5	4%	4.0	3.2%	是	否	214.2	67%
2007	7.0	5%	3.8	2.9%	是	否	213.1	55%
平均值	6.7	7%	3.3	3.3%	——	——	228.2	71%

资料来源：世界银行调查（2008）。

（4）免费损失评估。州政府负责季节性农作物切割调查（CCEs）
时的现场采样作业，这项作业是国家农业系统运作的一部分，主要目
的是用来确定在每块农地或每个农村自治委员会上种植特定农作物的
平均产量。而且，NAIS 使用农作物切割调查（CCEs）的数据作为每
块农地或农村自治委员会的土地收获损失的赔偿依据（定期参保单
位）。在 2006 年，大约有 70 万个左右的 CCEs 进行评估，其平均成本
约在 300 卢比/CCEs ，而整体成本为 2.1 亿卢比（约合 530 万美元）。
AIC 也可以免费获得 CCEs 的评估结果，但是，缺点是 AIC 必须在农
作物收获后至少等待六个月，直到官方正式公布 CCEs 收获结果。因
此，损失保险赔偿往往因延误多时而缓不济急了。

（5）政府的 NAIS 承担超额赔款再保险。2005—2008 年期间，在
解决超额保险索赔方面已经承担了相当大的财务成本了，平均成本高
达 2.28 亿美元（相当于全部保险索赔金额的 71%），最高点是在 2002

—2003 年，索赔金额达到 3.35 亿美元（这是年度总索赔的 82%）。

（二）保费补贴政策起步晚，补贴金额有限

国家农作物保险补贴计划的主要目标有三项：（1）一旦发生农业保险事故或意外导致农作物歉收或饥荒时，它将为农民提供财务支援评估；（2）倘若发生农业保险事故或意外，它将为农民恢复了下一个农产品收获期的信用资格，保障了农民的等级；（3）支持和鼓励农民进行杂物、豆类和油籽的栽种和生产。

在 2007—2008 年以前，私营部门带头销售农作物保险，但这并未吸引政府部门的关切。从 2004—2005 年，印度农业保险有限公司（AIC）针对农作物天气指数保险启动了大范围的研究与发展计划和农业远程遥感卫星应用的保险，并且从 2006—2007 年收获季节开始，AIC 的天气指数计划获得了政府保险费的补贴。

在 2006—2007 年，针对 AIC 的农作物天气指数组合数据，政府授权支付保险费用补贴。在 2007—2008 年，政府的保险费用补贴金额仅为 10 亿卢比（约合 2，500 万美元）。与此同时，在 2007—2008 年，很多州政府也开始授权对私营保险公司所提供的农作物天气指数保险项目进行保险费用的补贴。

公营部门畜牧业保险公司提供了畜牧意外和死亡保险。通过公营部门保险业者的产品提供，一些水产养殖保险也得到保障。

公营部门畜牧业保险并未获得保险费补贴。在 2005—2006 年，公营部门保险业者支付超额赔款（已收取的保险费以上的损失）金额是 2.421 亿卢比；接着，在 2006—2007 年，同样的超额赔款金额为 2.5 亿卢比（这两年大约是 600 万美元）。

（三）农作物再保险政府全额提供，天气指数再保险政府部分提供

自从综合农作物保险计划，（Comprehensive Crop Insurance Scheme，简称 CCIS）在 1985 年成立以来，以及它的后续单位——国家农业保险计划（The National Agricultural Insurance Scheme，简称 NATS）的成立，这两个单位如果由联邦政府、参与州政府以及中央直辖区分别以二分之一的比例达成"超额赔款再保险"（Excess of Loss Reinsurance）的协议。然而，如果任何粮食作物和油籽的损失致使印度农业保险有限公司造成超额损失，其100%损失率则由政府全额再保险。国营再保险公司"大众保险公司"（General Insurance Corporation of India，简称 GIC）将不为 NAIS 提供再保险。

AIC 的农作物天气指数计划的再保险是以比例性（定额分配方式）再保险条约为基础，一部分由 GIC 底下的强制让与计划承担，另一部分则由国际再保险公司承担。同样，私营公司农作物天气指数再保险计划也是以比例性（定额分配方式）再保险条约为基础，双双由 GIC 底下的强制让与计划以及由国际再保险公司分别承担。倘若那些天气指数计划被精算定价后，保险公司获得再保险的承保能力从未有任何重大的限制。

目前在印度，畜牧业死亡保险和天气指数保险获得商业再保险单尚未有太大的限制。然而，主要的限制在于缺乏畜牧业流行疫病再保险，这方面的保险项目在印度目前并没有上市销售。AIC 指出，未来假如国家农业保险计划架构可以转型为以市场导向为主，从而获得私营商业部门的精算定价和再保险的话，以目前国家如此规模庞大的农业保险计划方案来看，再保险项目的获取将是一个最主要的制约因素。

（四）公共灾难援助计划财政补贴有限

印度政府为农业提供了广泛额外支持，包括：

（1）在肥料、灌溉、电力、信用贷款等价格方面置入各种补贴。

（2）在关键农产品的"最低支撑价格"上进行生产补贴。

（3）急难救助和赈济。

国家救灾计划的详情见表 4.30。

表 4.30　政府救灾项目信息

项目和基金名称	灾难救援基金（CRF）和国家灾难应急基金（NCCF）
基金负责组织	联邦政府（CRF and NCCF）省政府（CRF）
执行机构	以省政府为主
赈灾基金覆盖的风险事故	飓风、旱灾、地震、火灾、水灾、海啸、冰雹、山体滑坡、雪崩、风暴、虫灾
申请灾害得到补偿的标准	很大程度上科学
救灾资格依赖于农业经验	不相关

由政府支付给生产者的救灾款（百万美元）	
2003	782.0
2004	824.0
2005	1，521.7
2006	1，340.0
2007	—

资料来源：世界银行调查（2008）。

三、农业保险补贴政策的效果

（一）农业保险的参与率偏低

从贷款机构（如农民借款人）获得农作物季节性生产贷款的农民，并必须从所有 AIC 旗下公营部门购买农作物保险。然而，对任何非农民借款人来说，AIC 农作物保险是自愿的。商业保险公司提供的私营部门农作物天气指数保险则是完全自愿性质的。另外，印度畜牧业保险也是自愿性的。

国家农业保险计划拥有世界上最大的农作物保险计划，它在 2006—2007 年总共销售了 2000 万份保险单，只相当于印度国内 15% 的农民。2005—2008 年期间，保险单涵盖土地面积变化不大，总计面积大约是 1.92 亿公顷，占总种植面积的 14%，与发达国家相比，投保面积占比很低（见表 4.31）。

表 4.31　2004 至 2008 财年 NAIS/AIC 农作物保险参与率估计

年度	保单数目（百万）	农民投保比例*	投保地区（百万公顷）	国家农作物投保地区百分比**
2003	12.9	10%	18.4	10%
2004	16.2	12%	29.6	16%
2005	16.6	12%	27.7	14%
2006	17.9	13%	27.3	14%
2007	20.0	15%	30.0	16%
平均值	16.7	13%	26.6	14%

资料来源：世界银行调查（2008）。
* 以 2007 年 AIC 估算的 1300 万农民家庭为基础计算；
** 以 2003 至 2005 财年的 MOA/GOI 总种植面积为基础计算（2006 和 2007 财年在 2005 和 2006 财年的水平上估算）。

如表 4.32 中显示，在 2003 年总计大约有 670 万头牛（约相当于国家畜牧群的 2.5%）接受保险，接着，在 2004 年总计被保险牛只数增加到 790 万头。

表 4.32 2003 年至 2004 年畜牧业保险普及率估计

年份	投保的牛数目（百万）	国家投保的牛群百分比
2003	6.7	2.5%
2004	7.9	3.0%
2005	—	—
2006	—	—
2007	—	—
平均值	—	—

资料来源：世界银行调查（2008）。

（二）农作物天气指数保险产品业绩较好

在 2007—2008 年，总共有 62.7 万农民给 98.4 万公顷的土地购买了农作物天气指数保险单，这个计划在商业基础上仅仅营运 4 年取得的成就令人不得不刮目相看（见表 4.33）。2007—2008 年，AIC 农作物天气指数的费率大约是 8%，共计 3,300 万美元。而且印度农作物天气指数保险为了吸引国际再保险业者的青睐和支持，它的定价机制是充分依据商业保险费率精算结果所制定的。在 2007—2008 年，其损失率高达 73%。因此，印度所公布的农作物天气指数计划年度成果，若是没有政府的大力支持，完全由私营商业保险公司承担所有费用的话，那是完全不可能达成的。

表 4.33 2007 财年 AIC 农作物天气保险经营结果

保单数	投保地区（公顷）	保险总额（百万美元）	保费（百万美元）	支付索赔（百万美元）	赔付率	损失成本	平均保费比例
627,000	984,000	412.4	33.1	24.1	73%	5.8%	8.0%

资料来源：世界银行调查（2008）。

（三）农业保险政策的公共成本较低

AIC 是由联邦政府和州政府大量补贴的机构。银行接受委托负责 AIC 旗下 NAIS 计划的营销渠道和管理任务，然后，银行收取保险费金额的 5% 作为手续费收入。此外，AIC 机构本身的管理和营运成本又附加在保险费金额的 2%。AIC 并不负担任何损失评估成本，农作物切割调查 CCEs 以区域产量基础调查的数据作为确定结果和保险定损结算的依据。最后，AIC 以最低营运成本经营保险业务，其总成本结构仅是保险费收入的 7%。（见表 4.34）

表 4.34　AIC 费用占农作物保险原保费收入的比例

费用	占原保费的百分比
营销和收购	5%
管理	2%
理赔	——
合计	7%

资料来源：世界银行调查（2008）。

（四）国家农业保险计划逐渐形成规模

在表 4.35 中，国家农业保险计划公布了 AIC 的五年农作物保险经营结果。2005 至 2008 年期间，这个计划已经使保单从 2002—2003 年销售的 1,290 份（总保额（TSI, Total Sum Insured）为 23 亿美元，保险费用收入高达 7,250 万美元）扩增到 2006—2007 年的 2,000 万份（增长了 55%），总保额达到 40 亿美元（增长了 89%），保险费收入高达 1.32 亿美元（增长了 72%）。国家农业保险计划经过了 23 年的经营规模不断扩大，成为一个超大型的小农作物保险计划业者了。

相较于长期平均损失成本的 9.7% 以及五年赔付率的 314%，2005 年至 2008 年的平均损失率为 3.1%，这项数据显示该计划的成效被严重低估了。一般商业保险业者必须承担农民的意外索赔、营销和管理费用，因此，被保险人必须缴纳比较高的保险费用。但是，正如同前面提到，政府的中心目标是要尽可能为大多数农民以合理的价格提供农作物保险单。政府的保险单也因此设计了保险封顶费率，这项费率远低于一般商业保险费率，农民至少节省了 12.5% 到 15%。

表 4.35　2003 至 2007 财年 NAIS/AIC 农作物保险经营结果

年份	保单数（百万）	保险总额（百万美元）	保费（百万美元）	支付索赔（百万美元）	赔付率	损失成本	平均投保总额（美元）	平均保费（美元）	平均保费比例
2003	12.9	2,302.3	72.5	410.8	566%	17.8%	178	5.6	3.1%
2004	16.2	2,403.6	69.3	245.7	354%	10.2%	148	4.3	2.9%
2005	16.6	3,680.3	116.2	259.8	224%	7.1%	222	7.0	3.2%
2006	17.9	4,263.5	126.8	320.4	253%	7.5%	238	7.1	3.0%
2007	20.0	4,030.1	132.2	384.8	291%	9.5%	202	6.6	3.3%
平均值	16.7	3,336.0	103.4	324.3	314%	9.7%	200	6.2	3.1%

资料来源：世界银行调查（2008）。

从表 4.35 中可以看出较小平均规模的保险单投保总额的平均总保费，平均投保总额是 200 美元，而其每一保单平均保险费用仅为 6.2 美元。随着每一保险单之保险保费收入如此低廉，AIC 提供给单一农民 MPCI 保险并不可行；因此，区域产量指数保险方式成为 AIC 的选择。

印度在农业保险发展过程中，国家扮演了重要角色，对推广农业保险提供了必要的资金支持。为了保持农业生产低成本和高产出，印度很早就实施了农业补贴政策，并且政府在农业补贴方面的支出呈现逐年增加态势。而且印度农作物天气指数保险在成立之初就取得了不小的成绩，这都得益于政府大力支持的结果。

第四节　日本互助合作农业保险补贴经验

一、日本农业保险市场

1929 年，日本颁布了《牲畜保险法案》作为现代灾难援助措施。为了补偿由于天气影响（风、水、雪、干旱、霜冻、潮汐波）和火山爆发等因素引起的森林火灾对所有者造成的损害，1937 年国家森林保险法律颁布，《农作物保险法案》于 1938 年颁布。

1947 年日本政府根据当时农业发展需要将这两部法律修改合并为《农业灾害补偿法》，为实施强制保险和认可合作组织为基本组织形式提供了法律保障，并开创了具有特色的政府扶持下的民间互助合作经营模式。本法成为农业组织重组的主要支柱，并成为日本农村的民主化和现代化的一部分。依照本法规定，农业灾害补偿制度旨在稳定农业企业的生产，主要是通过对农民由于难以预测事故招致的损失进行补偿来实现该目标。并且将政府对农作物的保险补贴从保险费的 15%提高到 50%。农业灾害补偿整合牲畜保险和作物保险，对农民由于天气事件、疾病和害虫带来的农作物或牲畜损失提供救济。

农业保险机制依赖农民之间的团结与合作。每个合作组织的农民通过缴纳保费创建一个基金，现在的农业保险机制几乎包含所有主要作物。

在日本唯一的农业保险的销售渠道是大约 300 个合作社。小户和边缘农民没有专门的销售渠道。在日本几乎所有的农民都是小规模经营，平均每户种植面积为 1.9 公顷。农业保险基于农民之间的团结与合作的原则，它依赖于一个在地方、区域和国家水平的合作社网络。当合作社或联合会向政府支付再保险保费时保险费率设置是固定的。合作社和联合会的营运费和管理费都包含在每年国家的预算中。目前日本有大约 300 个全国性的合作社。

日本农业保险机制下可承保的保险产品是由法律规定的。这个市场的保单适用于"一切险"的政策。

下面列出的是在日本可承保的农业保险产品的类型：大米、小麦、大麦保险（全国性的项目）、牲畜保险（全国性的项目）、水果生产和果树保险（可选项目）、大田作物和养蚕保险（可选项目）、温室保险（可选项目）。其中，林业保险侧盖火险、气候灾害险如风灾、水灾、雪灾、旱灾、霜、冻、海啸及火山爆发灾损等。在全国性的项目里面，这些销售中的农作物保险产品中并没有收入保险，而在畜牧业保险与品种并没有多重灾害保险和指数保险，其他保险见表 4.36。

林业保险应包括防火、天气等危险比如风、水、雪、干旱、霜冻、海啸和火山喷发。

表 4.36　2008 年销售中的农作物保险产品

销售中农作物保险产品				温室	林业
多重灾害保险	列明风险	收入保险	指数保险		
是	是	无	是	是	是
销售中畜牧业保险产品					水产养殖
多重灾害保险	列明风险	收入保险	指数保险	多重灾害保险	
无	是	是	无	无	是

资料来源：世界银行调查（2008）。

二、农业保险政策支持与财政补贴

（一）政府提供一半的保费补贴，并为整个农业保险兜底

随着日本经济的发展及国家对农业保险的日益重视，日本政府通过财政补贴逐步将农业保险制度发展成为一项稳定、支持和保护本国农业的重要手段。日本政府补贴提供了大约 50% 的保费补贴。此外，它是整个农业保险机制最后的再保险公司。

（1）农业合作社的保费补贴每年平均为 6.4 亿美元

（2）授予联合会每年平均 4400 万美元。

日本政府也是整个农业保险再保险公司的最后负责人。政府的农业保险再保险机制在 2003—2005 年期间的平均损失率为 125%。

（二）两级再保险

日本的农业保险制度起源于地方农民合作积累作为保费资金建立的一种合办准备金，这种保证金用来补偿那些实际受到自然灾害袭击的农民的损失。这就是农业互助组织或者地方政府办的保险。但是出现较大范围的自然灾害时，地方的农业互助组织就显得无能为力，甚至连农业互助联合会都不能承担。因此，国家就建立了农业保险再保

险制度。实际上日本的农业保险是两级再保险，即农业互助联合会为地方农业互助组织提供再保险服务，而中央政府为农业互助联合会提供再保险服务。

（三）按照受灾地区提供公共灾害援助计划

1951 年灾难对策基本法案。灾难对策的基本原则是日本灾害管理的基础。依照本法规定，受到自然灾害影响的农民有资格获得各种各样的低息贷款，而且受灾害影响的农民也享受减免税收优惠。如果农场所在地的地域被认定为一个"极端严重的灾难地区"，农民还可以获得额外的特殊补贴。

三、农业保险补贴政策的效果

（一）农业保险的参与率非常高

日本农业保险的自愿或强制性质取决于农业保险产品的类型和农场的大小。主要农产品如小麦、大麦、水稻保险就是强制购买的。然而，农民不符合某些标准（如最低保险区域）、不符合强制性的基本要求时可以选择购买一个自愿投保类型的保单。其他农业保险产品如牲畜保险、水果和果树保险、大田作物保险和温室保险都是自愿购买的。

2005 年在日本保险牲畜的数量是 670 万头。林业保险是日本的一个大商业保险产业，投保面积有 394000 公顷，签约 31000 份保单。表4.37，如 2005 年大约有 230 万份保单签约，投保面积达到 180 万公顷，约占全国耕地面积总量的 46%。日本农业保险投保面积如此之高，其与日本这种强制与自愿相结合的保险性质是分不开的。

表 4.37　2003 年至 2005 年农作物保险参与率估计

年份	保单数（百万）	农民购买百分比	投保地区（百万公顷）	国家农作物投保地区百分比
2003	2.4	——	2.2	55%
2004	2.3	——	2.1	53%
2005	2.3	——	1.8	46%

资料来源：世界银行调查（2008）。

（二）保费收入增幅有限，赔付率较高

从表 4.38 可以看出，2003—2005 年期间，这个计划从 2003 年销售的 830 万保险单、总保额（TSI，Total Sum Insured）为 227.835 亿美元，保险费用收入高达 9.673 亿美元，扩增到 2005 年的 890 万保险单、总保额达到 246.481 亿、保费收入高达 9.951 亿，但增幅并不明显。政府每年的保费补贴比例为 51%，生产者交纳保费为 6.248 亿美元，生产者赔付率为 184%；2003—2005 年牲畜保险的总保费为 17.476 亿美元，总赔款为 11.467 亿美元，赔付率为 66%，政府每年的保费补贴比例为 48%，生产者交纳保费为 9.035 亿美元，生产者赔付率为 132%；农作物保险与牲畜保险合计保费收入为 30.22 亿美元，赔款为 28.407 亿美元，赔付率为 94%，政府每年平均补贴比例为 49%，生产者保费为 15.438 亿美元，生产者赔付率为 184%。

表 4.38　2003 年至 2005 年农作物和畜牧业保险经营结果

年份（年）	保单数（百万）	保险总额（百万美元）	保费（百万美元）	支付索赔（百万美元）	平均总保费（美元）	平均保费（美元）	平均比例	赔付率
农作物								
2003	2.4	11,776.8	420.2	805.7	89,114	3,180	3.6%	192%
2004	2.3	13,030.9	456.8	320.1	101,377	3,554	3.5%	70%
2005	2.2	11,821.0	398.2	24.5	—	—	3.4%	—
畜牧业								
2003	5.9	11,006.7	547.0	524.3	1,861	92	5.0%	96%
2004	6.6	12,938.1	604.2	586.6	1,973	92	4.7%	97%
2005	6.7	12,827.2	596.9	570.6	1,921	89	4.7%	96%
合计								
2003	8.3	22,783.5	967.3	1,330.0	3,769	160	4.3%	138%
2004	9.2	25,969.0	1,061.0	906.7	3,883.8	159	4.1%	85%
2005	8.9	24,648.1	995.1	595.1	—	—	4.0%	—

资料来源：世界银行调查（2008）。

日本农业互助合作保险制度体系是在小农占多数而且分散的背景

下建立的，这与中国农村的情况接近。日本之所以能在战后农村从业者占 40%的情况下建立起国家的农业灾害补偿制度，关键是利用了互助合作、同舟共济的基本理念和农业协作组织的基本办法，因而与美国模式相比，日本的农业保险制度更适合中国国情。

第五节　国际农业保险补贴经验对我国的借鉴意义

中国农业保险在引入财政补贴之后，其承保面积、参保农户数、保费收入和赔款总额等关键性指标都取得了明显的增长，但是在实践中也暴露出来一些问题。我国目前农业保险补贴体系不完善，补贴项目比较单一，统一采取自愿投保的僵硬政策，而且缺乏完善的农业巨灾风险分散机制。因此，借鉴国际经验去认识农业保险发展道路上所存在的问题，有利于扬长避短，确保农业保险的可持续发展。

优化我国农业保险补贴政策，需要借鉴国际经验，在财政实力能够负担的情况下进一步完善农业保险补贴体系；充分考虑影响农业保险发展的客观因素制定合理的差异化农业保险补贴政策（强制保险和自愿保险相结合，加大强制保险的补贴力度）；建立健全农业再保险体系和巨灾风险分散体系。

一、完善农业保险补贴体系

目前开展农业保险计划的国家在农业保险制度建设上大多建立了相对完善的农业保险补贴体系。根据世界银行的调查报告，在被调查的 65 个不同收入水平的国家和地区中，63%采取了保费补贴；16%采取了经营费用补贴；32%采取了再保险补贴。依据各国经济发展水平和财政实力的差异，其补贴的侧重点不一，高收入国家以高额补贴和再保险支持为主，普遍提供了经营费用补贴和损失评估补贴；中等收入国家则以保费补贴和其他项目补贴为主；低收入国家则倾向于提供基本的保费补贴（表 4.39）。

表 4.39 不同收入水平国家农业保险补贴方式

国家	数量	保费补贴方式占比（%）	经营管理费用补贴占比（%）	损失评估补贴占比（%）	再保险补贴占比（%）	其他项目补贴占比（%）
高收入国家	21	67	24	14	52	38
中等偏上收入国家	18	56	6	0	22	39
中等偏下收入国家	19	74	21	5	21	53
低收入国家	5	40	0	0	0	60
所有国家	63	63	16	6	32	44

资料来源：Mahul Oliver, Stutley Charles J. Government support to agriculture insurance: challenges and options for developing countries［R］，Washington DC: The World Bank, 2010.

从国际经验来看，对农业保险的中央财政补贴大多是保费补贴、保险经营机构经营管理费用补贴和再保险补贴同时进行。例如，以美国、加拿大为代表的国家的农业保险是一种政府主导型模式，其最大特点是，以国家专业保险机构为主导，对政策性农业保险进行宏观管理和直接或间接经营。依据法律法规，建立由政府组建的官方农作物保险公司，并由该公司提供农作物的直接保险。政府捐赠农作物保险公司相当数额的资本股份，对其资本、存款、收入和财产免征一切税赋。农民仅支付一部分纯保费，其余部分都由政府补贴。政府鼓励私营保险公司、联合股份保险公司及保险互助会等参与农作物保险计划，并依法对他们承保或代理的农作物一切保险和再保险提供一定比例的保费补贴和经营管理费用补贴。同时，对中央政府统一组建的政策性的全国农业再保险公司进行农业的再保险[1]。

但是目前，中国中央财政对农业保险的补贴项目主要限于保费补贴这一种方式，补贴项目较为单一，即使在少数试点地区，地方财政对农业保险经营机构给予了相应的经营管理费用补贴，但补贴比例较

---

[1] 张祖荣.国外农业保险制度模式的比较与借鉴[J].南方金融，2007（4）：51—53.

低，补贴效果甚微。因此，鉴于中国幅员辽阔、地少人多、种植规模较小的现状，农业保险应尽快建立完善的、覆盖面广的补贴体系。

二、差异化农业保险补贴政策

我国《农业保险条例》规定的农业保险四大原则之一是"自主自愿"，农户投保要自觉自愿，也就是说，不采用强制投保的方式推行农业保险。但是随着我国经济水平的发展，城市化的趋势已不可逆转，大多数村庄已经是"空心化"，农户"户主"常年不在农村，而且中央补贴的保险标的种类有限，各地的农业保险品种不多。在这种条件下，这些种植养殖农户没有或者很少有选择余地，要真的让他们自愿投保，大部分人是办不到的。

因此，农业保险的承保方式需要放弃全部实行自愿投保的僵硬政策，适应农业和农村发展的新变化，实行"自愿保险与强制保险相结合"，即"自愿+强制"的灵活政策。根据国际经验来看，美国、印度和日本分别采取了自愿保险和强制保险的政策。美国目前推行"CAT"（大灾风险保险）的产品，只提供50%产量保障的产品，保险费全部由政府支付，农户只交一点象征性的管理费，而且生产者若希望取得农作物灾害救助资格的话，则强制性保险是必要条件。其他农业保险产品仍然采取完全自愿的方式，财政提供保费和管理费用的补贴，以保证有足够高的参与率，现在他们的农业保险参与率保持在80%以上。

在印度，从贷款机构（如农民借款人）参与农作物季节性生产贷款的所有农民必须强制保险。然而，对于非农民借款人来说，AIC和商业保险公司提供的私营部门农作物天气指数保险则是完全自愿性质的。另外，印度畜牧业保险也是自愿性的。但是 NAIS 拥有世界上最大的农作物保险计划，它在2006—2007年总共销售了2000万份保险单，数量相当于印度国内所有农民的15%。

在政府支持下的农业保险互助合作经营模式在实施方式上，采取强制保险和自愿投保相结合。这种模式下，国家通过立法对关系国计民生和对农民收入影响较大的农作物（水稻、旱稻、小麦、大麦）和饲养动物（牛、马、猪、蚕）实行法定强制保险，其他作物和饲养动物实行自愿投保，因此具有较强的政策约束性，现在日本的农业保险参与率保持在 50%左右。

在中国，目前主要以家庭为单位的小农经济，人均耕地面积小，而且土地比较分散，这就给灾后定损增加了很大难度，这也导致了赔付金额与灾害所造成的损失金额出入太大，并且由于被保险的家庭众多，使赔付效率非常低下。因此，可以借鉴日本的农业保险互助合作经营模式，降低保险公司运营成本，同时降低道德风险①。对于那些关系国计民生的农作物，国家应该对其实行法定强制保险，其他农作物则实行自愿保险。

三、建立健全农业再保险机制和巨灾风险分散体系

农业风险的系统性使风险很难在同一区域内分散。中国不少试验政策性农业保险的地区没有完善的巨灾风险管理制度，致使有的地方在发生较大农业灾害损失后，投保农户得不到保险合同约定的足额赔款②。因此，建立完善的农业再保险机制和巨灾风险分散体系，对促进中国农业保险的可持续发展至关重要。

在再保险方面，主要可以借鉴美国和日本经验，在美国和日本再保险担保都是农业保险发展的强大后盾。美国政府通过联邦农作物保险公司，向经营农业保险业务的私营保险公司提供再保险担保。美国《农作物保险法》规定，私人保险公司不仅能参与联邦农作物保险公司的农作物保险和再保险业务，还可以做农业保险代理人专门从事保险代理业务。到了 2000 年以后，联邦农作物保险公司就只经营再保险担保业务，再保险公司也从政府那里获得一系列的税收、信贷等优惠政策。

日本实行三层次两级再保险的巨灾风险分散体系。日本的农业保

---

① 李先德，宋义湘.农业补贴政策的国际比较[M].北京：中国农业科学技术出版社，2012.

② 庹国柱，赵乐，朱俊生.政策性农业保险巨灾风险管理研究：以北京市为例[M].北京：中国财政经济出版社，2010.

险组织架构分为三个层次，即第一级是基层的市、町、村一级农业互助组织，第二级是都、道、府、县为一级的农业互助组织联合会，第三级也就是最高一级是设在农林水产省的农业互助再保险会计处。市、町、村农业互助组织，主要负责经办日常保险业务，但农业互助组织规模较小，承担风险的能力较弱，通常只自留较少部分（30%～50%）的保险责任，将大部分的保险责任都向都、道、府、县的互助组织联合会办理分保；而农业互助组织联合会也只自留部分风险，要进一步向设在中央的农林水产省农业互助再保险会计处办理分保。通过三层两级再保险体系，可以将日本每一个村庄发生的巨灾风险都可以在全国范围内进行有效分散，实现损失共担。

尽管欧盟和印度对农业保险的财政补贴力度不及美国和日本，但是都很重视再保险的作用。欧盟政府也向民办保险公司提供再保险服务及补贴，对农业保险部门实行了对其资本、存款、收入和财产免征一切赋税的优惠政策。印度任何粮食作物和油籽的损失致使 AIC 造成超额损失，其 100%损失率则由政府全额提供再保险。

第五章

农业保险财政补贴的机制与效用

　　通过本书以前章节的介绍，目前农业保险财政补贴存在多种方式，主要包括保费补贴、经营管理费用补贴、税收优惠等方式，每种补贴方式具有各自不同的机理，其作用机制不尽相同，不同的国家和地区应该结合本身经济体制、财税体制以及农业保险发展状况等因素确定本国的农业保险财政补贴方式。本章就是从保费补贴、经营管理费用补贴、税收优惠三个不同的财政补贴方式探讨各自的作用机制与效用，为我国农业保险财政补贴方式的调整提供理论依据。

第一节　保费补贴的作用机制

　　保费补贴已经成为各国政府为支持农业保险发展所采用的最为普遍的措施，世界银行 2008 年的调查（Mahul and Stutley，2010）显示，在其调查的有农业保险存在的国家中，65%的国家对农作物保险实行保费补贴，35%的国家对牲畜保险实行保费补贴。保费补贴的类型又可分为两类，一是显性补贴，二是隐性补贴。显性补贴表现为政府代农户向农业保险承保机构缴纳一定数额的保费，这一部分代缴的保费数额通常占农户应交保费的一个确定比例，这个比例可以是一成不变的（常见于发展中国家），也可以根据农作物种类、种植者类型以及其他因素的不同而有所变化（如德国、瑞典和澳大利亚等发达国家）。隐性补贴产生的前提是政府有制定费率的权力，在此基础上，当政府同时承担了相当大比例的赔付责任时，如果制定出的费率水平长时期低于精算公平费率，那么可以认为政府承担了一笔隐性保费补贴，补贴比率约为实际费率与精算公平费率的差值。以美国为例，针对大豆、玉米、小麦等主要农作物，其境内划分了两千余个不同的风险区间，而在五百余个风险水平较高的区间里，过半区间中为主要农作物所制定的实际费率长时间低于精算公平费率。尽管各国的实施形式略有差异，但保费补贴通常都体现为政府（或者是纳税人）与农民的财富分配关系，均是大致通过收入再分配提高农民实际收入、降低农业保险产品价格增加农险对其他消费的替代性、减少逆向选择行为等作用机制，最终推动农户对农险的需求，进而运用市场机制，发挥农业保险的作用与功能。

一、保费补贴具有收入效应

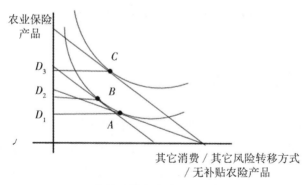

图 5.1　保费补贴带来的收入效应与替代效应

农业保险保费补贴是所有农业保险补贴措施中农民最能"看得见"的方式，它表现为在相同的保障水平下，农险产品的价格显著降低，按照经济学的原理，由一种商品价格降低所带来的需求的增量可被分解为由收入效应引起的部分和由替代效应引起的部分。其中，收入效应表现为农户获得的赔付总额大于农户保费支出总额而带来的收入净增加，国内外很多学者的研究将这个过程描述为财富从纳税人手中转移到农民手中，在上图中表现为对农业保险产品的需求从 D_2 点转移到 D_3 点，下面我们将详细论述由农业保险保费补贴带来的农户收入增加的作用原理与作用特征。

（一）保费补贴可以提高农户收入

保费补贴的具体形式根据各国实际情况不同有较大差异，但其与农民收入增收进而刺激农险需求的作用机理大体相似。下面我们对现实进行简化，简单计算有农险、无农险，有保费补贴、无保费补贴情况下农民进行农业生产获得的利润情况。我们假设一位农户在风调雨顺的年景能从农业生产中获得的最大收入为 W，而在其他年份里会遭遇损失 x，损失概率为 $p(x)$，而各种物化成本总额为 C。各个国家农业保险的保障程度与赔付方式不同，我国的农险是一种"保成本"的保险，只要实际产量低于预定产量（这里不计免赔额），保险公司就会对差额进行一定比例的赔付，我们把这个赔付比例设为 δ，保费补贴比例设为 α。在精算公平的保费制定准则下，赔付额的期望值等于缴纳保费的期望值，因此与赔付额对应的保费即为 $\delta \times x \times p(x)$。

在没有农业保险的情况下，农户在农业生产中能获得的预期利润是 $E(R)=[1-p(x)]\times W+p(x)\times(W-x)-C=W-x\times p(x)-C$，而由于保费是根据精算公平原则设定的，因此即使农户已参与农业保险，只要尚未获得保费补贴，那么预期利润仍然与没有农业保险时相同。在农户已经参与农业保险且得到保费补贴的情况下，农户在农业生产中能获得的预期利润是 $E(R)=[1-p(x)]\times[W-(1-\alpha)\times\delta xp(x)]+p(x)\times[W-(1-\alpha)\times\delta xp(x)-x+\delta x]-C=W+\alpha\delta xp(x)-xp(x)-C$。比较两式的结果我们发现，在存在农业保险保费补贴的情况下，农户可以获得 $\alpha\delta xp(x)$ 数额的期望收益的增加，且保障水平和补贴比例越高、损害金额和损失概率越大，预期收益的增加就越明显，因此，保费补贴作为公共财政转移支付的一种特殊方式，将纳税人财富的一部分转化为农业生产者收入的这项事实是毋庸置疑的。表5.1反映了2003—2007年各国农作物保险的赔付情况，可以看到，一些国家在农作物受灾后给付的平均赔付额是农户所交保费总额的数倍，农业保险在很多国家部分或全部替代了农业灾后援助，从一定程度上提高了农户收入。

表5.1　2003—2007年发达国家农作物保险保费补贴与赔付情况

国家	总保费 （百万美元）	总赔付 （百万美元）	总赔付/ 总保费	保费补贴 比例	总赔付/农民实际缴纳 保费
澳大利亚	254.9	165.4	0.85	0.34	0.98
加拿大	3647.4	2657.1	0.73	0.61	1.86
以色列	122.3	104.1	0.85	0.24	1.12
意大利	1270.3	728.9	0.57	0.61	1.47
日本	3022	2840.7	0.94	0.49	1.84
葡萄牙	55.4	16.3	0.29	0.67	0.88
西班牙	3171.7	2696.1	0.85	0.71	2.94
美国	22708.4	15889.1	0.7	0.59	1.7

资料来源：Mahul and Stutley（2010）。

通过上文我们知道，保费补贴对农民增收起到的作用不是平均的和一成不变的，根据保障程度、补贴比例以及损失程度与损失概率等几个指标的不同，补贴对不同农户的增收程度是不同的，保障程度与补贴比例的提高自然会带来收入增加，而在保障程度与补贴比例不变的情况下，保费补贴带来的收入会自动向高风险地区和高风险作物转移。下面的这个例子可部分阐述这个问题。由表5.2可见，由于存在保费补贴，在保额与保费补贴比例都相同的两个地区中，高风险地区农户有50%的可能获得3000元的净收入（由于农业保险赔付以发生损失为触发条件，理论上不允许有额外获利的可能，这里的净收入仅仅指赔付扣除缴纳保费部分的金额，虽然农户没有损失之外的额外获

利，但这笔钱的确从纳税人手中转移而得），而低风险地区的农户只有
20%的可能获得1200元的净收入。

表5.2　保费补贴促进收入向高风险地区转移的示例

区域	保额（元）	损失率（%）	公平保费（元）	保费补贴比例（%）	农户承担的保费（元）	灾害发生时获得的赔付（元）	赔付额超过缴纳保费的部分（元）
高风险区域	10000	50%	5000	60%	2000	5000	3000
低风险区域	10000	20%	2000	60%	800	2000	1200

　　下面我们可以用美国农作物保险的实施给农户带来的净收入增
加来验证上述观点，在政府对农业保险大额补贴的条件下，高风险
地区和低风险地区农民从农业保险（或者政府的农险补贴）中得到
的净收入有较大差异，高风险地区农户似乎受益更多，虽然很难区
分农户到底是从哪种农险补贴（保费补贴、经营管理费用补贴、再
保险补贴和税收优惠等）中获益，但由于较之其他补贴方式，保费
补贴在不同风险区域的投入量差异最大，对高风险地区投入量要远
大于低风险地区，因此可以将不同风险区域农户从农险补贴中获得
的收入增加程度差异大部分归结于保费补贴规模差异。图5.2展示了
美国政府的保费补贴规模在高风险地区和低风险地区[①]的差异，图5.3
展示了美国高风险区域和低风险区域农民因农业保险获得的净收入
增加情况的差异。

---

　　①美国将全国分为了两千五百余个不同的风险区域，图里所说的高风险地区是指500左右个
农作物保险费率最高的区域的均值，而图里所说的低风险区域是指其他两千余个区域的均值。农
作物保险费率是取玉米、大豆等五种主要作物的费率加权平均值。

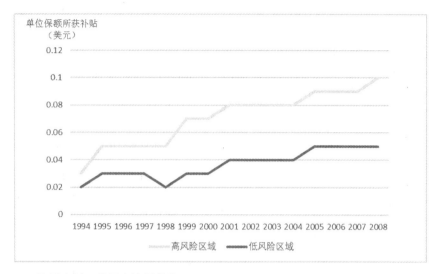

资料来源：美国审计署报告。

图5.2　1994—2013年美国农作物保险高风险地区和低风险地区

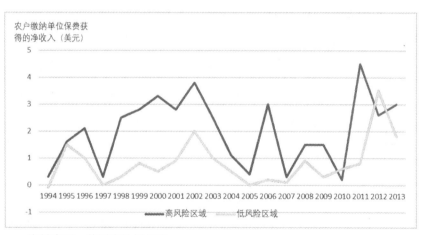

资料来源：美国审计署报告。

图5.3　1994—2013年美国高风险和低风险地区农民每缴纳1美元保费能获得的
净收入增加情况

（二）保费补贴通过提高收入刺激农险需求

接下来本书阐述预期收入增加如何促进农户对农险产品需求的增

加，一方面来说，当消费者预期收入增加，获得可支配收入的提高时，只要该商品不是低档品，那么对该商品的需求一定增加，农业保险作为一种转移农业生产与市场风险的行之有效的制度安排，在发达国家的发展程度普遍高于发展中国家，经济发达地区农业保险的险种和产品相比不发达地区更丰富，因此对农业保险的需求显然会随着收入的增加而提高。另一方面，由于农业保险保费补贴会带来农民收入的增加，从某种角度来说，农业保险不仅仅是一个消耗品，还是一项资源，参与农业保险的目的之一便是获得预期收入的提高，为了获得更多的特殊资源，农户会增加对农险产品的需求，从很多国家农业保险的发展实践中都可以看到保费补贴是促进农险需求增加的有力武器。需要注意的是，保费补贴比例与农险产品需求并不是简单的线性关系，以美国为例，虽然在 1990 年以前，政府持续增加农作物保险的保费补贴比例，但由于补贴比例维持在较低水平（未超过 25%），因此在农作物保险参与率上一直未有较大变化。我们可以认为，在一般情况下，保费补贴比例要大到能够促使经济实力较弱的中小农户情愿投保时，才能使参与率有显著的提升。

在对上述理论分析的基础上，我们结合实际阐述预期收入增加如何促进农险需求总量的提高。很多国家的农业发展实践表明，如果长期以来人们不能从一片土地上的农业生产活动中获得相应的回报，或者所得的回报低于非生产性活动（比如进城务工等），那么这片土地便面临被弃耕的风险，当一个区域的耕作环境和自然条件不甚理想时，这种情况便更易发生，弃耕的土地不再进行生产，也就不再需要农业保险的保障，但由于农业保险的保障特别是存在保费补贴机制时，农户会看到预期收益的增加，而且收入增加的幅度在自然条件、社会经济条件更不理想的高风险地区会更显著，因此，弃耕可能转化为扩耕，扩耕的土地形成了对农业保险新的需求，同时，在已经投保农业保险的土地上，保费补贴的增加减轻了农户保费负担，进而会促使农户购买更高保障程度的保险（在一些国家，可以由农户自己选择一块土地上作物的保障水平），这自然也会增加农业保险的需求。当然，在我们从收入到需求的推导过程中，预期收入对农险需求起了决定作用，农户似乎成了风险中性的消费者，农业保险规避风险、平滑收入的作用没有在分析中得到充分体现，这可以从三个方面予以解释：一是我们目前讨论的是保费补贴对收入的影响进而反映到对需求的刺激上，农业保险规避风险的作用是在需求增加、覆盖面扩展之后得以体现的，我们在本节的第三部分将探讨这一问题；二是以我国为例，确实存在相当一部分的农村人口并不以农业生产为主要收入来源，因此转移农业风险对他们来说并不显得很迫切；三是存在一些险种，比如指数保险，其转移风险的精确性要差于其他险种，以天气指数保险为例，由于这个指数是区域统一的数值，触发的赔付往往不能精确弥补损失，甚至在损失发生时都不能触发赔付，就单纯转移风险目的而言，农户对其的需求量可能相对有限，而在进行保费补贴提高农户的预期收入之后，尽管仍然存在基差风险，农户会增加对该险种的需求。以上这些从实际层面解读了保费补贴所带来的收入效应如何提高农险需求。

从上文的论述中我们看到，保费补贴能够有效提高农户预期收入，且高风险地区、高风险作物受益更多，这些结论是建立在对于各地区、各险种保费补贴比例相似的前提之下的，然而放眼各国，农业保险保费补贴比例的设定都或多或少体现了政府稳定农业生产、推动农业发展的愿望，很多发展中国家农业保险的主要补贴对象就是关系国计民生的重要粮食和经济作物，对这些作物的补贴比例较之其他作物高，有些国家甚至采用强制保险的方式进行补贴，比如日本对水稻保险强制投保，这就对农业生产具有一定引导作用，同时考虑到粮食安全、地区公平等多方面因素，很多国家在不同风险区域实行差别化的补贴比例，这些带有经济政治目的的保费补贴政策引导着社会财富在不同农业生产主体间再次分配，从而在刺激农业保险总体需求的同时，调整着需求的内部格局。

二、保费补贴具有替代效应

从经济学的角度来看，当一种商品的价格降低时，一方面会使得消费者的总收入相对增加从而调整消费束，另一方面，由于该商品和其他消费品的相对价格发生变化，而消费者总是倾向于购买较便宜的商品，因此该商品的需求量会增加，后者被称作替代效应，反映在图5.1 中就是需求从 D_1 增加到 D_2 的过程。将这一理论落实到农业保险产品上来，当政府对保费进行补贴时，农险产品的价格相对降低，因此相对于其他消费品，农户会增加对农险产品的需求。实行保费补贴后的替代效应既可以反映为农业保险对其他农业计划和其他风险转移方法的替代，也可以反映为有补贴的政策性险种对无补贴的纯商业险种的替代，还可以反映为高补贴险种对低补贴险种的替代。第一种替代方式带来的结果是农险需求的整体提高，后两种替代方式带来的是农险需求内部结构的变化。

首先看农业保险对其他农业计划特别是灾后援助计划的替代，灾后援助计划的特点在于其对农民来说是一种无偿的救助方式，是直接的转移支付，但其缺点在于它往往不具有及时性，援助的金额随意性较大，很多时候不能满足再生产的需要。相比较于灾后援助计划，农业保险具有精确性、及时性、补偿性等特点，能很好地转移风险，促进再生产顺利进行，因此，对农民来说，保障水平较高的农业保险的效用是远远高于灾后救助的，因而理性的农户应当能够接受农业保险需要缴纳一定保费才能获得这一事实，由于保费补贴的存在，农业保险产品价格降低，有些国家（特别是发展中国家）农户自己需承担的保费比例甚至在 20%～40% 以下，由于在很多国家农业保险与灾后援助只能二选一（一些国家甚至将参加农业保险作为享受灾后援助的前提），因此必然有更多的农户宁愿用少量保费换得高额保障，而不再等待政府捉摸不定的灾后援助。美国的实践经验证明，对农作物保险计划的补贴大幅度削减了灾难救助发放金额，伴随着购买保险农户数和户均覆盖面积的增加，政府使用灾难救助的次数不断减少。虽然 2008年美国农业法案引入了一种新的灾难救助项目——SURE 计划，但只有很少的农民有资格获得收益，值得注意的是，2011 年，美国西南部农作物遭受了严重的损失，可这也并没有使灾害特别救助重新走入人们视线中，可见有补贴的农业保险在美国已经基本完成了对灾后救助的替代。

与此同时，对农业保险进行高比例的保费补贴后，其他传统的风险转移方式可能被替代，传统的农业风险转移方式包括风险自留、向亲友借款、多元化经营分散风险、大规模使用杀虫剂除草剂等，这种替代效应在提高对农险产品需求的同时，可能会带来一定的道德风险。而在农业保险内部，往往是一部分险种享受保费补贴，另一部分纯商业化运作，因此可能存在有补贴险种对商业化运作险种有挤出效应的情况。不仅如此，由于在享受保费补贴险种中，补贴比例也有高有低，一些学者的研究发现，高风险高补贴比例的险种确实在一定程度上对低补贴险种有替代作用。正如上文所述，保费补贴的替代效应在促进农险需求增加的同时调整着农险产品内部的需求结构。

三、保费补贴可以减少逆向选择行为

在风险区划不够细致的情况下，当未实行保费补贴时，农业保险的运作过程中会存在逆向选择行为。因为农业保险的保险人通常面对的是大量风险各异的被保险人，受制于农业生产的特殊性，保险人不可能对每个农户的风险进行一一识别，因此只能对同一区域同种作物提供相同的保险合同，制定相同的费率水平，费率制定原则为区域内的保费收入能覆盖该区域的赔付支出，这就导致对该区域内低风险农户来说，保费过高，而对区域内高风险农户来说，保费过低，低风险农户多缴纳相当一部分保费用来补偿高风险农户所交保费的不足，自然而然，低风险农户就不再愿意购买农业保险，如果费率区划粗糙，加上政府没有进行保费补贴，那么低风险的农户会被挤出农业保险市场，这就会降低农业保险的需求，减少农险覆盖率，图 5.4 阐述了保费补贴究竟如何通过减少逆向选择行为来增加农业保险需求。

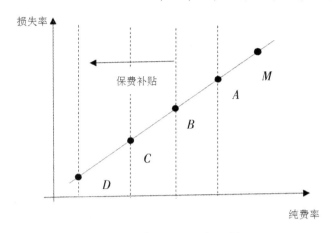

图 5.4　保费补贴降低逆向选择

　　从理论上来说，农业保险的纯费率应当与农户损失率大致相等，在图 5.4 上应表示为一条以纯费率为横轴、以损失率为纵轴的 45°直线，假设不存在信息不对称，即保险人可以准确获悉每一个被保险人的风险状况并予以精确定价，那么每个农户都会面对一个反映自身风险的个性化的费率。但到目前为止，没有国家在农业保险的经营实践中可以做到如此精确定价，美国的费率分区已经非常细致，其把国内几种主要农作物划分出两千五百多个风险区间，但即便如此，每一个区间内仍然难以做到风险完全同质，而其他国家，特别是农业保险刚刚兴起、缺少科技支持与精算技术的发展中国家，农业保险定价就更加随意和粗糙了。假设上图反映了一个风险区间，区间内实际的农业保险费率相同，D 点是最低风险点，其反映一个风险区间内风险最低的农户预计遭受的平均损失率以及与之相对应的农业保险理论费率，M 点是最高风险点，即该区间内风险最高的农户遭受的平均损失率以及与之相应的理论费率，区域内其他农户面临的风险和理论费率分布在直线上，为了使保费能覆盖赔付，保险人（或者政府）将保费设定在 B 点，此时，风险在 B 点以下的农户逐渐意识到他们承担了过高的保费，会选择退出农险市场，因此一段时间后，只有风险高于 B 点的农户留在市场中，由于此时留在

135

市场的农户平均风险水平提高，保险人发现原来制定的费率已经无法满足赔付要求，因而会提高费率，由原来的 B 点提高到 A 点，这时劣币驱逐良币的现象又会出现，即风险在 A 点以下的农户又会选择退出市场。综上所述，在信息不对称的农险市场上，如果在费率区划不完善的情况下不予以进行保费补贴，农业保险保费会越来越贵，逆向选择会越来越严重，参与率会越来越低。

而如果政府进行保费补贴，在一定补贴率下，农民实际需要交纳的那一部分保费费率会降低，首先会从 B 点移到 C 点，这样一来，风险在 B 点以下 C 点以上的农户会意识到有利可图，因此会重新加入到农业保险购买者的行列，如果政府希望农业保险有更大的覆盖面积甚至达到全覆盖已减少或消除逆向选择现象，那么政府需要进行更大力度的保费补贴，当区域内农民实际需要交纳的费率降到 D 点以下，即连风险最低的农户都感到投保有利时，整个区域便能达到农险全覆盖，美国在 2007 年到 2010 年间农业保险的覆盖率已经达到 80%~85%，在如此高的覆盖率下，逆向选择问题自然会减轻很多。在上文所述的分析框架下，政府更像是用财政收入进行保费补贴，通过减少逆向选择来"购买"农业保险的覆盖率，以期能通过市场机制转移政府灾后救助负担。

当然，受制于信息不对称等原因，在各国保费补贴的实践过程中或多或少存在被保险人或保险人道德风险的情况，甚至不排除一些农户或保险公司是以不当获取补贴为目的参与到农业保险中来，这多存在于法律法规不够健全、监管制度不够完善的农业保险发展初期，短期来看，农业保险参与率似乎会因为这个原因出现小规模增加，但如果不能施以有效监管，"破窗效应"会让更多农户与保险人投入到不当赚取补贴的活动中来，长此以往，渗漏出去的保费补贴会造成财政的承重负担，挤出真正需要从农业保险中得到保障的生产者和踏实经营农险的保险人，也使补贴的结果与政府希望达到的对农业保险支持目的背道而驰。

第二节 经营管理费用补贴的作用机制

经营管理费用补贴是针对农业保险的又一种补贴形式，包括对农业保险经营机构日常管理费用的补贴、对监督被保险人行为及预防道德风险发生费用的补贴，以及对核保及理赔费用进行的补贴等。但在世界范围来看，这种补贴形式并未被广泛采用。根据世界银行的调查（Mahul and Stutley，2010），截止到2008年，共有四个国家对农业保险经营者的管理和经营费用（A&O）进行补贴，分别是美国、加拿大、韩国和印度。美国的17家承保联邦农作物保险计划的保险公司在2007年共获得13亿美元的经营管理费用，约占原保费收入总额的18.2%，加拿大政府支付的A&O补贴相当于总保费的5.7%，而在韩国，这个数字为27.5%，在印度，这部分补贴占印度农作物保险计划（NAIS）保费收入的3%。对于牲畜保险的A&O补贴，被调查国家提供的补贴则较适度，2007年，各国的总和为600万美元。如果说保费补贴更多的是对需求侧的激励，那么经营管理费用补贴则是通过供给侧的刺激进而对市场上的供求平衡点产生影响，增加农业保险的需求，提高覆盖率。下文主要从三个方面阐述经营管理费用补贴的作用机制：一是利润激励，即经营管理费用补贴极大地弥补了保险人经营农险的成本，增加了保险人收益，使保险人在利益推动下希望扩张农险经营规模，获得更多的补贴收益；二是市场传导，即因为存在费用补贴，保险人会降低农险产品价格，通过市场机制传导，农户对产品的需求会增加；三是经营管理费用补贴的分配，尽管补贴是直接给予保险机构的，但是保险人、被保险人以及农业保险市场上的其他主体都会因此获益。

一、经营管理费用补贴对经营者具有利润激励作用

这种激励机制在农险产品价格不由市场决定的国家体现得更为明显。在世界银行调查显示的对农业保险经营管理费用进行补贴的四个国家中，印度采用国营保险公司经营农险，加拿大经营农业保险的机

构是省属保险公司，韩国由非营利性的区域农协和中央农协负责保费的收缴和赔付，这三个国家可以说采用的都是政府主导的农险经营模式，经营机构与政府的利益高度相关，目标高度一致，因此，这些国家的政府对保险人在农险经营过程中的经营管理费用予以补贴，更多的是意在使经营者不致出现亏损，以及保证农业保险供给方的服务质量。与此相对的是美国经营农险的模式，政府给有经营农险资格的保险公司以经营管理费用补贴，同时和保险公司分享一部分收益，分担一部分损失，除此之外，尽管美国对经营管理费用已经进行了高额的补贴，其在制定保费时，仍然考虑到了保险机构的利益因素，1994 年农业保险改革法案中的规定使赔付与保费的比值保持在 0.88 左右。如果政府给予的经营管理费用补贴正好覆盖了每个保险公司的经营成本，那么这项补贴便不会给保险人带来承保利润之外的额外收入。然而事实情况是，由于对每个公司一一进行经营管理成本的核算费时费力，且对此项费用进行全额补贴容易助长保险机构对补贴进行挪用和滥用，因此经营管理费用补贴往往体现为保费的固定比例，这一比例根据地区和险种的不同有所差别，如此一来，保险机构便有动力通过提高管理效率，在不减少保费规模的前提下降低经营管理费用支出，这样便可从占保费固定比例的经营管理费用补贴中获得额外收益。以营利为目的的保险人从不会浅尝辄止，他们会继续扩大市场规模，增加保费收入，以期从更多的经营管理费用补贴中获得更多利润，这就是这项补贴的收入激励作用，客观上通过推动供给增加来扩大农业保险覆盖率。当然，由于美国的农业保险费率由政府制定，在不能采用压低价格的方式来争夺市场的情况下，保险机构不得不通过争夺保险中介手中的客户资源来抢占市场，这就引发了经营管理费用补贴在保险人、保险中介和农户之间的再次分配，对于分配机制的讨论见后文。下面我们便以美国近年来农业保险经营管理费用补贴的实际情况说明该项补贴对公司收入的促进作用。

如表 5.3 所示，在 20 世纪 80 年代到 90 年代之间，当美国的私人保险公司逐渐成为农业保险市场上主要的产品提供者时，行业的平均利润几乎翻了八倍，而利润的绝大部分是由经营管理费用补贴贡献的，正因为行业利润的整体上升才吸引了一批保险公司投入到农险市场中来，增加了行业供给。从上表中我们还可以看到，经营管理费用补贴在各时期保险机构的利润中都占据了超过50%的份额，可见这项补贴的利润激励作用之大。

表 5.3　美国农业保险经营管理费用与承保利润情况

时期	平均每公司每年的经营管理费用补贴金额（十亿美元）	平均每年承保的利润或损失（十亿美元）	平均每年的经营管理费用补贴与承保利润之和（十亿美元）
1981—1984 年	0.037	0.0001	0.037
1981—1988 年	0.112	−0.0048	0.107
1989—1992 年	0.251	−0.0247	0.227
1993—1996 年	0.1	0.0996	0.2
1997—2000 年	0.485	0.2948	0.78
2001—2004 年	0.72	0.3678	1.087
2005—2009 年	1.338	1.3594	2.697

数据来源：美国农业部风险管理司。

二、经营管理费用补贴通过市场传导改变需求

市场中最为主要的传导机制便是价格机制，前提要求是该地区农业保险费率可由经营者自主设定。当保险机构得到政府经营管理费用的补贴后，机构便可不再把这些成本加在产品价格上，如果先前市场上存在过分压低价格的恶性竞争行为，进行该项补贴也可予以缓解。保险人可以采取更大胆的竞争策略，用更低的费率吸引消费者，总体来说这项补贴会先影响供给，使保险人愿意以更低的价格承保同样的风险，这样会使农险市场在更高的产量上达到供需双方的均衡。

当然，根据未实行经营管理费用补贴时保险人将经营管理费用附加到产品价格上的方式不同，实行这项补贴后保险人对不同类型、不同风险农户的降价幅度也不同，因此在成交量普遍增加的同时对供给

结构也产生一定影响。举例来说，如果保险人在未享受该项补贴时把经营管理费用更多地以保单为基准在被保险人间进行分摊，那不论一份保单的保额高低、纯保费多少，附加费率中反映保险公司经营成本部分的金额是相似的，这样就使小农户和低风险者承担了相对更高的成本，实行补贴后成本从价格中移除，小农户与风险较低者会受益更多；如果在未享受该项补贴时保险人更多的是以保额为基础分摊成本（考虑到单位面积、单位保额的勘察核损成本可能是相似的，这样做也有一定道理），那么只要保单中保额相似，无论风险的高低即保费的多少，需要分摊的成本部分金额是相似的，在这种方式下，低风险的被保险人需要分担的成本相对来说更多，实行经营管理费用的补贴之后，低风险被保险人获得的费率下降比率更大，因此低风险农户会增加更多需求；如果保险人之前更多的是按保费为基准分摊经营管理成本，那么保费越高的农户需要承担的保险公司的成本绝对值就越大，对大农场主来说，其保额大，多承担一些经营成本无可厚非，但对于发展中国家里最为普遍的小农业生产者来说，他们的经济实力和承担风险能力本来就较弱，一些农民在恶劣的自然条件里艰难地谋求生存，如果在高保费上再附加高的成本分摊，这些农民是不愿意加入农业保险市场的，进行经营管理费用的补贴将会减少高风险小农户面对的农险产品价格，进而提高他们的需求。综上，进行经营管理费用补贴的直接影响就是使保险人在制定产品价格时可以不加入或少加入对经营成本的分摊，降低了农险产品价格，再通过上一节所述的收入效应、替代效应以及减少逆选择等机制，便可增加农户对产品的需求，需求的结构也随着实施经营管理费用补贴以前保险人加价方式的不同而有所差异。

除了价格机制的传导作用，对农业保险经营机构进行经营管理费用的补贴还能通过其他渠道提高农险消费量，例如可以在一定程度上将农户从其他风险转移方式中挤出，挤入到农业保险市场。举例来说，在一些发达国家，一些具备知识技能的农民（尤其是农场主）会将购买期权期货作为转移自身生产与价格风险的手段之一，与此同时，经营管理费用的补贴会激励保险人去承保更多风险，并通过合理的经营管理安排转移风险获得更高利润，保险机构对承保的农业系统性风险进行分散的方式可以是再保，也可以借助期权期货市场，如采用买入看跌期权等方式。期权期货市场的私人购买者面对的竞争者是享有补贴的机构投资者，前者不论在财力、信息还是专业能力上都不及后者，因此会产生私人投资者被挤出这个市场的可能，被挤出的农业生产者可能会转而投向农业保险，借用专业机构的力量转移风险。

三、经营管理费用补贴在各主体间的分配

经营管理费用补贴在市场主体间的分配机制根据各国农险经营模式、农险市场结构与主体的不同而相去甚远，举例来说，如果一个国家的农业保险经营者享有自主定价权，那么经营管理费用补贴会反映到产品价格上，变现为价格的下降，因此补贴会在保险人和被保险农户之间进行分配，当然，该国农险市场的竞争结构也影响着补贴的分配结果，如果该国的农险市场是完全竞争的，那么农险产品的价格过低让所有保险人的经济利润接近于零，此时被保险农户能从经营管理费用的补贴中得到最大收益，然而在各国的农业保险实践中，采用完全市场竞争化模式的国家很有限，大多数国家的农业保险市场或多或少存在着垄断现象，可以说垄断程度越高，保险人的市场影响力就越大，制定价格的能力便越强，农民能从经营管理费用中得到的补贴就越有限。而如果一个国家的农险产品价格不是由市场决定而是由政府制定，那么根据市场结构和市场主体的不同，经营管理费用补贴的分配机制也呈现出多样化，拿印度来说，其全国的农业保险都是由国有的印度农业保险公司经营，不同农业保险项目的保费也由该公司制定，虽然在保费制定过程中一定程度上考虑了风险的高低差异，但就农民需支付的这一部分保费的制定原则来说，总体上还是以农民能支付得起为标准，在这种情况下，政府对公司的运作成本进行补贴更类似于公司股东对公司的资本投入，其作用是减少亏损保障公司运作，因此补贴的效用会被内部化，很难对市场供给和需求产生什么影响。美国与印度虽然都实施经营

管理费用的补贴，但在补贴的分配机制上可谓天差地别。首先，美国的联邦农作物保险公司制定保费、负责监管但是不直接经营农业保险；其次，美国的农业保险存在相当程度的市场竞争；再次，美国的保险中介市场十分发达，综合以上三个条件，在不能通过降价争取市场的情况下，相当一部分的经营管理费用补贴会从保险公司流向保险中介，以换取中介手中的市场资源。根据 Glauber（2013）的观点，美国保险公司的费用中增长最快的部分便是支付给中介公司的手续费，至少在 2011 年以前，保险公司和农险相关收入增长额中的绝大部分都支付给了保险中介，用来争取业务。下面给出在农险产品价格外生给定的条件下，农业保险补贴特别是经营管理费用补贴在农民、保险人和保险中介之间进行分配的经济学模型。

（一）农户与保险中介市场

我们假定农户购买农业保险的主要影响因素是价格，而费率就是价格的衡量标准，在一个给定费率水平 f 下，农民会投保保险金额为 L 的农业保险，此时，农民供需支付 $f \times L$ 的保费。由于在我们的模型中保险价格规定了精算公平费率水平 p，保险中介无权变动，除此之外，保费补贴比例 s 也由 FCIC 给出。因此农民需要承担的费率水平就是 $f=(1-s) \times p$，农民的需求被认为是关于费率的减函数，即 $L=L(f)$，且 $\partial L/\partial f<0$。由上文论述可知，农业保险的供给关于费率水平是具有完全弹性的。

农户与保险中介市场的供给需求曲线如图 5.5 所示，原始的供给与需求曲线分别是 s_0 与 f，当政府保费补贴的费率从 s_0 增加到 s_1 时，均衡的保额由 L_0 增加到 L_1。此时，所有被保险人支付的保费总计为 $f \times L=(1-s) \times p \times L$，而政府承担的保费补贴为 $s \times p \times L$，因此，政府和被保险人缴纳的总保费就为 $P=(1-s) \times p \times L+s \times p \times L=p \times L$。保费补贴比例的提高会刺激需求，增加投保面积，但不能确定其对农民缴纳的总保费有怎样的影响，不过，由于有保费补贴，保险人获得的每单位保额的保费收入都是固定的，既然提高补贴比例会扩大需求，那么提高补贴比例就一定能扩大保险公司的保费收入。

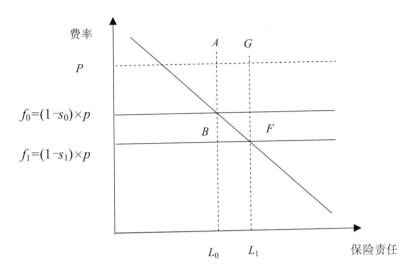

图 5.5 补贴前后保险中介与被保险农户的市场

（二）被保险农户、保险人与保险中介三方的市场

我们借鉴了 Vincent H.Smith，Joseph W.Glauber（2013）文章中的分析框架：在保险中介与保险公司的市场中，保险公司希望从中介手中获得客户，而这些客户往往直接和保险中介签约并交纳完成保费。因此我们可以建立这样的模型，保险公司对保费的需求额主要取决于交给保险中介的手续费费率 C，当然还有其他因素影响保险公司对保费的需求，包括为获取利润而进行的其他和中介费无关的成本投入、从保单中获得的预期收益等。一般来说，保险公司获得收益有两个渠道，一个是从收取的保费中获得的预期承保利润，通常表现为保费的一定比例，而且一般来说保费规模越大，获利能力越强；二是保险公司能得到的经营管理费用补贴，补贴通常是保费的一个固定比例，由政府制定。图 5.6 给出了被保险农户、保险人及保险中介的三方市场，最初的市场需求曲线 D_0 代表保险公司对保费的需求，由于保费越多能获得的预期利润越大，且保费越多能得到的经营管理补贴也越大，因此对保险公司来说，获得的保费越多，效用越高，保险公司对保费的需求量与需要付出的中介手续费呈负相关。市场上总的保费 P_0 已经在

保险中介与被保险农户的市场上达到均衡，因此保费的供给使完全无弹性的，W_0 是反映的是保险中介进行展业的边际成本。

假设市场是完全竞争的，那么每个公司都在努力从中介手中争取业务，保险公司在未享受到经营管理补贴时，在中介手续费费率为 C_0 时，市场达到均衡，此时，有（C_0-W_0）$\times P_0$ 的利润从保险公司转移到保险中介手中，当保险公司享受到经营管理费用的补贴后，面对相同的保费收入，他们可以容忍付给中介更高的手续费，这就使得需求曲线上移到，与供给相交于更高的中介手续费点 C_1，保险中介就可以获得更高的收入转移，数额为（C_1-W_0）$\times P_0$。当然，如果保险公司能够建立起垄断地位，那么垄断组织把中介手续费控制得离中介的边际成本越近，利润的转移就越少。Vincent H.Smith，Joseph W.Glauber（2013）在文章中写道，美国在 2001 到 2009 年间，40%的农业保险补贴用于灾害发生后给农民的赔付，余下的 60%补贴主要由保险公司、保险中介和再保险公司分享。

综上所述，经营管理费用补贴的分配在各国间差异很大，不同的农险经营模式、农险发展程度、价格制定机制、市场主体情况和市场竞争结构都会导致经营管理费用的不同分配。 而不同的利益分配模式，也会进一步塑造各国农业保险市场的不同格局。

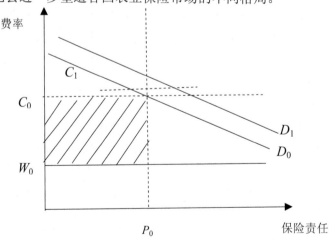

图 5.6　补贴前后保险公司与保险中介市场

第三节　税收优惠的作用机制

政府采用税收优惠的方式扶持企业和行业发展的做法由来已久，随着税收优惠政策的不断发展，人们逐渐意识到税收可以用来贯彻国家的政治、经济和社会政策，并可以取代某些财政支出，这种用以实现政府目标的税收优惠逐渐被称作税式支出。税式支出是通过财政支出预算将国家应收的税款不予征收，以税收优惠的方式让渡给纳税人，实质是增加纳税人手中的收益，可看作一种补贴。鉴于农业生产在经济社会中的重要地位，各国积极采用税收优惠的方式对农业活动进行补贴，而农业保险作为转移农业风险、保障农业生产与农民生活的重要工具，也频获税收优惠政策的青睐。各国针对农业保险的税收优惠在优惠的税种和优惠力度上差异较大，美国、菲律宾等国对农业保险免征一切税赋，日本对非盈利的农业保险全额免税，俄罗斯对农业保险经营企业免征所得税，意大利等国免除了农业保险经营过程中的印花税、登录税等。而我国近年来也不断强化着对农业保险的税收优惠，在农林牧业保险合同免收印花税的基础上，2009 年的《营业税暂行条例》对农牧保险及相关的技术培训免征营业税，此后又规定保险公司为种植业、养殖业提供保险业务取得的保费收入，在一定时期内按 90% 减计入所得税应纳税额，且大灾风险准备金可以在税前列支。针对农业保险的税收优惠和保费补贴、经营管理费用补贴、再保险补贴等财政措施，起到了刺激农业保险规模、提升农业保险保障功能的重要作用，下文将详细描述税收优惠政策的作用机制与传导路径。

一、税收优惠的作用机制概述

税收优惠政策的传导机制可概述为：税收优惠政策目标确定—税收优惠政策实施—纳税人收入的变化—纳税人行为的调整—利益相关者的行为调整—经济活动发生有利于政策目标实现的变动—政府的调控目标实现，当一个产业或一类企业的发展能给国家和社会带来显著的正外部性收益，无论这一收益是即时性的或未来潜在的，都可能促使政府对该行业和该类企业运用税收优惠措施，这就是税优政策的目标确立过程，我们将在下文第二部分详述农业保险税收优惠政策的目标确立问题。

政策开始实施之后，受惠企业和行业会因缴税额在当下时期的减少而迎来资金实力的增强和利润的上升，抵抗市场风险的能力增强，竞争力因而提高，这会从至少四个角度矫正市场失灵、促进行业规模和企业数量增长、引导企业行为调整使之向实现政策目标上靠拢。一是企业收入和利润的增长会使得产品和行业的既定生产者为能更大程度地享受优惠、获取利润而加大投入、扩大生产规模；二是其他产品或行业的生产者在足够的利益引诱机制下，很可能转投入受惠行业怀抱，将原本用于生产其他产品的生产资料投入到此行业中；三是税收优惠的刺激作用往往不局限在其能为企业带来的利润额具体增幅上，税收优惠在一定程度上会被解读为政策信号，预示着国家和政府对该行业的重视和扶持，行业发展前景被看好，这甚至会吸引一部分企业不计成本地投入到该行业的市场竞争中；四是税收优惠是一种精细的政策，对不同对象实行税收优惠、实行不同税种不同方式的优惠都会在激励行业整体增长的同时，精准地刺激企业通过调整产品结构和行为方式，以期获取更多的税收优惠利益。以上就是纳税人因税收优惠政策而享受的收入提高及其带来的纳税人行为的调整。我们将在下文第三部分中叙述农业保险税收优惠政策对市场供给方的行为影响。

随着纳税企业行为的调整，市场上的其他主体也会做出相应的行为调整，与纳税企业关系最为密切的市场就是上游的要素市场和下游的产品市场。对上游要素市场来说，获得税收优惠的纳税企业是需求方，而由于税收优惠给需求方带来了整体性的成本下降、利润增长，而且需求方大量增加的企业数量和加剧的市场竞争格局让要素市场供给方有了更多话语权，因此要素的购买价格可能会提高，这对上游要素市场供给方的成长具有一定意义。对下游产品市场来说，享受税收优惠的企业是供给方，税收优惠带来的收益会视市场竞争格局的不同在不同程度上转移给消费者，该行业给社会带来的整体税收负担会减轻，与此同时，转移给消费者的税收优惠主要表现为产量增多、价格下降，消费者在因收入效应获得收入提高的同时，会增加对该产品的消费数量，无形中替代了对其他产品的消费，这会一定程度上打击被替代产品的生产热情，可能造成被替代产业的萎缩。当然，根据市场格局、企业获得的优惠税种及优惠方式不同，税收优惠对市场上各个主体的影响程度是有一定差异的，我们将在下文中第四部分论述农业保险税收优惠对农险市场各主体行为的影响，以及税收优惠利益在各主体间的分配情况。

然而税收优惠政策从开始实施到达到预期政策目标往往并不能一蹴而就，税收优惠也可能存在时滞、路径依赖等情况，严重时可能使政策收效甚微，因此对企业和产业的税收优惠政策需要不断反馈与调整，政府要建立基于信息反馈的相机抉择机制。我国农业保险自 20世纪 80 年代恢复以来经历了曲折的发展过程，而近年来小步慢推、层层递进、地方试点先行、政策全面启动在后的税收优惠政策无疑是促进农险发展的重要武器。

二、税收优惠政策促进农业保险正外部效益的发挥

（一）农业保险是否具有正外部性效应

促进农业保险正外部性社会效益的发挥是政府对农业保险经营主体实行税收优惠的理论依据和政策目标，在此我们首先要确定的问题是，农业保险的属性是什么，是否具有正外部性效益，这个问题已在学界业界进行过广泛的讨论。国内外很多学者的研究都认为农业保险并不仅仅是私人物品，其在一定程度上具有公共物品的属性，在国内，李军、刘京生、庹国柱等专家学者认为农业保险应该定义为"准公共物品"，由于农业生产非常脆弱，受自然灾害影响大，且诸如干旱、洪涝等灾害的发生对农业生产影响的波及面很广，所以农业保险的保费通常达到保额的 10%及以上，这几乎是其他财产保险的几十倍，保险公司不愿意承保，农民交不起保费，再加上农业保险的提供者并不能直接受益于农业保险稳定农业生产、保证粮食供给等正外部性，其得

到的受益往往不足以抵偿付出的成本，这些"准公共物品"的特征让农业保险遭遇"供需双冷"的局面。因此，我们看出，农业保险稳定生产、保障农民生活的正外部性效应显著，然而对于农业保险经营主体来说其私人收益远低于社会收益，私人收益也无法弥补私人成本，经营者不可能在"无形的手"的引导下谋求社会福利最大化，这就需要政府力量的介入来矫正市场失灵，实现社会福利最大化条件下的有效供给。

（二）税收优惠促进农业保险正外部性效用发挥的经济学解释

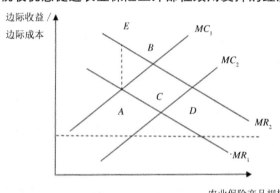

图 5.7 税收优惠有助于发挥农业保险正外部性特点

如图 5.7 所示，经营农业保险给保险公司带来的私人边际收益是 MR_1，而带来的社会边际收益是远大于私人收益的 MR_2，社会收益与私人收益的差额表现为图中虚线部分 AE。在没有税收优惠的情况下，保险公司的边际成本是 MC_1，此时市场上的成交量在交点 A 上，然而要使得社会效益最大化的产量应当为 B 点，这时有面积为三角形 ABE 的社会福利没有被释放，是一种社会损失。面对这种情况，一种可能的办法便是对农业保险经营主体实行税收优惠，税收优惠有效地降低了生产单位产品的边际成本，使得边际成本曲线由 MC_1 移到 MC_2，这样一来，税收优惠政策实施后的市场均衡产量便可达到社会福利最大化产量，隐性的福利被释放出来，也可以达到政策的目标。值得注意的是，我们在这里的分析更适用于对流转税而不是所得税进行税收优惠，因为企业的流转税负担可以直接通过给商品提价转嫁给消费者，因此给予流转税的税收优惠后，可以观察到单位产品价格较为均匀的下降，而所得税属于直接税税种，企业通过所得税优惠获得收入和利润的增加后，会视情况选择是否把利润通过降低产品价格的方式与消费者共享，即所得税税收优惠后的市场供给曲线可能并不出现均匀的右移，无法确定产量、价格继而是社会福利会发生怎样的变动，这就使得流转税优惠在产品市场上对农业保险正外部性发挥的作用更加直接，后文中还将论述这一问题。

（三）政府对农业保险实行税收优惠的实践依据

以上属于实行税收优惠政策的经济学基础，而在实际中，政府对农业保险进行税收优惠还要至少考虑以下两方面，一是实行税收优惠能在多大程度上促进行业规模的增长，二是行业的增长能给经济社会发展带来怎样的作用，国家和居民是否能从行业未来的发展中获得利益。基于这两方面进行考虑是因为：税收优惠相当于政府将税收让渡给受惠企业和行业，而在经济水平既定税收规模有限的情况下，政府要想维持现有的服务水平就需要在其他方面加重课税，这在一定程度上会阻碍这些行业的发展，因此必须使得税收优惠政策带来的当期或未来的福利增加量超过加重课税造成的福利损失，甚至要超过对其他行业及产品进行税收优惠达到的效果，才能获得社会福利的帕累托改进或者帕累托最优，此时的税收优惠政策才符合最优税收规划的要求，才是有效率的。

对农业保险实行税收优惠是符合上述要求的有效率的税收政策，原因包括以下三点：

第一点原因是相较于其他行业，农业保险具有一定程度的自然垄断属性，规模经济的特点表现得较为突出。对于保险公司来说，对一个区域内的农田进行集体性承保核赔的平均成本远远小于单独对一块农田进行承保核赔的人力物力成本，大片区大范围的承保同时还会鼓励新型定位技术和勘察技术的应用，更有效地降低成本，且一些创新险种如气象指数保险和价格指数保险，其中涉及的保险标的即各类指数本来就是区域性的指标，在不同风险分区内部进行整体性承保和理赔也有利于降低成本、提高收益。因此，在农业保险发展初期，市场竞争格局还未完全形成时提供税收优惠，可以帮助行业扩大生产规模，使得规模经济的作用得以快速显现，保险公司规模效益带来成本降低的同时，农险产品价格下降、保障程度提高也会造福农户和社会。当然，税收优惠政策是在不断调整的，如我国为吸引外资曾对外国企业和国外投资实行大力度的税收优惠，随着市场开放度提高且外商对中国的投资热情被激发，税收优惠政策的目的已经达到，那么此项政策的力度和范围要减弱和缩小，农业保险政策也是如此，随着农业保险市场主体的增多、盈利能力的增强，规模经济效益已经显现，农业保险税收优惠也要不断地进行调整以适应政策目标的变化。

第二点原因是农业保险的杠杆作用非常明显，对农业保险进行各类优惠的效果很可能优于对农业进行直接补贴或进行灾后救助。农业保险的灾后补偿与损失高度匹配、补偿具有及时性和针对性，这些尤为重要的特点使得农业保险具有很强的转移农业风险、保障农业生产的作用，而这些特点也是其他针对农业的其他类型补贴在面对农业巨灾风险时所不具备的，美国在财政预算中减少农业直接补贴、大幅增加农业保险财政补贴就是一个典型的示例。因此，把税收优惠与其他补贴方式（保费补贴、经营管理费用补贴、再保险补贴等）相结合运用到农业保险发展中去，可以充分发挥杠杆作用，用相对较少的资金撬动很大的保障功能。

第三点原因是在对农业保险的各项支持与补贴措施中，税收优惠的作用对象比较直接，利益的跑冒滴漏能得到一定程度的遏制。税收优惠本质上是政府利益的让渡，企业所做的仅是减少应纳税额，这对企业来说是喜闻乐见并且会积极争取和遵从的，而其他补贴方式的源头是财政支出，从财政拨款到受益人最终拿到补贴，期间经过的每一道流程都会产生补贴跑冒滴漏的可能，从这个角度来说，税收优惠这种方式可能具有相对较高的效率和补贴到位率。

三、农业保险税收优惠对市场供给主体的影响

这里所说的农险市场供给主体主要指经营农险业务的商业保险公司。在世界范围来说，经营农业保险业务的机构除了商业保险公司外，还有政府部门直接经营或者相互制保险机构经营，后两者都不以营利为目的，对政府部门经营的农业保险实行税收优惠其作用和财政直接拨款差异不大，而对互助共济的农业保险经营机构实行税收优惠更多的是出于弥补成本、保障准备金、保证相互机构顺利经营下去等目的，税收优惠的影响都相对比较简单，因此不再详细叙述。税收优惠对保险公司的影响根据优惠税种和优惠方式的不同而有所不同。就优惠税种的不同来说，实行流转税还是所得税优惠、价内税还是价外税优惠对保险公司的利润与市场行为的影响有区别；就优惠方式的不同来说，实行税收减免或税收递延、大灾风险准备金是否税前列支等会对保险公司有差异化的影响。同时，税收优惠不仅仅对市场中已存在的供给主体有激励作用，对尚未经营农业保险业务的保险公司也有吸引作用。

（一）税收优惠中税种不同对农业保险经营主体的影响

1. 流转税税收优惠对保险公司的影响

流转税与所得税的区别主要体现在以下几个方面：流转税的计税依据是流转额，所得税的计税依据是所得额；流转税只与商品销售收入有关，不受成本高低影响，而所得税直接受成本规模影响；流转税一般是价内税、直接税，对物价影响较大，税负容易向消费者转嫁，不过增值税属于价外税，所得税由于税负不能转嫁，属于间接税，所以其税收增减变动对物价不会产生直接的影响。

流转税税收优惠的作用机制为：税收优惠—供给曲线移动带来产品价格下降—产品价格下降幅度小于税收优惠额度—成本下降幅度大于价格下降幅度—公司利润增加—生产规模扩大。对流转税税收优惠的具体分析见图 5.8，在未征税时，农业保险市场供给曲线为 S_1，需求曲线为 D，征税之后，根据征收的是从量税或是从价税的不同，供给曲线向左水平移动或者斜率增加向左上方旋转，图 5.8 中左图给出

的是从量税的示意图，从价税的道理与之相仿。由于流转税多为价内税，在实行税收优惠之后，供给曲线又出现逆向的变化到达 S_3，此时，市场在某一点达到供需均衡，税收优惠的额度为 AC 的长度，而价格下降的幅度只有 AB 的长度。在此情况下，转而到图 5.8 中的右图来看保险公司在税收优惠前后的成本收益情况，在未实行税收优惠时，本着竞争性市场中经营主体利润最大化点在边际收益等于边际成本交点上的原则，原来的供给均衡点在 MC_1 与 P_1 的交点上，此时边际成本、平均成本和价格交于一点，完全竞争市场上公司的经济利润为 0。随着流转税税收优惠的实施，产品的边际成本随之下降到达 MC_2 的位置，下降幅度为 AC，与税收优惠额度相等，此时，价格的下降幅度为 AB，低于税收优惠的额度，因此，公司选择的新的产量会在新的平均成本之上、在新的市场价格 P_2 与新边际成本 MC_2 的交点产量之前，这一产量会使公司的利润达到最大化，假设公司选择的产量为 M，那么此时公司能得到的经济利润就是 P_1P_2MN，远远大于税收优惠之前，利润的增加会刺激保险公司进一步扩大承保范围和保额，以期获得更多利润。需要注意的是，农业保险市场在很多国家都不是完全竞争市场，非完全竞争市场中流转税税收优惠对保险公司的影响也可按此方法推出。

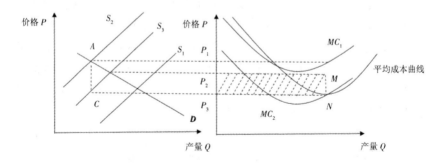

图 5.8　流转税税收优惠对农业保险经营主体的影响

2.所得税税收优惠对保险公司的影响

所得税税收优惠的作用机制为：税收优惠——公司利润增加——部分利润用在降低价格、提升服务上以增加竞争力——一部分利润用来充实风险准备金—扩大经营规模以获得更多税收优惠利益，所得税税收优惠具体分析如图 5.9 所示。由于所得税是直接税、价外税，所得税的征收与税收优惠并不会直接反映在农险市场的产品价格上，税收优惠福利先是体现在保险公司内部，表现为公司利润的上升，因此，对某家保险公司来说，未实行税收优惠时，在市场价格既定为 P 的情况下，收益与边际成本相交的点为 A 点，生产该产量的农业保险产品能给保险公司带来的利润为 $ABCP$，在得到税收优惠政策之后，由于少交税款，利润会增加，增加额可能表现为原有利润的一定比例，假定增加的利润额为 $ABEF$。在获得这一部分额外的利益后，保险公司可以将利润留存或分配，也可以用降低产品价格或者优化承保理赔服务等方式增强行业中的竞争力，同时，为更大程度地享受税收优惠的利益，公司也会增加产量提升规模，从而促进整个农险市场产品供给量的增加。当然，纯利润的增加会使保险公司把经营目标由保证公司在行业里生存的短期目标转移向稳定经营、规划长远发展的长期目标转化，因而可能会增强对各项准备金提取特别是大灾风险准备金的重视程度，这样有利于公司和行业长期健康发展。

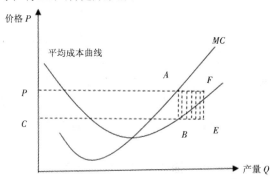

图 5.9 所得税税收优惠对农业保险经营主体的影响

（二）税收优惠中优惠方式与对象的不同对农业保险经营主体的影响

上文中也提到过，不同国家对于农业保险实行税收优惠的方式和优惠对象是有所不同的，税收优惠的方式有税基优惠、税率优惠、应纳税额优惠以及纳税时间优惠等，在农业保险中比较常用的税收优惠方式是税基的优惠以及应纳税额的优惠，我国对种植业和养殖业保险的保费收入，按照90%计征所得税，而美国、菲律宾、日本等国对农业保险收入全部免征所得税，可以看到这些国家对农业保险的优惠力度远大于我国，其对农业保险发展的刺激作用也更为显著。

税收优惠对象的不同更能体现国家对农业保险行业长远发展的思虑，具有更强的目的性和更精准的作用。以美国为例，其最新的《联邦农作物保险法》中规定"不得对联邦农作物保险公司（包括其特许经销商）的资本、准备金、盈余、所得与财产征收任何赋税，也不得对公司的保险合同和再保险合同征收任何赋税"，这个规定较为详尽地列出了农业保险中可能的税收优惠对象。如果政策中强调对于保费收入、营业收入的税收优惠，那么公司会尽力扩张保费规模，有助于公司走上保费导向型、规模导向型的发展道路；如果政策中强调对于公司盈余的税收优惠，那么公司会提前和提高对盈利能力的重视，这也愈发增强了盈利能力强的企业在行业中的竞争力；如果政府对某一险种、某一区域的税收优惠力度大于其他险种、其他区域，那么保险公司必将争先恐后开展该地区、该险种的业务；而如果政策格外强调对准备金特别是大灾风险准备金的税收优惠，那么公司会强化准备金的提取工作，会使得偿付能力得以增强、巨灾风险得到更充分防范，最终有利于公司和农业保险行业的长期可持续发展；而如果像我国一样，还对"为使农民获得与农牧保险相关的技术培训"提供税收优惠，会有利于农民保险意识的增强，有利于保险公司顺利开展业务。因此，政府提供不同方式和对象的税收优惠，也体现出政府不同的政策意图。

（三）税收优惠对市场潜在供给主体的吸引作用

对农业保险实行税收优惠政策以后，会有更多主体加入到农业保险的供给行列，有以下一些原因推动了潜在经营主体加入到农业保险市场中来。一是根据上文的分析，无论是对流转税还是所得税或其他类别的税收实行优惠，都会带来保险公司经营利润的增加，利润增加自然会吸引其他行业和经营其他险种的保险公司投入农业保险市场中来；二是前文的内容已经论证，农业保险具有一定程度上的自然垄断属性,因此先进入市场的主体会比后进入者拥有得天独厚的先发优势,当看到税收优惠实施,更多公司意识到农业保险是一块政府重视、有发展前景的重要领域,希望在市场还未完全成型之际加入到这项业务中来;三是政府在对农业保险进行大力度的税收优惠同时,可能适度减少对其他保险项目或者农业其他支持政策上的支持力度,这就使得农业保险相对而言具有更强的吸引力;四是我们必须在供需均衡的市场讨论农业保险规模问题,税收优惠的实行会或多或少地降低农业保险产品价格,这使得农业保险对其替代产品的替代性增强,人们在购买更多农业保险的同时,会减少其替代品的(如银行储蓄、其他保险产品)的消费,这会从需求端打击这些被替代品的生产热情,也驱使更多生产资料投入到农业保险领域。

四、税收优惠对与农业保险相关的其他主体的影响

除去经营农业保险的保险公司外,税收优惠涉及的其他主体还包括购买农业保险的农户、保险中介、提供税收优惠的政府等,下文将论述各主体会在多大程度上享受农业保险税收优惠的利益。

(一)税收优惠在农业保险经营者与购买者之间的分配

对农业保险实行税收优惠,其受益者不仅仅是保险公司,农户也可从中收益,农户与保险公司的受益情况分配根据供需弹性、经营农业保险的保险机构性质、市场竞争程度、价格是否可以自由变化、市场准入退出制度等因素的不同而有较大差异。接下来我们就来分析在完全垄断和垄断竞争市场格局下,在不同的价格制定规则和市场准入机制下农业保险税收优惠的利益分配情况。之所以没有讨论完全竞争市场,一是因为在各国实践中,完全竞争市场并不是农业保险发展的主流情况,二是因为完全竞争市场往往不会有价格的限制和严格的准入退出机制,税收优惠的利益分配比较简单,税收优惠更多地惠及需求或供给有弹性的那一方。

1.完全垄断市场格局中的利益分配

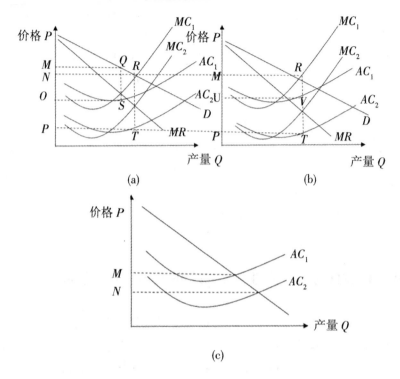

图 5.10　完全垄断市场下税收优惠在保险公司和农户之间的利益分配情况

　　首先看完全垄断市场格局下税收优惠的分配，完全垄断市场格局中，垄断企业可能有三种情况，一是其可以在利润最大化目标下自由制定价格，二是市场价格由相关机构规定，三是垄断企业拥有较强的政策性属性，不能以营利为目标。若垄断可以以利润最大化为目标自由定价，由上图 5.10（a）可知，税收优惠之前，保险公司能够获得的利润是 MQSO，农业保险产品的价格是 M，农民能获得的消费者剩余是 MQ 与需求曲线围成的部分。而在税收优惠之后，边际成本曲线 MC 下移，平均成本曲线也随之下移，垄断者为使得利润最大化，会选择在更高产量上达成交易，这就使得产品价格由 M 下降到 N，购买农业保险的农户因此能获得一部分的税收优惠利益，且农户对农产品需求曲线的弹性越大，其在税收优惠之前能获得消费者剩余越大，在税收优惠之后能得到的消费者剩余增长值也越大。

完全垄断市场的第二种情况是，市场价格由相关部门规定，规定价格通常低于垄断企业能获得利润最大化的价格，具体情况可见图5.10（b）。在价格既定的情况下，垄断企业在税收优惠之前能够自由选择的变量只有产品经营的规模，其选择的规模往往高于自由定价下的产量。对农业保险实行税收优惠能降低垄断厂商成本，从而使垄断企业在利润最大化条件下制定的市场价格降低，更靠近规定价格，垄断企业在税收优惠后的福利会增加，而购买农业保险的农户不会看到价格的显著下降，因而也不会大幅度提高购买量，因此在价格由相关部门规定的情况下，税收优惠更多给农险经营者福利的增加。

完全垄断市场的第三种情况是，垄断企业拥有较强的政策性属性，其经营农业保险不是以利润最大化为目标，其经营目标是在不盈不亏的情况下实现农民经济效益的最大化，如上图所示，税收优惠使垄断企业提供农业保险产品的成本降低，而本着不赢不亏的原则，农户面对的购买价格也会下降。菲律宾、印度等国都是由国有的保险公司经营农险业务。在这种情况下，税收优惠的最大受益对象就是购买农业保险的农民，农民可以享受由成本价格下降、农险产品供给量增加的全部好处。对垄断企业而言，税收优惠给其带来了单位成本的下降，但由于供给量增加，总成本可能增加或减少。

2.寡头垄断或垄断竞争格局下的利益分配

寡头垄断或垄断竞争是各国农业保险市场最常见的市场竞争结构，这种竞争格局的形成一方面可归因于农业保险具有一定垄断性的自然属性，另一方面源自一些国家对农业保险经营机构严格的准入退出机制。而税收优惠的利益分配情况根据市场竞争程度、定价方法的差异而有所不同。如果各地区的农业保险市场的竞争程度比较激烈，那么税收优惠的利益分配就更依赖供给需求曲线的弹性，弹性越大的一方能获取更大收益；而如果一个地区的农业保险市场属于寡头垄断，那么当垄断寡头达成不降价或降价幅度很低的协议时，税收优惠利益转移到农户身上的就比较少，而当垄断寡头更多地利用精算方法，采用成本加成方法来定价时，税收优惠就能给农户带来更多益处。当然，垄断竞争或者寡头垄断市场也可能要遵循政府为农业保险制定的指导价格，此时对农业保险实行税收优惠带来的福利更多地会被保险公司一方吸收。

（二）税收优惠给政府及其他农业保险利益相关者带来的影响

1.税收优惠给政府带来的影响

税收优惠是政府将自身利益向纳税企业让渡，因此政府是农业保险税收优惠的重要利益相关者。税收优惠最为直接的影响是减少了政府的税收收入，但深究其中会发现农业保险税收优惠可以给政府带来以下几方面的利益。一是从农业保险经营主体内部来看，如果农业保险经营主体具有较强的政策性属性，其成立和经营管理以国家财政为依托，那么实行税收优惠并不会带来额外的财政压力，因为税收优惠能降低经营成本，从另一方面减少了国家的财政支出，而如果保险公司市场化属性比较强，税收优惠和其他一些补贴手段如经营管理费用补贴都对保险公司的成本有降低作用，那么税收优惠实际上可以替代一部分其他方式的补贴，这也节省了财政的其他支出，而且税收优惠精准化的调节作用可以引导企业做出政府期待的行为，如增加准备金，这也可以促进企业长期的健康发展，减少未来在纠偏、矫正等工作上的政府支出。二是从农业保险市场来看，虽然税收优惠主要是从补贴保险公司、刺激供给侧角度来实现市场规模的扩大，但根据上文的分析，税收优惠可以通过一定的传导机制让农户受益，政府可以通过调节供给需求两侧的补贴力度来推进市场的协调增长，税收优惠政策与用来刺激需求侧的保费补贴等手段具有一定程度的替代性。三是从整个农业生产活动来看，农业保险行业的发展有助于发挥保险稳定器的作用，从而推动农民收入稳步增长和农业产业的稳定发展。促进农业发展是各项农业政策的共同目标，因此实施农业保险税收优惠也有助于替代其他农业政策支出，体现政府职能，提高政府声誉，同时，农业是国民经济发展的基础和重要组成部分，政府能从未来农业发展和国民经济增长中获得长期利益。

2.税收优惠给农险中介机构带来的影响

农业保险市场上还存在其他一些利益相关者，比如保险中介机构等，视中介市场发展程度、市场竞争程度、保险产品定价机制的不同，农业保险税收优惠给中介机构带来的影响也不同。在中介势力较强、掌握资源较多的市场环境中，税收优惠带来的市场上保险公司数量增多、竞争程度增强的情况会驱使保险公司特别是新进入市场的公司通过加大保费返还等方式，把税收优惠利益的一部分向中介市场转移，促进农业保险中介机构的发展。当然，在一些国家，农业保险产品的保费是由政府或相关机构制定的，保险公司自主定价的权力很小，在这种情况下，税收优惠降低了保险公司成本，可公司无法通过降低价格的方式提高竞争力，便只能采取非价格竞争的方式，如提升产品服务、变相降低价格或者给予保险中介机构更多利益，此时对农业保险的税收优惠也会向中介市场转移。

第六章

中国农业保险财政补贴的实践与认识

本章着重介绍在 WTO 发展态势下的中国农业保险财政补贴短暂历史，具体包括我国农业保险财政补贴的实践经验、政策变迁和补贴模式的差异性和相似性分析。

在 WTO《农业谈判框架协议》下，农业补贴分为两种形式：一种是广义补贴，即政府对农业部门的所有投资或支持，其中较大部分如对科技、水利、环保等方面投资，由于不会对产出结构和农产品市场发生直接显著的扭曲性作用，一般被称为"绿箱"政策。例如对粮食等农产品提供的价格、出口或其他形式补贴，这类补贴又称为保护性补贴，通常会对产出结构和农产品市场造成直接明显的扭曲性影响，一般被称为"黄箱"政策。WTO《农业协定》的"黄箱"政策中规定给予发展中国家特殊差别待遇，对发展中国家为促进农业和农村发展所采取的下述支持和补贴措施可免予削减承诺，简称"发展箱"。[1]

---

①李晓玲. WTO 框架下的农业补贴纪律[M]．　北京：法律出版社，2008.

第一节　中国农业保险财政补贴的发展历程与政策变迁

中国农业保险财政补贴的正式试点从 2007 年开始,截至目前共经历九年的时间。虽然历史短暂,但通过借鉴西方国家的实践经验和实施中的不断探索,我国的农业保险财政补贴已初见成效。

一、我国农业保险保费补贴的背景

中央一号文件曾连续 12 年提到"三农"问题。我国政策性农业保险保费补贴这一概念最早也是在中央一号文件中提出。2004 年中央一号文件明确提出要加快建立政策性农业保险制度,在有条件的地区选择一定的农产品开展试点,并对参加种养业保险的农户给予一定的保费补贴。这是首次对我国政策性农业保险制度给出明确的定位。然而农业保险保费补贴产生的背景由以下几个方面构成。

(一)农业生产关乎国计民生

农业生产扮演着极为重要的角色,它关乎国计民生,对我国国际地位的影响都不容小觑。首先,根据相依性原理,农业生产的周期性波动也会带动第二产业甚至第三产业的大幅度波动。其次,农业的稳定发展对于我国的产业结构升级也会起到突出作用。从经济角度看,农业生产是国民经济的基础,农业作为国民经济中最基本的物质生产部门,其发展状况直接影响国民经济的发展。从社会角度看,农业是社会和谐稳定的基础。作为人类最基本的生存资料,农产品直接决定着人民生活水平。从政治角度看,农业是一个国家自立自强的基础。农产品过多依赖进口则会导致该国的国际政治地位受制于别国,这严重影响国家的稳定和安全。因此,农业的良性循环在我国经济社会发展中有着不容忽视的作用。农业保险的补贴则是通过金融风险管理的方式促进农业生产稳定，从经济、政治和社会三个方面促使我国社会发展在稳定中前进。

（二）政府多年政策缺位导致农业保险增速过缓

中华人民共和国成立后，农业保险在经历了前期的迅猛发展后进入了长达十年的萎缩期。1992 年党的十四大后我国开始了社会主义市场经济体制改革，中国人民保险公司的公司制改革也逐步开始实施。1994 年财政部针对中国人民保险公司实行新的财务核算制度，取消原按30%计提费用的规定。这一规定的出台使得原先人保内部抽多补少，助推农业保险发展的机制被迫停止。1996 年人保公司进一步分制改组成中保财产保险有限公司、中保人寿保险有限公司和中保再保险有限公司。同年 12 月中共中央、国务院做出了不得以任何形式下达保险指标，强行要求农民投保的要求①。这一决定纠正了此前探索农业保险发展历程中急于求成以行政命令强迫农民参保的错误行为，但客观上也造成了农业保险业务的萎缩徘徊。我国农业保险发展开始进入十年的曲折徘徊期，一方面是市场化经营的压力，使得人保公司经营农业保险的激励下降；另一方面中央政府的决定明令禁止了此前运用行政手段强制农民参保的行为。从图 6.1 中 1982－2003 年农业保险保费收入的数据可以看到，我国的农业保险在 20 世纪 90 年代经历短暂辉煌期后进入了低迷状态，1995 年后农业保险保费收入基本稳定在 4 亿元左右。可见，政府的不作为严重影响了农业保险的发展，因此，农业保险保费补贴的出现实为必然。

---

①1996 年《中共中央、国务院关于切实做好减轻农民负担工作的决定》要求"有关部门在农村开展保险业务和合作医疗，都必须坚持自愿量力，不得强求。不得以任何形式下达保险指标，强行要求农民投保。乡村干部不得代表农民投保，中小学校也不得代办保险"。

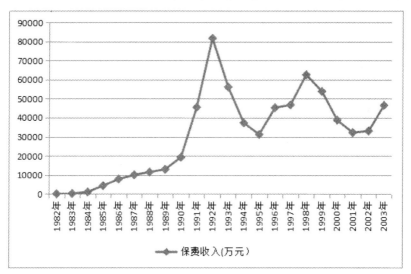

数据来源：1982－1992 年数据来源于《中国保险年鉴》（1981—1997），第 138 页；1993－2003 年数据根据《中国统计年鉴》整理。

图 6.1　1982—2003 年我国农业保险保费收入

（三）农业保险自身的特殊性需要补贴支持

由于我国地处地质灾害频发区域，因此自然风险发生频率较高。同时我国农业保险受自然风险和人为风险等多种因素的影响较大，以及其赔付率高、亏损严重的特点使得保险公司纷纷敬而远之，甚至成为保险业避之不及的"包袱险种"，在我国也曾经面临停办困境①。

图 6.2 和图 6.3 分别给出了 1995—1999 年和 2010—2014 年我国农作物的受灾面积情况。数据显示，我国农业保险财政补贴未出现之前的农作物受灾面积均维持在 400 万公顷以上，并呈现波动上升的态势，水灾与旱灾互为负效应。1998 年由于厄尔尼诺现象导致的长江中下游地区和东北平原等农业聚居地的洪水导致洪涝灾害面积在当年达到了 5 年内的峰值。同时我国近五年农作物受灾面积处于

————————————

①苏晓鹏，王兵.我国农业保险补贴现状与制度供给对策[J].价格理论实践，2010（6）：60—61.

波动下降态势，基本维持在 400 万公顷以下。但由于我国自然灾害发生率较大，并且 2016 年超强厄尔尼诺现象搅动全球，农业问题仍不容小觑。

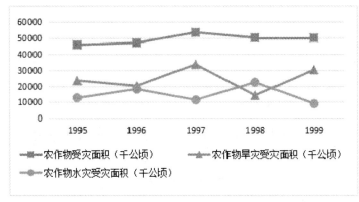

数据来源：中国国家统计局网站。

图 6.2　1995—1999 年我国农作物受灾面积

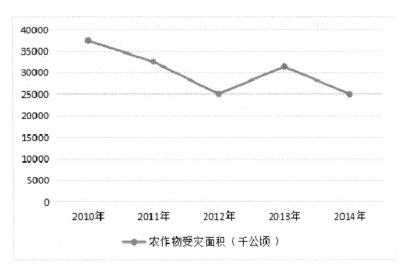

数据来源：中国国家统计局网站。

图 6.3　2010—2014 年我国农作物受灾面积

因此，为保证中国农业经济的良性循环和中国农业保险市场的稳定发展，政府亟需通过统一的政策导向为农业保险的发展指明道路。政策性农业保险方才是农业保险可持续性发展的关键所在。这也为农业保险财政补贴试点的出现奠定了基础。

二、中国农业保险财政补贴发展历程

2007 年，根据《中共中央、国务院关于积极发展现代农业扎实推进社会主义新农村建设的若干意见》和《国务院关于保险业改革发展的若干意见》，中央财政在四川、湖南、江苏、山东、新疆和内蒙古等六个省（自治区）的粮食主产区率先开展种植业保费补贴试点，补贴的品种包括小麦、水稻、棉花、玉米和大豆五种种植面积广、关系国计民生、对农业和农村经济社会发展有重要意义的农作物，先由省级财政承担 25% 的保费补贴后，再由中央财政承担 25% 的保费补贴。并规定农业保险财政补贴的十六字基本原则，即"自主自愿、市场运作、共同负担、稳步推进"。同年，财政部提出在中西部地区 22 个省份和新疆建设兵团以及中央直属农垦区开展能繁母猪保险保费补贴的试点，计划补贴 11.5 亿元。为保证财政补贴的效率，财政部规定如果中央确定的补贴险种的投保率低于 20%，财政部将视情况取消对该省份或该险种下年度的保费补贴试点。自此，我国农业保险保费补贴试点工作正式开启。

可以简单地通过补贴试点六省的五种农作物的产量作为衡量补贴试点作用的简单依据，具体农作物产量情况见图 6.4、6.5、6.6、6.7、6.8、6.9（数据源自中国国家统计局网站）。

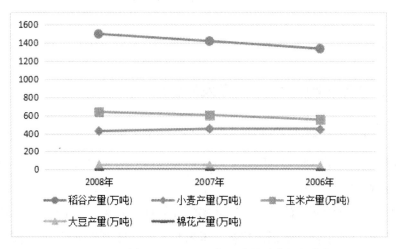

图 6.4　四川省 2006—2008 年五种补贴农作物产量

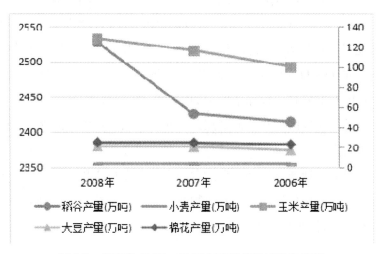

图 6.5　湖南省 2006—2008 年五种补贴农作物产量

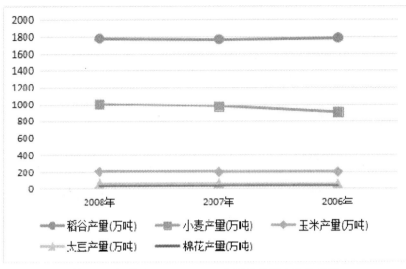

图 6.6　江苏省 2006—2008 年五种补贴农作物产量

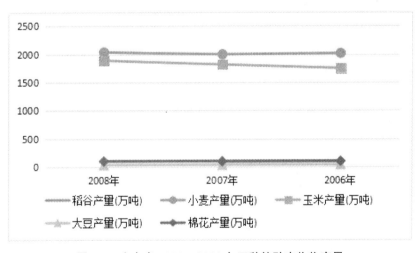

图 6.7　山东省 2006—2008 年五种补贴农作物产量

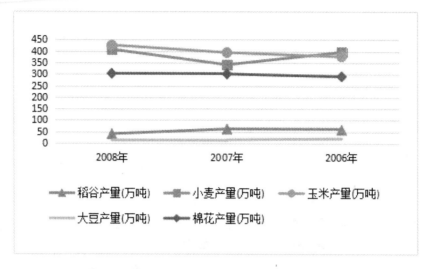

图 6.8　新疆 2006—2008 年五种补贴农作物产量

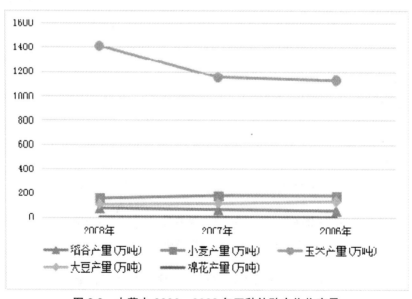

图 6.9　内蒙古 2006—2008 年五种补贴农作物产量

从上面罗列的六省农作物产量折线图来看，试点初期的农业保险保费补贴对于农产品的增长刺激不明显。数据显示，2006—2008 年间

168

新疆的稻谷和山东省的小麦增量较多，其余省份的农作物均未出现大幅上涨，甚至有少许农作物产量呈现下降的趋势。但由于 2007 年为农业保险的保费补贴试点的初期，补贴额度和种类都处于不成熟阶段；同时农业保险保费补贴的影响周期较长，未能及时反映在农产品产量上。因此，产量数据所呈现的态势尚可接受。可见，在政策落实初期，补贴尚属探索阶段，需根据具体的落实情况做进一步的政策调整。

2008 年，中央财政补贴的农业保险保费补贴试点范围进一步扩大。其中，种植业试点的范围扩大到全国 13 个省份的粮食主产区，补贴品种进一步覆盖了花生和油菜，中央财政补贴的比例进一步提升到 35%；养殖业试点从能繁母猪保险扩展到奶牛保险。当年，中央财政支出的保费补贴达到 66.54 亿元，我国农业保险保费补贴试点工作稳步开展。

2009 年，森林保险保费补贴试点在湖南、江西、福建三省展开，由省级财政承担至少 25% 以上的保费补贴，中央财政承担的保费补贴比例为 25%。至此，农业保险保费补贴试点工作正式涵盖了种植业、养殖业和林业三大板块，农业保险的补贴的范围在真正意义上进行了延展，并且林业保险补贴的政策探索也开始进行。

2010 年，享受中央财政补贴的农业保险范围进一步扩大。种植业补贴品种新增马铃薯和青稞两项，养殖业补贴品种扩大到牦牛和藏系羊，同时新增浙江、辽宁、云南省内有条件、有能力、有意愿的县市试点森林保险，并在海南省启动天然橡胶保险保费补贴试点工作。

2011 年，在总结过去几年农业保险保费补贴经验的基础上，在四川、江苏、安徽、内蒙古开始农业保险绩效评价工作。这意味着对农业保险保费补贴绩效和效率的评估工作得到重视，自此我国的农业保险财政补贴不仅仅局限于政策的落实，还要测评政策的落实效果，从而更好地将财政资金运用在农业保险领域。

2012 年，农业保险保费补贴政策继续向前迈进。新增糖料作物为享受中央财政补贴的品种，至此，中央财政补贴的险种达到 15 种。农业保险保费补贴区域扩展到全国，从 2007 年开始在部分区域进行农业保险保费补贴试点，到 2012 年终于实现农业保险保费补贴的全面推行。

在全国范围内实现农业保险保费补贴后，中央对农业保险保费补贴政策的支持力度仍在不断优化升级。自2013年起，在地方财政至少补贴30%的基础上，中央财政育肥猪保险保费补贴比例由10%提高至中西部地区50%、东部地区40%。其他险种政策按照《财政部关于进一步加大支持力度做好农业保险保费补贴工作的通知》等有关规定执行。同时，自2013年起选择山西、内蒙古、黑龙江、江苏、浙江、安徽、湖北、湖南、海南、四川10个省（区）开展农业保险保费补贴绩效评价试点工作，鼓励其他省（区、市）结合本地实际探索试点。

2014年中央一号文件中提出"逐步减少或取消产粮大县县级保费补贴"。现行的补贴政策已考虑到地方财政的差异进行差异化补贴，但在"联动补贴"机制下，需各地地方财政补贴到位后，中央财政才承担相应补贴。尤其是在县市一级财政，对于产粮大县而言，由于财政实力有限，高保费和高补贴的冲突尤为突出，县级财政补贴往往难以及时到位，层级累加导致中央财政的保费补贴拨付滞后，最终影响整个保费补贴的效率，甚至产生补贴累退效应。逐步减少和取消种粮大县的县级补贴，将能有效缓解这种补贴累退效应。但数据显示，我国2014年的农业保险发展情况并未如想象中乐观。2014年我国农业保险累计保费收入 325.7 亿元，占非寿险保费收入的4.9%，同比增长6.2%，增长幅度较小[①]，特别是与2014年以前相比差距较大。这与中央补贴政策的落实程度以及中国保监会、财政部的监管力度密切相关。

2015年中央一号文件里对"中央财政补贴险种的保险金额应覆盖物化成本"的表述相较以往提升农业保险保障范围和保障水平的提法更为明确具体，平均保障水平提高了10%~15%，对少部分因各种因素未能覆盖直接物化成本的地区，保监会要求保险公司开发商业性补充保障产品，确保基本保障达到国家要求。在为农业生产提供更好的保障的同时，也可能直接带动农业保险保费收入的增加。"将主要粮食作

---

①数据源自中国保险监督管理委员会网站。

物制种保险纳入中央财政保费补贴目录"将使得制种保险迎来跨越式的发展，同时使享受中央财政保费补贴的品种扩容到 16 种。制种保险主要是为杂交玉米、杂交水稻两种作物良种制作过程中的风险提供保障，此前仅在湖南、江苏、福建、甘肃、海南等地有过尝试或小范围试点。目前，我国中央财政农业保险财政补贴的品种及比例情况见表 6.1。

表 6.1 2015 年各级财政农业保险财政补贴品种及比例

类别	补贴品种	省级财政补贴比例	中央财政补贴比例	中央直属垦区中央财政补贴比例
种植业	水稻、玉米、小麦、棉花、油料、糖料、马铃薯、青稞、制种	25%	东部35%中西部40%	65%
养殖业	能繁母猪、奶牛、育肥猪、牦牛、藏系羊	30%25%	东部35%中西部40%	80%
林业	商品林	25%	30%	——
	公益林	25%	50%	
	天然橡胶	25%	30%	

资料来源：根据财政部历年对农业保险保费补贴工作的通知自行整理。

注：不包括制种保险保费补贴比例。

2015 年 2 月，农业部、财政部和保监会联合发布《关于进一步完善中央财政型农业保费补贴保险产品政策拟订工作的通知》，要求种植保险主险的保险责任中加入旱灾、地震、泥石流、病虫草鼠害等重大灾害；要求农业保险提供机构对种植业保险及能繁母猪、生猪、奶牛等按头（只）保险的大牲畜保险条款中不得设置绝对免赔。同时，要根据不同品种的风险状况及民政、农业部门的相关规定，科学合理地设置相对免赔。并进一步规定，当发生全部损失时，三大口粮作物苗期赔偿标准不得低于保险金额的 40%。

三、中国农业保险财政补贴政策下取得的成就

2007 年我国开始农业保险保费补贴试点，近几年农业保险的发展突飞猛进，无论是从保险深度、密度还是保费收入上都取得了显著成效。

1. 各级政府补贴力度逐步增大，拉动保费增长

2007 年，我国农业保险保费收入为 51.8 亿元，2008 年农业保险保费增速高达 214%，达到 110.7 亿元。2014 年，我国农业保险保费收入为 325.7 亿元，同比增长 6.2%；为农业生产提供 1.66 万亿元的风险保障；参保农户达到 2.47 亿户次；向 3500 万户投保农户支付赔款达到 214.6 亿元。图 6.10 为 2007—2014 年我国农业保险保费补贴和保费收入情况。

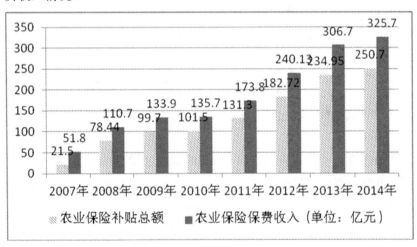

数据来源：根据保监会网站公布数据自行整理。

图 6.10 2007—2014 年我国农业保险保费补贴和保费收入情况

农业保险保费收入的大幅增长得益于中央财政与地方各级财政补贴力度的逐年增大。2007—2014 年间，各级财政累计拨付补贴资金超过 1100 亿元，农业保险财政补贴资金在保费收入中的占比逐年递增，

从 2007 年的 41.5%上升到 2014 年的 77%，凸显了农业保险保费补贴对保费收入的拉动作用。

表 6.2 2007—2014 年农业保险保费补贴资金占保费收入的比例情况（单位：%）

年份	2007 年	2008 年	2009 年	2010 年	2011 年	2012 年	2013 年	2014 年
补贴比例	41.5	70.9	74.5	74.8	75.5	76.1	76.6	77

资料来源：根据保监会网站公布数据自行整理。

2. 农业保险覆盖率逐年上升

部分省市小麦、水稻等主要粮食作物的投保面积占播种总面积的比例可高达百分之六七十；能繁母猪保险在多数省区的覆盖率能达到"应保尽保"。除了中央补贴品种逐步增加外，各地特色农业保险如针对烟叶、橡胶、蔬菜、花卉、特色中草药等的保险也迅速展开。个别发达地区，如上海的农业保险基本实现了从农业生产到流通、加工等环节的覆盖，基本能够适应现代农业对风险保障的需求，部分险种完成了从保成本到保产量、保价格的转变。相当一些新型农业保险产品，如天气指数保险、生猪价格指数保险、农民小额贷款信用保险已经进入试点阶段。

3. 农业保险财政补贴的调整带动了保险费率的合理化调整

自我国农业保险保费补贴试点以来，保险费率随着补贴额度的变化发生了相应的变动，这与农业保险保费补贴产生的初衷相关。费率进行合理化调整之后，农户为最大的受益者，将以最合理的价格将风险转移到保险公司。以山东为例，山东 2015 年对小麦、玉米和棉花保险费率进行调整，小麦保费由每亩 10 元提高到 15 元，保险金额由每亩 320 元提高到 375 元；玉米保费由每亩 10 元提高到 15 元，保险金额由每亩 300 元提高到 350 元；棉花保费由每亩 18 元提高到 30 元，保险金额由每亩 450 元提高到 500 元。保费补贴方面，山东为国家和省级财政负担 50%、地方财政负担 30%，农户负担 20%的比例给予补贴，也就是说，山东农民一亩小麦地保费 15 元，自己只需承担 3 元，

如果发生灾害，保险公司最高会赔偿 375 元/亩。^①

4. 政府在农业保险财政补贴中的作用不断加强

由于农业保险保费补贴是由政府主导的政策活动，因而政府在补贴出现以来出台了大量文件以调整补贴规模、范围、比例及方式等。政策的落实程度也随着时间的推移不断提高，政府在补贴中的作用也逐步增强。表 6.3 罗列了 2007－2015 年我国农业保险财政补贴的相关规定。

表 6.3　2007—2015 年农业保险保费补贴相关规定

年份	相关文件	文件号
2007 年	财政部关于印发《中央财政农业保险保费补贴试点管理办法》的通知	财金[2007]25号
	财政部关于印发《能繁母猪保险保费补贴管理暂行办法》的通知	财金[2007]66号
2008 年	财政部关于印发《中央财政种植业保险保费补贴试点管理办法》的通知	财金[2008]26号
	财政部关于印发《中央财政养殖业保险保费补贴试点管理办法》的通知	财金[2008]27号
2009 年	财政部关于中央财政森林保险保费补贴试点工作有关事项的通知	财金[2009]25号
2010 年	关于进一步做好农业保险保费补贴工作有关事项的通知	财金[2010]54号
	关于 2010 年度中央财政农业保险保费补贴工作有关事项的通知	财金[2010]49号
2011 年	财政部关于 2011 年度中央财政农业保险保费补贴工作有关事项的通知	财金[2011]73号
2012 年	关于进一步加大支持力度做好农业保险保费补贴工作的通知	财金[2012]2号
2013 年	关于 2013 年度农业保险保费补贴工作有关事项的通知	财金[2013]7号
2014 年	关于 2014 年度农业保险保费补贴工作有关事项的通知	财金[2014]86号
2015 年	中国保监会财政部农业部关于进一步完善中央财政保费补贴型农业保险产品条款拟订工作的通知	保监发[2015]25 号

---

①信息摘自中国三农网。

174

第二节 不同地区农业保险财政补贴的差异性和 相似性研究

根据政府和经办农业保险的机构风险共担程度的不一，我国农业保险可分为联办、代办和自营三种模式（朱俊生、庹国柱，2009）。所谓联办模式是指政府和经办农业保险的机构合理界定双方的责任和风险分摊的比例，由政府或双方共同承担超赔责任；代办模式则主要由政府承担风险，经办农险的机构代为经营；自营模式则是由经办农险业务的机构承担风险，各级政府提供保费补贴和组织推动。在不同的模式之下，农业保险财政补贴，尤其是地方财政补贴也不尽相同，对农业保险的发展产生了深远的影响。

一、联办模式下农业保险财政补贴的实践

联办模式的主要特征是由政府和经办农业保险的机构共同承担赔偿责任。上海安信农业保险、江苏"联办共保"农业保险和浙江"共保体"的经办模式，均是典型的联办模式。然而财政补贴的差异，尤其是地方财政补贴的差异使得三种模式也演绎出了较大的不同。

（一）上海安信模式

上海作为我国经济发展水平最高的地区之一，其农业保险的基础也处于全国领先地位。2004 年，上海 GDP 占到全国 GDP 的 5.5%，高达 7450 亿元；农村居民人均纯收入达到 7056.33 元，财政收入1106.19 亿元，分别位居全国第一和第二。农民对农业保险的需求旺盛、支付能力强和地方财政实力卓群，决定了上海安信模式下农业保险发展和农业保险财政补贴的与众不同。2004 年 7 月 1 日，为探索现代都市农业保险的发展模式，成立了上海安信农业保险公司。

上海安信模式以"政府政策支持、商业化运作"为特点。尤其是政府政策支持表现得尤为明显。第一，财政补贴范围广，由市、区（县）

两级对包括种植业、养殖业、制种业、涉农财产类、淡季绿叶菜成本价格保险等五大类 21 项进行补贴。积极落实中央一号文件精神，为促进制种保险的发展，将杂交水稻制种等 3 项险种纳入补贴范围，同时将菇棚、防虫网等纳入设施类补贴范围以强化涉农财产投保意识；为进一步完善政策覆盖范围，将淡季绿叶菜价格保险并入农险补贴体系。

第二，补贴比例高（见表 6.4），对于水稻、生猪、奶牛、家禽保险，上海市政府对符合条件的农业生产者统一投保，基本达到普惠制农业保险标准。不仅是将中央财政对上海市的 6 个补贴险种的补贴标准统一提高到 80%，同时还将蔬菜、大棚设施等两个险种的补贴标准从 50%调至 60%，将水产养殖险种的补贴标准从 40%上浮至 60%。

表6.4　上海市农业保险保费补贴标准

补贴品种	补贴标准
水稻、能繁母猪、生猪和奶牛保险险种	80%
油菜、蔬菜保险险种	70%
麦子、淡水水产养殖和大棚设施保险险种	60%
家禽、农机具综合、群众性渔船综合和杂交水稻制种保险险种	50%
鲜食玉米、水果、食用菌、羊、青菜制种、种公猪、种禽保险险种	40%
淡季绿叶菜成本价格保险	不高于90%

资料来源：《上海市关于完善 2013—2015 年度农业保险财政补贴政策的通知》，沪农委〔2013〕143 号。

第三，政府提供巨灾风险保障。在面临规模较大的巨灾风险且超出安信农业保险公司的承担能力时，由上海市政府通过特殊救灾政策予以财政支持。所谓特殊救灾政策是指赔付率超过150%以上的损失部分由再保险赔款摊回部分和农业保险巨灾风险准备金承担后的差额部分，由市、区（县）财政通过一事一议的方式予以安排解决。

第四，给予再保险保费补贴。具体由市级财政对农业保险机构购买有关政策性农业保险业务赔付率在 90%～150%损失部分的再保险给予保费补贴，补贴标准为上年度农业保险机构购买相关再保险保费支出的 60%，补贴上限不超过 800 万元。政府提供的巨灾风险保障和再保险保费补贴政策极大地完善了农业保险巨灾风险分散机制。上海安信模式下的农业保险财政补贴不仅包括保费补贴、税收优惠，而且还是全国较少几个享有再保险保费补贴的案例。

在农业保险财政补贴政策的刺激下，安信农业保险公司的经营和上海农业保险市场都呈现出欣欣向荣的局面。尤其是将农产品价格保险纳入补贴范围内，突破了以往我国农业保险财政补贴政策只保产量的局限，对各地财政的农业保险财政补贴政策的改善具有示范意义，同时也是我国农业保险从保产量到保收入这一转型阶段农业保险财政补贴政策如何调整的有益探索。

应当看到的是上海安信模式下的农业保险财政补贴政策具有其特殊性。补贴比例高、补贴方式多样化下的上海安信农业保险实际上是一种普惠制的农业保险，高额、多样的农业保险财政补贴离不开强大的财政支持和地方经济实力，同时上海农业总产值占国内生产总值的比重较小，相对而言政府财政补贴的压力并不大。

（二）江苏"联办共保"模式

江苏省自 2007 年开始农业保险试点，2008 年全省统一实行"联办共保"模式①。所谓"联办共保"是指在"政府主导、商业运作、保险自愿、结余滚存"的基本原则下，由省政府与经办农业保险的机构联合开办业务，按相应比例②分享保费、分担赔款。经办农业保险的机构在有结余时应按相应规定提取准备金，同时政府也应当对结余部分提取农业风险基金。

---

①江苏省 2008 年统一为"联办共保"模式，此前无锡、苏州两市分别试点过共保体和政府代办农业保险的模式。

② 2007 年政府与经办农业保险的机构联办共保比例为 7：3，2008—2009 年下调为 6：4，2010 年至今进一步下调到 5：5。

表 6.5 江苏省农业保险财政补贴政策

试点品种	参保品种	保费金额	保费补贴政策	
中央确定的主要种植业品种	水稻、小麦、棉花、玉米、油菜	15~30 元/亩	财政补贴≥70%。其中中央财政35%,省级财政25%,市县级财政补贴10%	
中央确定的主要养殖业品种	能繁母猪	60 元/头	财政补贴≥80%。省级财政补贴为:苏南20%,苏中30%,苏北50%,差额由市县级财政补贴	对年投保超过 5 万头的县,由省级财政再增加10%的补贴
	奶牛	240 元/头	财政补贴≥60%。省级财政补贴为:苏南20%,苏中30%,苏北50%,差额由市县级财政补贴	
江苏省确定的其他种、养殖业品种	育肥猪	约 20 元/头	省级财政补贴为:苏南20%,苏中30%,苏北50%	
	鸡	0.3~2.4 元/只		
	桑蚕	10~25 元/张		
	有一定规模的经济作物、养殖项目、设施农业及其他高效农业特色项目	按市场价格的60%左右确定保险金额,费率为3%~18%	省级财政补贴为:苏南20%,苏中30%,苏北50%。当省辖市高效设施农业保险保费收入达到该地区主要种植业保险保费收入的5%、15%以上时,省财政对县市级财政以奖代补的形式给予10%、20%的保费奖励	

资料来源:根据江苏省财政厅历年文件自行整理。

江苏"联办共保"模式下的农业保险财政补贴具有很明显的特点:第一,高比例的保费补贴政策。江苏省对主要的种植业品种如水稻、小麦、棉花、玉米、油菜等给予不低于70%的保费补贴,能繁母猪和奶牛补贴的比例甚至达到80%。考虑到地方经济发展水平的差异,对苏北、苏中、苏南的高效农业特色项目保险等实施差异化的补贴政策（见表 6.5）。第二，因地制宜设计补贴险种，并由省财政对县市级财政以奖代补的形式给予奖励。由省财政厅根据国家有关规定和本省实际情况，在充分征求意见的基础上，按年度确定省财政高效设施农业保险奖补目录，并予以公布，按照总量控制的原则，确定对地方高效设施农业保险的补贴金额。截止到 2015 年，已将包括莲藕、茶叶、山桃等具有地方特色的 25 个高效农业保险项目纳入补贴范围。第三，建立大灾风险防范机制。"联办共保"模式下，巨灾超赔风险由政府和经办农业保险的机构共同分担。经办农业保险的机构的巨灾超赔风险以再保险的形式化解，政府负担的巨灾超赔风险根据《江苏省农业保险试点政府巨灾风险准备金管理办法（试行）》，通过各级财政预算安排、统筹部分政府保费收入、省级财政补助等资金渠道建立了大灾风险基金予以应对。

"联办共保"模式下的农业保险财政补贴政策需要地方政府具有较强的财政实力，江苏省作为我国经济最为发达的省份之一，且其农业经济占当地国民经济的比例相对较低，其财政实力能够应对相应的农业风险。

（三）浙江"共保体"模式

针对浙江自然灾害频发，保险公司经办农业保险热情不高的客观现实，浙江省摸索出了"农业保险共保体"的经营模式。"共保体"由在浙江经办农业保险业务的机构以股权认购的形式组成，成立之初共有 11 家机构[①]，秉承"单独建账，独立核算，盈利共享，风险共担"的原则，由中国人民保险浙江省分公司作为首席承保人负责农业保险的日常经营业务，其他共保机构依据"共保体"章程"分摊保费、承担风险并享受相关利益"。

浙江省率先出台了全国首个地方版农险办法——《浙江省实施〈农业保险条例〉办法》，由政府对"共保体"的经营给予相关的补贴，包

①成立之初，共有人保浙江公司、中华联合、人保财险、平安财险、永安保险、天安保险、安信农业保险、大地保险、华安财险、安邦财险、太平财险等 11 家公司，2011 年减少到 5 家，2013 年调整为 7 家公司。

括保费补贴、经营管理费用补贴、税收优惠，同时有相应的巨灾风险分摊机制。

浙江"七山一水二分田"的地形地貌决定了其农业"小而精"的特点，各地特色农业十分突出。截止到2014年底，浙江省政策性农业保险已开发了水稻、大小麦、油菜、生猪、蔬菜、林木等22个全省普适性险种，以及食用菌、蚕桑、湖羊、茶叶、家庭农场等18个地方性险种。伴随补贴范围的逐步扩大，保费补贴比例大幅提升，如针对水稻、油菜险种的补贴比例高达90%，中央补贴比例为35%，省内发达地区省、县财政分别补贴30%和25%，欠发达地区由省财政负担45%，县级财政负担10%。

在"共保体"之下首席承保人负责农业保险的日常经营业务，而浙江"小而精"的农业使得经营管理费用高，由省财政给予20%的经营管理费用补贴[①]。同时减免"共保体"成员经办农业保险收入5.5%的营业税。

除上述补贴之外，浙江初步建立了巨灾风险保障机制以稳定农业保险经营的稳定。试点之初实行超赔封顶分担机制，共分3级。全省农业保险赔款超过当年农业保险保费收入的2～3倍部分，由"共保体"和政府以1:1的比例分摊，3～5倍部分以1:2的比例分摊，5倍以上赔付部分由政府全部承担。2011年浙江省建立了种植业巨灾风险准备金制度，使得原先的超赔机制扩容为4级，即赔款超过保费收入的1.3～2倍部分由巨灾风险准备金支出。2013年取消了超赔风险分担机制。

"共保体"模式下的补贴政策基本涵盖了农业保险财政补贴的四种方式，然而也存在几个突出问题。第一，经营管理费用补贴比例不足。在"共保体"之下首席承保人负责农业保险的日常经营业务，其他共保机构基本不参与日常经营管理，使得所有的经营管理费用由首席承保人负担，20%的经营管理费用很难缓解首席承保人农业保险日常经

---

①王慧敏，龙文军.浙江省"共保体"农业保险经营模式的探索和思考[J].中国保险，2013，(4)：46—49。

营的压力[①]。第二，超赔风险分担机制取消，而巨灾风险准备金制度尚未完善。原有的超赔风险分担机制能较好地减轻"共保体"的超赔风险，其弊端则是政府兜底风险过高，因而迫于财政压力于 2013 年取消，而早前建立的种植业巨灾风险准备金制度仅对赔款超过保费收入的 1.3～2 倍部分提供保障，使得巨灾面前的超赔风险出现一定程度的保障真空。在充分运用再保险化解分散风险并给予一定程度的再保险补贴，亟待由政府支持更全面的巨灾风险分散机制。

二、代办模式下农业保险财政补贴的实践

吉林农业保险模式属于保监会曾提出的五种模式中的代办模式，即由地方财政兜底的政策性农业保险公司商业化经营，各级财政给予保费补贴，依托政府组织、农村各类经济合作组织和其他社会力量共同推进农业保险发展的经营模式。

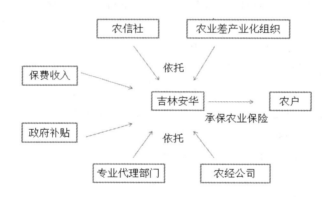

图 6.11　吉林安华农业保险代办模式示意图[②]

中央财政补贴险种有玉米、水稻、大豆、葵花、花生，其中中央

---

① 2006—2008 年，浙江省农业保险共保体经营管理费用达 4000 万元。张月飞.浙江省农业政策性保险及最优保费率厘定研究[J].金融发展研究，2011（5）：76—80.

②姜岩，褚保金.财政补贴下的农业保险制度研究[M].北京：中国农业出版社，2012：48.

财政补贴比例为 40%，省级财政补贴比例为 25%，县级财政补贴比例为 15%，农户自交比例为 20%。同时还有地方政策性补贴险种，种植业包括人参、温室大棚、辣椒、烟叶、林下山参、食用菌几大类，养殖业保险主要是能繁母猪养殖保险和育肥猪养殖保险。

三、自营模式下农业保险财政补贴的实践

安徽农业保险是典型的自营模式，《2015 年安徽省政策性农业保险实施办法》明确规定保险模式采用"保险公司自营"的模式，即由政府给予一定的保费补贴，经营农业保险的机构自负盈亏。

目前，安徽农业保险保费补贴的险种包括种养两业的水稻、玉米、棉花、大豆、小麦、油菜、能繁母猪、奶牛八种，种植业保险保费中央财政补贴 40%、省财政补贴 25%、市县财政补贴 15%、种植场（户）承担 20%（其中，皖北三市九县和金寨县，省财政补贴 30%、市县财政补贴 10%）。能繁母猪保险保费中央财政补贴 50%、省财政补贴 25%、市县财政补贴 5%、养殖场（户）承担 20%；奶牛保险保费中央财政补贴 50%、省财政补贴 20%、市县财政补贴 10%、养殖场（户）承担 20%。尽管补贴的比例不低，但保险金额按照"低保障、广覆盖"原则确定政策性农业保险保障水平较低，仅能覆盖直接物化成本。其中，种植业保险金额按照保险标的生长期内所发生的直接物化成本（包括种子、化肥、农药、灌溉、机耕和地膜成本）；养殖业保险金额为投保个体的生理价值（包括购买成本和饲养成本）。

安徽自营模式下的巨灾超赔风险主要由经办农业保险业务的机构承担。经办农业保险业务的机构按当年农业保险保费收入的 25% 提取并建立巨灾风险准备金制度。综合赔付率在 60% 以上时可以使用巨灾风险准备金的储备，仍不足以赔付的部分可以向省级财政申请巨灾调剂基金。

相对而言，自营模式之下经办农业保险的机构自负盈亏，承担主要的赔付责任，且政府给予的农业保险财政补贴也是较少的。

第三节　我国农业保险财政补贴概念的认识

　　农业保险是以保险公司市场化经营为依托，政府通过保费补贴等政策扶持，对种植业、养殖业因遭受自然灾害和意外事故造成的经济损失提供的直接物化成本保险。农业保险将财政手段与市场机制相对接，可以创新政府救灾方式，提高财政资金使用效益，分散农业风险，促进农民收入的可持续增长。为世贸组织所允许的支持农业发展的"绿箱铺"政策。在我国，农业保险目前被定位带有国家补贴性质的商业保险，财政部、保监会在官方文件中将需补贴的农业保险产品定位为带有财政补贴性质的农业保险产品。这种定义显然是会产生争议的，农业保险是属于政策性保险还是商业保险的问题在业界和学界都产生了较多的争议，在对农业保险财政补贴的认识问题上众多学者皆持有不同的看法。

　　政策性保险是政府为了某种政策上的目的，运用商业保险的原理并给予扶持政策而开办的保险，一般具有非营利性、政府提供补贴与免税以及立法保护等特征，其包括社会政策保险和经济政策保险两大类型。其中，社会政策保险即社会保险，它是国家为了稳定社会秩序，贯彻社会公平原则而开办的，具有一定的政治意义。经济政策保险是国家从宏观经济利益出发，对某些关系国计民生的行业实施保护政策而开办的保险，它包括出口信用保险、存款保险等。在本章前两节对于农业保险财政补贴的实践的研究中可以看出，农业保险的运作模式与政策性保险较为相似。以出口信用保险为例，它是承保出口商在经营出口业务的过程中因进口商的商业风险或进口国的政治风险而遭受的损失的一种信用保险，是国家为了推动本国的出口贸易，保障出口企业的收汇安全而制定的一项由国家财政提供保险准备金的非赢利性的政策性保险业务。出口信用保险承担的风险特别巨大，且难以使用统计方法测算损失概率，一般商业性保险公司不愿意经营这种保险，所以大多数是靠政府支持来经营的。从概念的层面和政府补贴的出现原因来看，农业保险和出口信用保险特点相近，都关乎国家经济稳定和社会和谐，同时在前期曾历经较长的亏损和低谷期，不得不依靠国家政策维持稳态。因此，一部分学者认为我国现有的农业保险财政补贴的方式已经完全可以将其划归为政策性保险。庹国柱教授在近几年的研究中多次将"政策性农业保险"的概念引入，他认为，连续十余年的中央"一号文件"均对政策性农业保险提供了指导，具有针对性和导向性，也为未来农业保险发展的路径提供了政策引导。从这一层面看，农业保险的经营优劣是受国家干预的，这种干预的结果使我国农业保险成为政策性保险提供了可能。

但同时，相对于其他的政策性保险，农业保险财政补贴的特殊性也是学者们争论的焦点。首先，在我国农业保险产品的开办不受限制，市场中所有有经营牌照的非寿险公司均可进入农业保险市场，这种市场准入规则使得农业保险市场竞争较为激烈。再加上近几年国家政策的偏向，越来越多的保险公司选择开办农业保险产品，从这个层面看，农业保险虽然受政策影响，但其市场化竞争程度是很高的。另外，农业保险并非非营利性险种，从近几年各公司的结果来看，均有不同程度的盈利，这也是保险监管部门扩大产品责任的原因之一。这与政策性农业保险的特质有出入。正是这些特殊性的存在使得农业保险并不能完全被划归到政策性保险里面。

从我国目前农业保险财政补贴的运作模式来看，这种补贴概念的定位有利有弊。其优势主要在于带有财政补贴性质的商业保险可以加大市场竞争程度，政策制定者可以通过市场的反馈修改财政补贴方式，进一步完善农业保险财政补贴制度。其劣势主要是商业性的准入方式对于补贴的发放存在一定难度，因为市场上的经营主体流动性较强，这会加大财政部门的管理成本和机会成本，也可能会降低农业保险财政补贴的效率。因此，农业保险财政补贴的边界还需在实践中进一步讨论，政策定位的准确与否也需在市场中进行进一步验证。

第七章

农业保险财政补贴及效率的
经济模型分析

本章主要是从理论的角度来阐述农业保险财政补贴的运行机理，并剖析其对于农业保险、农业生产的影响。首先构建一个包含农业保险各方主体的三阶段动态博弈模型，利用博弈论的方法寻找各自的最优策略。然后运用福利经济学的方法，剖析农业保险财政补贴对于农产品市场以及农业保险市场供求关系的影响。

第一节　包括农户、保险公司与政府的农业保险财政补

贴的三阶段动态博弈分析

本节设计了一个以农业保险财政补贴为基础的包括政府、保险公司、农户的三阶段博弈模型：关于政府提供农业保险财政补贴、保险公司提供农险产品、农户选择在农业生产中的努力程度的博弈模型问题。该模型分别设计政府、保险公司以及农户的目标函数，然后采用博弈论中常用的逆向归法进行求解。我们假设按照时间顺序，第一阶

段是政府部门确定对农业保险的补贴标准来最大化社会福利，社会福利包括农户效用水平、保险公司利润水平以及政府支付的补贴三部分内容。第二阶段保险公司收取农业保险保费，并对出险农户进行赔付。保险公司收取的保费由两部分构成，分别是政府补贴以及农户自缴，保险公司在第二阶段需要最大化自己的利润即保费减去赔付；最后，农户在不确定的农业生产条件下最大化自己的效用，效用是农户财富的函数，财富是农户卖出农产品的收益减去付出的努力以及自己承担的保费。因此，在农户追求效用最大化，保险公司追求利润最大化的假设下，最大化社会福利就转化为政府在农户实现效用最大化与保险公司实现利润最大化的背景下追求补贴金额最小化。我们假设根据外生的农业生产条件，可能出现两种情况，好收成是农产品价格高，坏收成是农产品价格低，并假设出现好坏收成的概率是外生的。基于此，我们可以建立逆向求解三阶段博弈模型。

一、第一阶段农户努力水平的决定

在第一阶段，农户根据其预期效用最大化来决定其在生产过程中投入的努力水平。农户的预期效用如下：

$$EU_f = \rho\left[(P_h - \theta m)(A + \beta e) - e^2 \big/ 2\right] + (1 - \rho)\left[(P_l - \theta m)(A + \beta e) - e^2 \big/ 2\right]$$

（7.1）

其中关于效用公式的界定参考了卢卡斯—菲尔普斯模型中的效用公式。$Q = A + \beta e$ 是该农产品的市场供给量（本书假设作为生活必需品的农产品需求量与供给量是相等的）。其中 A（$A > 0$）表示与其他因素无关的该类商品的基本供给量；β（$0 \leqslant \beta \leqslant 1$）为农户努力水平的产出效益系数；$e$ 表示农户在农产品生产过程中投入的努力水平，是农户的决策变量。由于购买农业保险的缘故，假定农业保险为保收入，此时与传统理论不同，农产品的市场供给量不再与价格呈现明显的负相关关系。ρ（$0 < \rho < 1$）为该农产品市场行情好的概率，与之相对应的价格水平为 P_h；$1 - \rho$ 则表示该农产品市场行情差的概率，与

之对应的价格水平为 P_l 。显然， $P_h > P_l > 0$ 。 m 为保险公司收取的单位保费，是保险公司的决策变量。 θ （$0 \leqslant \theta \leqslant 1$）为农业保险保费农户的自付比例，相应的 $1-\theta$ 表示政府部门补贴保费的比例，是政府的决策变量。 $-e^2\big/2$ 代表努力水平带来的负效用水平。

对于农户来说，其行为目标是选择最优努力水平实现效用的最大化。由式 7.1 得：

$$\max_e EU_f = \rho\left[\left(P_h - \theta m\right)\left(A + \beta e\right) - e^2\big/2\right] + (1-\rho)\left[\left(P_l - \theta m\right)\left(A + \beta e\right) - e^2\big/2\right]$$

（7.2）

根据一阶最优条件 $\dfrac{\mathrm{d}EU_f}{\mathrm{d}e} = 0$ ，计算出农户的最优努力水平为：

$$e^* = \beta\left[\rho P_h + (1-\rho)P_l - \theta m\right]$$

（7.3）

相应的二阶最优条件显然满足。

假定其他条件不变，在该阶段农户努力的影响因素及其效应分析如下：

（1） $\dfrac{\mathrm{d}e^*}{\mathrm{d}\beta} = \rho P_h + (1-\rho)P_l - \theta m = P_E - \theta m$ ，即努力水平对于其产出效益系数求导，结果等于农产品的期望价格与其自付单位保费的差值。显然，当农产品的期望价格大于农户自付的单位保费时， $\dfrac{\mathrm{d}e^*}{\mathrm{d}\beta} > 0$ ，努力水平是产出效益系数的单调增函数。此时，随着农户在生产过程中投入努力的产出效益的增加，农户将更积极地提高他的努力水平。

（2） $\dfrac{\mathrm{d}e^*}{\mathrm{d}\rho} = \beta\left(P_h - P_l\right) > 0$ ，即农户的最优努力水平是市场行情好时概率的单调增函数。当市场行情越好，农户会更加积极地投入生产。

（3） $\dfrac{\mathrm{d}e^*}{\mathrm{d}P_h} = \beta\rho > 0$ ， $\dfrac{\mathrm{d}e^*}{\mathrm{d}P_l} = \beta(1-\rho) > 0$ ，即农户的最优努力水平是农产品价格的单调增函数。无论市场的行情好坏，农产品的价格对

于农户投入生产的努力水平具有正向激励作用。

（4）$\dfrac{\mathrm{d}e^*}{\mathrm{d}\theta} = -\beta m < 0$，即农户的最优努力水平是农业保险保费农户自负比例的单调减函数，说明农业保险保费自付比例越高，农户生产的积极性就越低，"偷懒"的可能性就越高。与之相对应，农业保险保费政府补贴比例越高，农户投入农业生产的努力水平也会提高。因此，农业保险政府补贴政策对农业生产具有促进作用。

（5）$\dfrac{\mathrm{d}e^*}{\mathrm{d}m} = -\beta\theta < 0$，即农户最优努力水平是农业保险单位保费的单调减函数。农业保险单位保费的上涨对于农户生产的努力水平具有挤出作用。

此时，在农户投入实现效用最大化的最优努力水平下，农产品市场的需求量为

$$Q^* = A + \beta^2 \left[\rho P_h + (1-\rho) P_l - \theta m \right] \tag{7.4}$$

假定其他条件保持不变，在该阶段市场需求量的影响因素及效应分析如下：

（1）$\dfrac{\mathrm{d}Q^*}{\mathrm{d}A} = 1 > 0$，即农产品的最优需求量是市场基本需求量的单调增函数。

（2）$\dfrac{\mathrm{d}Q^*}{\mathrm{d}\beta} = 2\beta \left[\rho P_h + (1-\rho) P_l - \theta m \right]$，即农产品的期望价格高于该产品农户自付单位保费时，农产品的最优供给量是农户努力水平产出效益系数的单调增函数。农户在生产过程中投入越多，市场最优供给量越高。

（3）$\dfrac{\mathrm{d}Q^*}{\mathrm{d}\rho} = \beta^2 \left(P_h - P_l \right) > 0$，即农产品的最优供给量是市场行情好的概率的单调增函数。说明市场行情越好，农产品的供给量越大。

（4）$\dfrac{\mathrm{d}Q^*}{\mathrm{d}P_h} = \beta^2 \rho > 0$，$\dfrac{\mathrm{d}Q^*}{\mathrm{d}P_l} = \beta^2 (1-\rho) > 0$，即农产品的最优供给量

是农产品价格的单调增函数。市场行情好，农产品价格的上升都会带来市场供给量的上涨，该结论体现了模型中价格上涨对农户努力水平的正向激励作用，从而实现对市场供给量的直接正面影响。

（5）$\dfrac{dQ^*}{d\theta} = -\beta^2 m < 0$，即农产品的最优供给量是农业保险保费自付比例的减函数。换言之，政府对农业保险保费的补贴力度越大，农产品的市场供给量越高，对农业生产的促进作用越明显。

（6）$\dfrac{dQ^*}{dm} = -\beta^2 \theta < 0$，即农产品的最优供给量会随着保费的增加而减少，两者呈负向相关关系。

此时，在农户投入实现了效用最大化的最优努力水平的条件下，农户的预期利润水平为：

$$E\pi_f = A\left[\rho P_h + (1-\rho)P_l - \theta m\right] + \beta^2\left[\rho P_h + (1-\rho)P_l - \theta m\right]^2 \quad (7.5)$$

二、第二阶段保险公司保费的决定

在第二阶段，保险公司根据预期利润最大化决定单位保费。假定该农业保险的单位赔付额为 α，平均理赔率为 τ。当市场行情好时，保险公司实际理赔支付比例为 $\tau - ge$；当市场行情差时，保险公司的实际理赔支付比例为 $\tau + ge$。其中，g 为农户努力水平提高能够降低理赔支付比例的系数。假定 $g > 0$。

对于保险公司来说，选择最优的单位保费 m 使得自身利润最大化，表达式如下：

$$\max_{m} E(\pi_I) = \left\{m - \alpha\left[\tau + (1-2\rho)\cdot g\cdot e\right]\right\}(A + \beta e) \quad (7.6)$$

将第一阶段求解得出的农户最优努力水平 e^* 代入。由式（7.6）的一阶最优条件 $\dfrac{dE(\pi_I)}{dm} = 0$，可求得保险公司的最优单位保费。

$$m^* = \frac{A}{2\beta^2\theta} + \frac{\rho P_h + (1-\rho)P_l}{2\theta} + \frac{\alpha\tau}{2\left[1+(1-2\rho)\alpha g\beta\theta\right]} \qquad (7.7)$$

为使问题有意义，单位保费具有内部解，则需满足二阶最优条件，则相应参数应当满足

$$1+(1-2\rho)\alpha g\beta\theta > 0 \qquad\qquad (7.8)$$

即：

$$0 < \rho < \frac{1}{2} + \frac{1}{2\alpha\beta\theta g} \qquad\qquad (7.9)$$

同时，这里还隐含了一个假设条件 $\theta > 0$，即不存在政府全额补贴保费的情况。

若其他条件保持不变，在该阶段单位保费的影响因素及其效应分析如下：

（1）$\dfrac{\partial m^*}{\partial A} = \dfrac{1}{2\beta^2\theta} > 0$，即最优单位保费是农产品市场基本供给量的单调增函数，会随着农产品基本需求量的增加而上涨。

（2）$\dfrac{\partial m^*}{\partial \tau} = \dfrac{\alpha}{2\left[1+(1-2\rho)\alpha\beta\theta g\right]} > 0$，即最优单位保费是平均理赔率的单调增函数，会随着农业保险平均理赔率的上涨而增加。

（3）$\dfrac{\partial m^*}{\partial \alpha} = \dfrac{\tau}{2\left[1+(1-2\rho)\alpha\beta\theta g\right]} > 0$，即最优单位保费是平均理赔额的单调增函数，会随着农业保险平均理赔额的上涨而增加。

（4）$\dfrac{\partial m^*}{\partial P_h} = \dfrac{\rho}{2\theta} > 0$，$\dfrac{\partial m^*}{\partial P_l} = \dfrac{1-\rho}{2\theta} > 0$，说明最优单位保费是农产品价格的单调增函数，会随着农产品价格的上涨而增加。

（5）$\dfrac{\partial m^*}{\partial g} = -\dfrac{\alpha^2\beta\theta\tau(1-2\rho)}{2\left[1+(1-2\rho)\alpha\beta\theta g\right]^2}$，若 $0 < \rho < \dfrac{1}{2}$ 时，则有

$\dfrac{\partial m^*}{\partial g}<0$；若 $\dfrac{1}{2}<\rho<\dfrac{1}{2}+\dfrac{1}{2\alpha\beta\theta g}$ ，则有 $\dfrac{\partial m^*}{\partial g}>0$。说明当市场相对较差时，随着因农户努力而降低理赔保费支出系数比例的增加，最优单位保费会减少；而市场相对较好时，随着因农户努力而降低理赔保费支出系数比例的增加，最优单位保费反而会增加。后者的结论不同于一般性，主要是由于农产品的价格对于农户的努力水平和农产品的最优供给量（即潜在的保单总量）具有正面激励作用。而在市场相对较好时，农产品的价格会上升，从而其对单位保费的影响强于农户努力而降低理赔保费支出系数比例对于单位保费的影响。为确保公司利润，此时，单位保费反而会增加。

（6）$\dfrac{\partial m^*}{\partial \beta}=-\dfrac{A}{\theta\beta^3}-\dfrac{\alpha^2\tau\theta g(1-2\rho)}{2\left[1+(1-2\rho)\alpha\beta\theta g\right]^2}$，若 $\rho<\dfrac{1}{2}$，则 $\dfrac{\partial m^*}{\partial \beta}<0$，

而当 $\rho\to\dfrac{1}{2}+\dfrac{1}{2\alpha\beta\theta g}$ 时，$\dfrac{\partial m^*}{\partial \beta}>0$。这说明当市场行情不好时，单位保费为农户努力水平产出效益系数的单调减函数，即农户努力水平产出效益系数增加，单位保费会下降。但是，当随着市场行情的好转超出某个拐点时，随着农户努力水平的产出效益系数的增加，单位保费会上升。产生这样转变的原因主要在于市场行情好转后农产品价格上升产生的效应。

（7）$\dfrac{\partial m^*}{\partial \rho}=\dfrac{P_h-P_l}{2\theta}+\dfrac{\alpha^2\beta\theta\tau g}{\left[1+(1-2\rho)\alpha\beta\theta g\right]^2}>0$，即最优单位保费是

市场行情好的概率的单调增函数。说明随着市场行情趋好的概率增加，单位保费会增加。这也是由于在市场行情趋好的概率增加时，农产品价格上涨的概率也增加造成的单位保费上涨。

（8）$\dfrac{\partial m^*}{\partial \theta}=-\dfrac{A}{2\beta^2\theta^2}-\dfrac{\rho P_h+(1-\rho)P_l}{2\theta^2}-\dfrac{(1-2\rho)\alpha^2\tau g}{\left[1+(1-2\rho)\alpha\beta\theta g\right]^2}$，若

$\rho < \dfrac{1}{2}$，则 $\dfrac{\partial m^*}{\partial \theta} < 0$，而当 $\rho \to \dfrac{1}{2} + \dfrac{1}{2\alpha\beta\theta g}$ 时，$\dfrac{\partial m^*}{\partial \beta} > 0$。这说明当市场行情不好时，单位保费为农业保险保费农户自付比例的单调减函数，随着农户自付保费比例的增加，单位保费会下降。但是，当随着市场行情的好转超出某个拐点时，随着农户自付保费比例的增加，单位保费会上升。产生这样转变的原因主要在于市场行情好转后农产品价格上升产生的效应超出了农户自付比例对于单位保费变化的影响。

在保险公司选定最优单位保费水平 m^* 时，保险公司实现了利润最大化，其最优预期利润为

$$E\left(\pi_I\right) = \left(m^* - \alpha\tau\right) A + \left(m^* - \alpha\tau\right)\left(P_E - \theta m^*\right)\beta^2 + \left(1 - 2\rho\right)\left(P_E - \theta m^*\right)\alpha\beta gA$$
$$+ \left(1 - 2\rho\right)\left(P_E - \theta m^*\right)^2 \alpha\beta^3 g$$

（7.10）

其中，$P_E = \rho P_h + \left(1 - \rho\right)P_l$。

三、第三阶段政府补贴的决定

在第三阶段，政府要求实现社会福利的最大化，即

$$\max U = U_f + U_{(\pi_I)} - U_W \tag{7.11}$$

其中，U 为社会总福利，w 为政府农业保险保费补贴成本。我们假定保险公司追求的效用最大化等价于自身的利润最大化，政府补贴成本最小时对社会总福利的损害也最小。则政府根据社会福利最大化的目标选择保费最优补贴比例的问题转换为政府在实现农民效用最大化与保险公司利润最大化的背景下，选择最优的保费补贴比例实现补贴成本的最小化。即

$$\min_{\theta} w = \left(1 - \theta\right) m\left(A + \beta e\right) \tag{7.12}$$

式（12）等价于

$$\max_{\theta}(-w) = -(1-\theta) \, m(A + \beta e) \tag{7.13}$$

我们将求解的 m^* 与 e^* 代入式（13），由一阶最优条件 $\dfrac{\mathrm{d}(-w)}{\mathrm{d}\theta} = 0$ 有

$$m^*\left(A + \beta^2 P_E\right) + m^* \cdot \frac{\partial m^*}{\partial \theta}\left(A + \beta^2 P_E\right) - \frac{\partial m^*}{\partial \theta}\left(A + \beta^2 P_E\right) - 2\beta\theta m^{*2}$$

$$-2\beta\theta^2 m^* \cdot \frac{\partial m^*}{\partial \theta} + \beta m^{*2} + 2\beta\theta m^* \cdot \frac{\partial m^*}{\partial \theta} = 0$$

$$\tag{7.14}$$

式（14）中 m^*、$\dfrac{\partial m^*}{\partial \theta}$ 的具体表达式较为复杂，故难以得到最优政府补贴的明晰解析表达式。而通过对式（14）的分析，当 $\theta = 0$ 时，

$\dfrac{\mathrm{d}(-w)}{\mathrm{d}\theta} = m^*\left(A + \beta^2 P_E\right) - \dfrac{\partial m^*}{\partial \theta}\left(A + \beta^2 P_E\right) + \beta m^{*2} > 0$ 。而当 $\theta = 1$ 时，

$\dfrac{\mathrm{d}(-w)}{\mathrm{d}\theta} = m^*\left(A + \beta^2 P_E - 2\beta m^* + m^*\right)$。此时，若使政府补贴具有最优解，

需满足条件 $\beta > \dfrac{1}{2}$，此时 $m^* > \dfrac{A + \beta^2 P_E}{2\beta - 1} = \dfrac{A + \beta^2\left[\rho P_h + (1-\rho) P_l\right]}{2\beta - 1}$，会

有 $\dfrac{\mathrm{d}(-w)}{\mathrm{d}\theta} < 0$。该结论说明，由于农民的努力需要耗费一定成本，只有当努力的产出效益比较高时，且保险公司决定的单位保费需要高出一定数额时，政府部门提供给农户的农业保险保费补贴才是具有实际意义的，能够促使保险公司与农户有动力参与农业保险项目，并实现政府的社会福利最大化目标。

由于在上述分析中，我们假定了 $\theta \neq 0$，即排除了政府全额补贴保费这样一种特殊情况。下面，我们将对此进行单独的分析。

当 $\theta = 0$ 时，农户的期望效用函数为

$$E\bar{U} = \rho\left[P_h\left(A + \beta e\right) - \frac{e^2}{2}\right] + \left(1 - \rho\right)\left[P_l\left(A + \beta e\right) - \frac{e^2}{2}\right]$$

求解得

$$\bar{e}^* = \beta\left[\rho P_h + \left(1 - \rho\right)P_l\right]$$

对于保险公司来说，该阶段目标是选取最优保费水平实现利润最大化，其激励公式为

$$\max_{m} E\left(\bar{\pi}_I\right) = \left\{m - \alpha\left[\tau + \left(1 - 2\rho\right)\cdot g \cdot e\right]\right\}\left(A + \beta e\right)$$

将 $\bar{e}^*$ 代入，求解得到

$$\frac{\mathrm{d}E\left(\bar{\pi}_I\right)}{\mathrm{d}m} = A + \beta^2\left[\rho P_h + \left(1 - \rho\right)P_l\right] > 0$$

即保险公司的利润水平是农业保险保费的单调增函数，保费水平越高，保险公司的利润越大。因此，在这种情况下，政府对保费进行全额补贴，保险公司会一味追求提高农业保险保费水平，其没有受到任何利益约束，是不合适的。显然，得出这一结论的重要原因是在此模型中，我们并没有考虑保费水平对农业保险需求量与供给量的作用，而假定农业保险是强制性参保。

第二节　农业保险财政补贴及其效率的福利经济学分析

农业保险作为一种可以有效分散农业风险及损失的机制，是农业保障体系中的重要组成部分，是众多国家采用的重要的非价格农业保护工具。政府对于农业保险提供补贴的基本动因在于农业保险存在着市场失灵现象，农业保险市场难以完全实现市场化运行。理论研究表明，农业保险的市场失灵主要是由于农业生产的系统性风险、信息不对称带来的逆向选择与道德风险以及农户消费与保险公司供给农业保险的过程中的正外部性造成的。在我国开展政策性农业保险制度之前，我国农业保险由于缺乏政策层面的制度供给，长期处于"需求不足，供给有限"的失

灵状态，也从实践角度印证了开展农业保险财政补贴的必要性。

另一方面，由于政策性的农业保险需要大量的政府财政补贴，因此，农业保险的福利分析也是政策性补贴是否开展及如何开展的理论基础之一。在一般情况下，补贴政策往往被认为会人为扭曲市场价格，降低资源配置效率，从而导致社会福利的无谓损失。如果农业保险的政策性补贴同样带来了社会福利的净损失，那么该政策的正当性与效率问题也必然会遭受质疑与批评。此外，对于农业保险制度是否会提高参保农民的效用水平目前也存在争议。有学者认为农产品缺乏需求弹性，农户由于购买农业保险而造成的农产品产量增加可能会导致价格的下降，从而并不一定使其收入增加，甚至可能导致其福利降低。因此，对于农业保险财政补贴及其效率的福利经济学分析是必要的，具有实际意义。本节将在已有的理论研究基础上对此问题进行进一步探讨。

一、农产品市场农业保险的福利变化分析

Siamwalla 与 Waldes（1986）基于福利经济学的视角，利用引入农业保险与农业保险财政补贴后的农产品市场供求曲线图，描绘了农产品市场上社会福利的变化过程，并通过计算消费者剩余与生产者剩余，对政府补贴农业保险的效率进行了评价。

1. 没有补贴的农产品市场福利分析

Siamwalla 和 Valdes（1986）假定在没有农业保险的商品市场上，初始的供给曲线为 S_0。由于此时生产风险缺乏转嫁手段，因此，该供给曲线包含了农户的风险管理成本。如果农户采取多元化的生产策略，支付一定成本耕种生产风险较小的农作物，该部分成本也计入风险管理费用中。引入农业保险制度后，农户支付所有的保险费用。显然，该费用是小于农户原先支出的风险管理成本，否则其不会购买。生产成本的下降导致原先的供给曲线向右移动，产生新的供给曲线 S_1。为简化分析，我们假定 S_0 和 S_1 都是正常年份的供给，而非随机因素影响产量造成的 S_0 向 S_1 的移动。当农产品的需求非完全价格弹性时，供给曲线的下移导致价格由 P_0 下降到 P_1，消费者净福利增加 P_0P_1AC。

农户原采生产 Q_0 数量的产品成本下降了 AB，生产费用的节约诱发农户在没有补贴的情况下购买农业保险。而当农户普遍购买农业保险时，如前所述，会带来农产品价格的下降，生产者所得净福利为 OAQ_0 减去 OCQ_1，可能为正，也可能为负。对于整个社会来说，净福利增加 OAC，其大小取决于农产品供求曲线的形状及 S_0 向 S_1 移动的幅度，即产品的供求弹性及农业保险的普及程度。由于所支付的保费作为风险管理费用已包含在曲线 S_1 中，因此面积 OAC 所显示的净福利就是引入无补贴农业保险的社会价值。

2. 政府补贴下的农产品市场福利分析

在政府对农业保险进行政策性补贴后，农户进行生产风险管理的费用下降，供给曲线进一步下移到 S_2，均衡产量从 Q_1 增加到 Q_2，价格由 P_1 下降到 P_2。此时消费者与生产者剩余变化可用面积 OCD 表示，其总是小于补贴成本 P_3EDP_2。虽然可以对补贴成本进行调整，但是无论提供的补贴额度多少，都会存在一个社会福利的净损失。

Siamwalla 与 Valdes（1986）的主要观点是农业保险的收益体现为制度创新，必须与引入这项创新的成本进行衡量。保险公司应当通过向农户出售保单收回成本，而不该对非公共产品的农业保险进行平均主义式的补贴。由于农业保险的系统性风险与存在严重的信息不对称，而应该对农业保险的研究活动进行补贴。

Misha（1996）则反对 Simawalla 与 Valdes 的观点，认为他们的分析存在诸多缺陷。首先，农业保险费必须低于农户原先的风险管理费用的前提不一定成立。信息不对称带来的逆向选择与道德风险，居高不下的管理费用将导致较高的经营成本，农业保险保费很可能高于农民的风险管理费用。在这种情况下，如果没有政府对保费进行补贴，农户将拒绝购买保险，供给曲线不会实现从 S_0 到 S_1 的移动。第二，Siamawalla 与 Valdes 假设需求曲线不会移动，供给曲线的下移会导致被保险商品的价格降低，而实际上农业保险会使得农业部门与非农业部门的收入与就业增加，促使需求曲线上移，价格下降不会如图 7.1 和图 7.2 中所示那么大。第三，Siamwalla 与 Valdes 认为如果需求是完全弹性的，农户将会得到保险的全部收益，向农户提供补贴是不合适的。而 Misha 认为由于农业部门与非农业部门之间联系紧密，即使在这种情况下，农户也不可能获得全部福利，非农业部门也会获得福利收益，因此，对农户进行补贴是必要的。

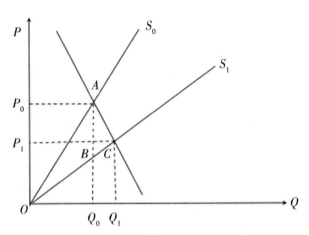

图 7.1　农产品市场福利分析——无农业保险财政补贴

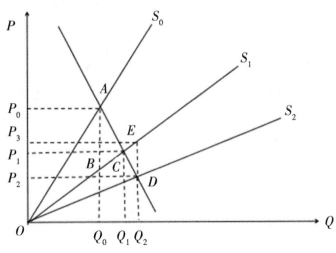

图 7.2　农产品市场福利分析——有农业保险财政补贴

二、引入效用最大化方法的农产品市场农业保险财政补贴的福利变化分析

国内目前对于农业保险的福利分析大多都是源自于 Siamwalla 与 Valdes 以及 Misha 的分析。张跃华，施红（2007）指出在这些国内传统的农业保险福利分析中，并未对农业保险是否真的会引起农作物产量的变化以至于产品供给曲线向右移动做出分析。张跃华,施红（2007）认为在高补贴和高保障的情况下，农业保险有可能影响农作物曲线移动，但移动幅度有限。而在国内目前普遍推行的农业保险基本都是以成本保险为基础的低保障类型，目的在于迅速恢复实现灾后自救与生产能力，对农民生产动机的影响及产量的提高并不明显。此外，即使农业保险会影响农产品的产量,但是对于价格的影响会受到其他诸如价格保护政策、农产品替代性等因素的影响，因而并不强烈。在其分析中，两人还指出这种使用消费者剩余方法的福利分析，存在一个重要缺陷，即忽略了农户的风险态度，难以解释农业保险对农作物产量影响较小时的福利增加情况。为此，基于 Siamwalla 与 Valdes 的分析思想，张跃华与施红（2007）引入效用最大化的方法对农业保险影响与不影响农产品供给曲线右移的两种情况进行了分析，完善了原有理论体系。

1. 农产品供给曲线不右移条件下的福利分析

张跃华与施红（2007）在此种情况下假定农户都是风险规避的，通过分散风险可以得到效用水平的提高，并假定农户购买农业保险不会对其生产方式等造成影响,且只有农业保险这一种分散风险的方式。因此，农户可以采用农业保险这种方式以提高自身的效用水平。该模型采用的是宏观经济学中确定性等值与风险升水的理论框架。

确定性等值 CE 是一个完全确定的收入值，这一收入水平对应的效用水平等同于不确定性条件下期望的效用水平。风险升水是两个不确定的收入 w_1 与 w_2 转化为一个完全确定的收入 $E(g)$ 时，消费者由于规避风险而付出的成本。当这个完全确定的收入 $E(g)$ 减去风险升水 P 后，所产生的效用水平仍等于不确定性条件下期望的效用水平。需

要注意的是，确定性收入 $E(g)$ 并不是不确定的收入 w_1 与 w_2 的均值或期望值。

农业保险对于农户收入水平的抚平作用也可以通过该模型得到解释。假定农户的可能性收入分别为 w_1 与 w_2，其各自对应的概率分别为 p_1

与 p_2，此时农户的期望效用水平为 $u(p_1w_1+p_2w_2)$，确定性等值于 CE。

在购买农业保险后，农户将会得到一个较为稳定的收入

w $(w_1 \leqslant w \leqslant w_2)$，在图 7.3 中，该确定性收入即为 $E(g)$。那么，在

农业保险费小于等于风险升水 P 时，农民的效用水平一定高于原来不确定性收入的确定性等值 CE。在这种情况下，农户购买农业保险可以提高效用水平。然而基于农业风险的复杂性以及信息不对称造成的保险费率增加，农民的效用水平会不断减低，逐渐接近于确定性等值的效用水平。最终，当保险费高于风险升水 P 时，农民将不会再购买农业保险以期分散风险，除非国家给予农业保险保费一定的补贴。此时，问题将会转化为政策性补贴的代价与农民福利水平提高的幅度这一国家转移支付效率问题。

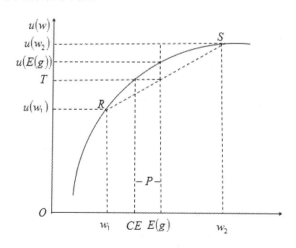

图 7.3　确定性等值与风险升水

采用公式表示，购买农业保险后期望效用的增加与否，是农户决定是否购买保险的决策依据（博尔奇，1999），即：

$$u\left(W - \bar{P}\right) \geqslant \int_0^\infty u(W - x) f(x) \mathrm{d}x$$

其中，$u(x)$ 为货币额 x 的效用函数，W 为初始财富，$\bar{P}$ 为农业保险费，$f(x)$ 为风险的密度函数。假定农户为完全理性的，那么当购买农业保险后效用反而下降时，他们会选择拒绝购买保险，自己承担生产风险。

农户购买保险所增加的社会福利，是对社会上所有农户购买保险所获得的福利水平增加额的加总，用公式表示为：

$$\Delta_1 = \sum_{i=1}^n \lambda_i \left\{ \left[u_i\left(W_i - \bar{P}_i\right) - \int_0^\infty u_i\left(W_i - x\right) f_i(x) \mathrm{d}x \right] \right\}$$

其中，i 表示第 i 位农民的情况，λ_i 是一些常数。

2. 考虑农户风险偏好后供给曲线右移条件下的福利衡量

在考虑到农户风险偏好情况下，张跃华与施红（2007）对于供给曲线右移后的农业保险补贴的福利衡量分析如下：首先，在没有保费政策性补贴的情况下，农户自愿购买保险后，农产品供给曲线由 S_0 向 S_1 移动（如图7.1）。在这种情况下，农户购买保险规避风险而获得的效用增加，与其购买保险后对产量与价格造成的影响所产生的效用变化进行对比，是农户决定购买农业保险与否的理论基础。即：

$$u\left(W - \bar{P} - \xi\right) \geqslant \int_0^\infty u(W - x) f(x) \mathrm{d}x$$

其中，ξ 为由于农户购买农业保险后产量增加引发价格降低从而造成的损失。

其次，当政府决定对农业保险提供保费补贴后，农产品供给曲线从 S_1 向 S_2 移动。在这种情况下，农户如果不参加农业保险，将一定会遭受比参加农业保险更大的损失。如前文 Saimwalla 与 Valdes 的分析中指出，此时社会福利损失为图 7.2 中的 $P_3EDP_2 - \Delta OCD$。令 $\Delta_2 = P_3EDP_2 - \Delta OCD$。该社会福利损失没有考虑到由于农户规避的风

险态度，购买农业保险所引致的效用增加，即

$$\Delta_3 = \sum_{i=1}^{n} \lambda_i \left\{ \left[u_i (W_i - P_i - \xi_i) - \int_0^\infty u_i (W_i - x) f_i(x) \mathrm{d}x \right] \right\}$$

将农户购买保险效用增加的总额 Δ_3 与图 7.2 分析中的社会福利损失 Δ_2 相比较，令 $\Delta = \Delta_3 - \Delta_2$。显然，当 $\Delta \geq 0$ 时，实际并没有发生社会福利丧失；而当 $\Delta < 0$，则发生了社会福利损失。即当存在农业保险政策性补贴后，随着 S_1 向 S_2 的移动，再考虑到农业保险对风险规避性农户的福利效应后，是否会出现社会福利耗散是不确定的情况。

三、农业保险市场的补贴福利变化分析

政策性农业保险财政补贴政策不仅会对获得补贴的农产品市场产生影响，还会对农业保险市场本身的供求带来影响。因此，对于该补贴政策的福利经济学分析也应涉及这两个市场。事实上，政府对于农业保险给予补贴是对农业保险市场的直接介入。

保险是按照大数法则这一基本原理设计的风险分散商品。与其他保险业务类似，农业保险的供给要求满足特定的最低参保率。投保地区只有达到保险公司规定的参保率时，保险公司才有可能在该区域内提供农业保险商品。否则，即使该地区内存在农业保险需求，保险公司也会因为经营成本过高、收益过低而拒绝提供该商品。由此，我们可以推定，在达到规定参保率之前的某地区的农业保险需求只能是无法实现的潜在需求，其无法实现的消费者剩余实质上是一种社会福利损失。而农业保险财政补贴对于参保率的提高具有促进作用，从而克服供给限制，实现潜在福利，因此有可能实现社会福利的净增加。即使补贴的结果最终导致福利的净损失，该净损失额度也将远远小于不存在潜在福利的情况。潜在福利这一观点是由孙香玉、钟甫宁（2008）首先提出的。

　　与孙香玉、钟甫宁（2006）所建立的分析模型不同的一点是，对于农业保险的供给，我们设置的农业保险供给曲线不是完全水平，而是微微向右上方倾斜的。孙香玉、钟甫宁（2006）假定在满足最低投保率要求以后，农业保险的生产（供给）处于一个很宽的规模报酬不变阶段，因此其供给曲线呈水平状态，高度取决于最低平均成本。此外，他们还提出在现实生活中保险公司按照固定标准收取农业保险费，在满足地区最低投保率的前提下，单位保费的高低与农户的投保面积无关，也与实际投保用户的数量无关。因此，农业保险的供给曲线也应当是一条固定价格的水平直线。然而，我们认为目前我国农业保险仍处于规模经济阶段，随着保险业务规模的不断发展，单位总成本是呈下降趋势的。因此，农业保险供给曲线是微微向右上方倾斜的。完全水平的农业保险供给曲线会低估社会福利的增加额。至于现实生活中的农业保险固定保费可以理解为政策性行为的原因，在某一固定时点与固定的农业保险投保率下，保费是固定的。

　　根据以上假设，我们按照常规的福利经济学框架来分析在供给不受限制和受到限制两种情况下农业保险财政补贴政策的可能结果。

　　1. 供给不受限制的农业保险市场补贴福利变动

　　在农业保险的供给不存在地区最低投保率限制，或当地的实际投保率高于最低投保率的情况下，如图 7.4 所示，农业保险需求曲线 D 与供给曲线 S_1 相交于 C 点，农业保险价格为 P_1，社会总福利为 ΔMAC。假定政府为农户提供单位补贴（$P_1 - P_2$），则农户所面临的供给曲线从实际的 S_1 右移到 S_2。此时，参保量从 Q_1 提高到 Q_2，政府为此付出的成本总额为 $FEDP_2$，而消费者剩余与生产者剩余总和为 ΔMDB，比补贴前增加了四边形 $ACDB$ 的面积。补贴政策带来的社会福利净损失为 $FEDP_2$ 与 $ACDB$ 的差值。

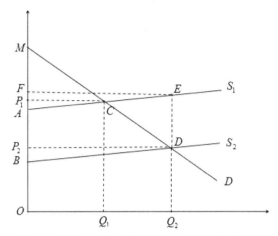

图7.4　供给不受限制的农业保险市场补贴福利变动

2. 供给受限制的农业保险市场补贴福利变动

在假定农业保险要求最低投保率，且该地区农户的投保需求无法满足最低投保率标准的情况下，供给曲线远离纵轴且与需求曲线无法相交。农业保险市场的成交量为零，实现的社会福利同样为零。如果政府对农业保险实行政策性补贴，农户面临的农业保险供给曲线下降，并与需求曲线相交，将实现的消费者剩余与生产者剩余的总额和政府补贴成本相比较，从而判断社会福利的增加或损失状况。此时，即使有社会福利的净损失，也将小于没有潜在福利的情况。

如图7.5所示，假定农业保险需求曲线为D，供给曲线为S_0，最低投保率要求农业保险实现的最低成交量为Q_1。显然，在不存在补贴的情况下，原先的需求无法达到最低投保率要求，此时市场的供给与需求曲线无法相交，存在的市场需求为潜在需求。政府提供单位保费补贴AP_1后，农民实际缴纳的价格降低到P_1，这等同农业保险的供给曲线由S_0下移到S_1，并与需求曲线D相交于C点。此时，消费者剩余为

$\triangle MP_1C$，政府补贴成本为$\overline{PBCP_1}$，社会福利总额为两者之差，即为图中$\triangle M\overline{P}D - \triangle DBC$的面积。其中，$\triangle M\overline{P}D$反映了即使不存在补贴的情况下，也愿意以价格$\overline{P}$购买农业保险的农户的消费者剩余之和。在不

203

存在补贴的情况下，这部分消费者剩余之和却无法实现，这实际上是社会福利的潜在损失。政策性农业保险财政补贴实现了这部分潜在福利。

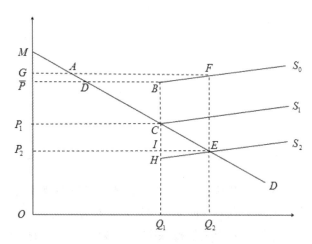

图 7.5　供给受限制的农业保险市场补贴福利变动

我们在此模型中，对达到了最低投保率要求后的投保率进一步提高，所产生的社会福利变化进行了进一步分析。假定，政府对农业保险单位补贴的额度进一步增加，投保总数量达到 Q_2，农户所面临的农业保险价格实际降低到 P_2，其所面临的供给曲线下移到 S_2。此时，消费者剩余为 $\triangle MP_2E$，生产者剩余为 $\triangle IHE$，社会福利总成本 $GFEP_2$，补贴带来的社会福利变动为 $\triangle MAG + \triangle IHE - \triangle AFE$。从中，我们可以看到在补贴达到了最低投保率之后进一步增加，将会带来社会福利的净损失。

四、引入外部性因素后农业保险市场的补贴福利变化分析

在本节开始，指出了政府对于农业保险给予补贴的缘由。然而，农业是国民经济的根基，同时也是抗风险能力较差的弱质产业。农业保险保障农业再生产顺利进行的这样一个根本的正外部效应是对其进行补贴的最根本缘由。因此，在模型中加入了外部性因素以进一步充实。

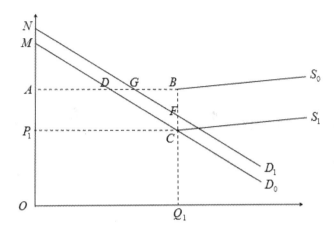

图 7.6　引入外部性因素的供给受限制的农业保险市场补贴福利分析

如图 7.6 所示，农业保险市场的需求曲线 D_0 就是边际私人收益曲线。由于农业保险的正外部性，所以存在一条边际社会收益曲线 D_1。此时补贴成本仍为 $ABCP_1$，但是考虑到外部性的情况下，补贴后社会福利增加多出了面积 $NFMC$，补贴对于社会净福利的变动为 $\Delta MGA - \Delta GBF$。显然，对补贴后市场福利变化的考量如果忽略了农业保险的正外部性，补贴的正面效用会被低估。

第八章

中国农业保险财政补贴效率及其效用的实证分析

本章是对我国 2007 年开始实施的农业保险保费补贴政策效果的实证检验，为下文农业保险财政补贴政策的调整提供实证支撑。首先探究的是农业保险保费补贴对于农业保险市场的影响。以省际面板为分析对象，运用超效率方法计算各省的相对效率值，并在此基础上分析影响效率值的主要因素；然后是探究农业保险保费补贴对于农业生产、农民生活的影响，运用个体固定效应模型和 Tobit 模型进行计量分析，保证结论的稳定性。

第一节　中国农业保险保费补贴效率及其影响因素分析

2007 年农业保险财政补贴政策开展以来，我国农业保险进入了快速发展阶段：保费规模不断提升，2014 年达到 325.7 亿元；形成了综合型财险公司、专业性农业保险公司为主的多元化市场格局，各省形成了适度竞争的局面；产品不断创新，出现了价格保险、指数保险等新型农业保险产品。而且随着土地制度改革、农业保险条例、"国十条"、中央 1 号文件及保监会相关规范文件的陆续出台，农业保险发展迎来新的发展机遇，但也面临着巨大挑战：政策性保险定位一直没有确立；保障程度偏低，无法真正带动农民有效需求；产品保障范围和创新力度无法满足新型经营主体多样化保险要求等，这些问题的解决均需要补贴的介入和调整，需要提高补贴的效用，真正发挥农业保险财政补贴在稳定农业生产、提高农民收入、鼓励保险机构经营和创新方面的作用。

但由于补贴形式单一、补贴结构僵化、补贴联动、套用国家财政资金以及跑冒滴漏现象导致补贴效率受到极大影响。但是这些效率分析偏定性，而且主要运用福利经济学、博弈论、激励理论等进行模型分析，说服力不够。本节拟以各省级单位为决策单元（DMU），运用超效率 DEA（数据包络分析方法）分析我国农业保险补贴的效率值，突出在产出变量选择中的独特性和创新性，并在此基础上进行计量分析，探究影响我国农业保险运营效率的因素，为下一步农业保险补贴政策的取向、农业保险定位、经营模式等重大问题的解决提供实证支撑。

一、国内外农业保险财政补贴研究文献

（一）从经济理论角度分析农业保险补贴效果

一是利用福利经济学及效用最大化理论，试图找出农业保险补贴前后农业保险市场与农作物市场上消费者剩余、生产者剩余及社会福利的变化，以期得到是否需要进行农业保险补贴、补贴的合宜规模是多少等问题的答案。大部分学者认为，补贴能在很大程度上缓解农业保险供需"双冷"的局面，使农业保险可以在市场上达成交易，因此能增加消费者与生产者剩余，尤其当农业保险对社会的正外部性被考虑在内时，补贴带来的社会福利增加就更为显著了。

二是运用博弈论、信息不对称模型分析农业保险补贴效率。其中赵书新、王稳（2012）运用斯塔克博格 Stackelberg 和克雷普斯 Kreps 博弈模型进行分析，指出由于政府并不知道保险公司或投保农户的真实成本，因而公司和农户可能会通过隐瞒真实的承保和参保能力获取更高的补贴。与此同时，即使公司和农户暴露了自己的真实成本，政府也可能对此并不相信，这会造成更大的效率损失。王根芳（2013）通过建立农业保险主体间纵向博弈模型和横向博弈模型的方式，得出纵向博弈易产生"偷懒行为"，横向博弈产生"道德风险"，控制不当，影响农业保险的补贴效率。

（二）微观数据入手，运用相应计量工具分析农业保险补贴效果

近年来，国内多位学者从微观农户入手，以对特定地区的调查问卷作为数据基础，采用计量方法实证分析保费补贴、农民收入、耕地面积以及其他因素对农民支付农业保险意愿的影响。大部分学者得出的结论为，保费补贴显著地提高了农民购买农业保险的意愿，而其他变量诸如农民年收入、自然灾害程度等也在一定程度上影响了购买意愿。施红（2008）采用了 logit 模型对影响农户农业保险参保决策的因素展开分析。再如孙香玉、钟甫宁（2009）采用了开放二元选择模式向农民询问支付意愿，将每位农民对特定品种、特定保额保险条款的支付意愿量化为愿意支付的最高保费，基于此，他们采用 Tobit 模型予以分析。侯玲玲等（2010）将保费补贴转化为农民对农业保险补贴比例的期望，他们也采用 logit 模型，得出的结论为：农民对补贴期望越高，当下购买保险的意愿越低，并计算出补贴对购买保险意愿的弹性值。王志刚等（2013）将农民的农业保险购买意愿细化为农民是否购买作物保险这一定性变量和农户愿意为保费承担的支出这一定量变量。他采用 Heckman 二阶段模型，得出保费补贴增加会提高农民的购买意愿，但同时会在一定程度上减少农民的保费支出。

（三）通过构建多指标体系测算农业保险补贴的效率

构建出衡量农业保险保费补贴效率的指标评价体系，运用多种方法测算我国不同地区、不同时期的补贴效率。以运用 DEA 方法进行农业保险补贴效率评估为主，差别在于投入、产出变量的选择，投入变量基本以农业保险财政补贴额为主，产出变量除了农业保险市场的变量以外，许多学者还将农民收入、农业生产等指标纳入进来（张旭光、赵元凤，2014；赵君彦、焦晓松，2015）。还有就是 DEA 具体方法的选择，例如传统 DEA、三阶段 DEA 等，变量和方法不同，得出不同的结论（钱振伟、张燕、高冬雪，2014；郑军、朱甜甜，2014；黄颖，2015）。

当前农业保险处于的发展阶段和面临的发展情况对于研究提出了新的要求，对于定性研究要求降低，需要更多实际数据支撑的补贴效率研究，以决定补贴政策的取向以及农业保险的调整方向。但当前定量研究普遍存在数据获得困难、投入产出指标选择标准缺失、影响因素选择宽泛等问题，基于此，本节在数据搜集、样本选择、产出指标变量及影响因素变量选择方面进行了改进，并通过面板效率和面板回归的方法提高数据结果的稳定性。

二、模型构建和变量选择

（一）模型构建与方法选择

1. 超效率模型构建

PEA 自 1988 年由魏权龄引入中国，由于其为非参数估计方法，而且可以处理多投入、多产出的效率评估问题，被广泛应用到各个领域和行业，本节选取 DEA 中超效率分析方法的原因是一般的 DEA 分析方法无法对处于有效前沿面的多家公司的效率进行区分，像 CCR 和 BCC 模式，在效率前沿面上公司效率计算结果显示均为 1，这在只是分析各公司的效率和大概的效率排名分析时是可以做的，但是本节中是要使用得出的效率值做进一步的计量分析，以期发现变量之间的相关性，这就要求必须要对在有效前沿面上的公司效率做进一步的分析。

2. 在超效率技术模型选择中采取处理的

规模收益递增，选择原因是当前我国农业保险处于规模收益递增的阶段[①]，考虑到农业保险补贴对于农业保险发展的重要性及二者的紧密关联性，农业保险补贴当前也处于规模收益递增阶段，在未来农

[①] 判断农业保险处于规模收益递增的原因：一是农业保险属于自然垄断行业，实现最低平均成本需要较大的规模，而且具有外部性特征；二是当前农险的经营规模在各省都较小，各类投入要素还没有完全到位以及充分发挥作用，平均成本还处于下降阶段。

业保险补贴达到一定规模后，进入规模报酬不变阶段，然后进入规模报酬递减阶段。

投入导向型，本节分析的目的主要是对未来农业保险补贴政策、规模、结构等提出相应的建议，希望得到更多的投入变量的信息。

同时考虑到不同层级政府补贴在农业保险补贴实际运行过程中发挥作用不同，设置相应的权重安排，通过对主要农业保险经营机构的走访和调研，发现地方政府的作用更大，一是补贴联动的制度，地方政府财政收入低、压力大、降低保费补贴，省级及中央财政补贴就无法获得。二是地方政府通过多种方式对本地区农业保险补贴、费率、经营主体及各主体经营范围进行确定，干预程度很高。为了凸显省级和地市级财政的重要性，效率分析时设置 $P_1 < P_2 < P_3$，其中 P_1 是中央财政补贴额的权重，P_2 是省级财政补贴额的权重，P_3 是地市级财政补贴额的权重。

（二）变量选择

在上文农业保险补贴效用文献综述中已经得出，运用 DEA 方法分析农业保险补贴效率，关键在于投入产出变量的选择，不同的判断标准决定了投入产出变量的选择，投入变量基于数据的可获得性，变化不大，基本上以补贴额为主；产出变量选择变化较大，分歧的焦点在于是否将更宽泛的农业生产、农民福利等指标纳入进来。本节选择不纳入此类指标：原因是农业保险补贴对农业生产、农民福利的影响是通过农业保险来实现，而且此类指标受影响因素太多，农业保险在其中发挥的作用目前判断应该是有限的，需要未来农业保险规模的增大以及结构的调整，才能建立起这种直接的投入产出分析。

本节采用反推的思路选取产出变量。一般逻辑为，首先证明农业保险补贴的必要性，然后分析补贴的效率。本节认为补贴效率高低的判断标准是是否解决了必要性中强调的农业保险出现的问题，包括：供给不足、需求不足、外部性、逆向选择。从这几个方面出发并结合数据的可获得性确定产出变量。

1.投入变量的选择

我国农业保险补贴采取的是财政补贴联动的方式，财政部、各级地方政府财政部门、农户共同负担农业保险保费，只有在各级地方政府财政部门和农户分别承担一定比例保费的前提下，财政部才给予相应的保费补贴，而且中央财政的补贴是上不封顶的，再有各省市或地区自主扩大险种范围或者提高保障程度，需要各级财政自己提供相应的资金支持，所以大多数的压力都集中在了地方政府。虽然 2014 年出台的"新国十条"提出了"减少或者取消产粮大县三大粮食作物保险县级财政保费补贴"的举措，而且可以预计随着政策的实施和深化，会在一定程度上降低产粮大县的财政压力，但是相对于全国范围内农业保险的实施而言，各级地方政府财政支持对于农业保险补贴的影响依然较大。再考虑到本节的数据样本，截止到 2013 年，该政策的影响还没有反映到本节的数据中，即地方各级政府财政保费补贴支出是十分重要的投入变量。综合以上分析，本节选取中央财政补贴额度、省级财政补贴额度、地市县财政补贴额度[①]作为投入变量指标。

2. 产出变量的选择

（1）需求推动代表变量：保费收入、农业保险的保险密度、农业保险的保险深度[②]、投保农户占比。

（2）供给推动代表变量：补贴占赔付的比例、保险金额。

补贴占赔付的比例反映农业保险财政补贴对于农业保险赔付成本的覆盖，说明更为合理的变量选择应该是补贴对于综合成本的覆盖，但是由于没有获得各省市农业保险费用指标，所以做此处理；保险金额，在一定程度上反映农业保险的保障程度。未来随着险种分类统计数据的获得，要进行更为细化的险种保障程度指标设计。

---

①本书认为农业保险补贴的投入变量不仅仅是政府的财政支出，还应包括：政府人力资本的投入、相关管理机构的费用、保险机构农业保险的人力、财力投入。但是由于数据的不可获得性，没有将该类指标纳入到投入变量中。

②为了反映真实的农业保险情况，采用农业保险的保险深度=农业保费收入/农业生产总值。

表 8.1 投入产出变量表

投入变量	产出变量	
中央财政补贴额度	需求推动代表变量	农业保险保费收入
		农业保险保险密度
省级财政补贴额度		农业保险保险深度
		投保农户占比
地市县财政补贴额度	供给推动代表变量	补贴额占赔付的比例
		保险金额

3. 影响因素变量选择

（1）各省经济状况变量：农业产值占比（X_1）、地方政府财政收入（X_2）

农业产值占比越高，表明农业在该省经济发展中的重要性越高，该省对于农业保险的重视程度自然越高，政府补贴成本投入动机和补贴参与动机就会凸显；另一方面，政府的介入在一定程度上表现为市场干预，市场干预对农业保险补贴效率好坏的判断目前还不能确定。基于以上两方面的判断，该变量与农业保险补贴运行效率的关系不能确定，取决于哪一方面的影响强度更大；基于当前的补贴联动方式，地方政府财政收入水平特别是县级政府的财政收入能力至关重要，一方面，财政收入水平高，可承担的农业保险补贴能力就提升；另一方面，财政收入水平高的地区，大多农业产值较低，对于农业的重视和农险的需求有限。所以该变量与农业保险补贴运行的关系也是不能确定的。

（2）自然灾害状况变量：农作物受灾面积（X_3）、自然灾害受灾人口（X_4）、自然灾害直接经济损失（X_5）

农作物受灾面积和自然灾害受灾人口可以在一定程度上代表该地区农民的自然灾害感受和防灾意识，自然灾害直接经济损失反映了自然灾害对收入的影响，在一定程度上可以代表地方政府对于农业保险的重视程度[1]。从这个角度分析，由于农民风险意识增强和地方政府重视程度的提升，购买农业保险意愿增强，保费收入、保险金额、密度、深度等指标应该更大，反映到效率分析中就是效率更高、更有效，所以本节判断该类变量与农业保险补贴效率成正比。

（3）农业保险市场竞争程度变量：HHI指数（X_6）

赫芬达尔—赫希曼指数是反映市场集中度的综合指标，它是某特定产业市场上所有企业的市场份额的平方和，用公式表示为：

$$HHI = \sum_{i=1}^{n} (X_i / X)^2$$

。与产业集中度指标 CR_4 对比，二者反映保险市场结构调整的不同侧面，HHI指数包含了所有企业规模的信息，它给规模大的公司更大的权重，可以反映市场主体数量的变化，还可以反映市场份额差距程度的变化，HHI指数越大，集中度越高。基于对于农业保险自然垄断属性、规模经济以及正外部性的判断，本节认为现阶段农业保险处于一个相对较高的市场集中度有利于农业保险经营，也会使农业保险保费补贴的效果发挥得更好，所以判断HHI指数和农业保险保费补贴效率为正比关系。

（4）农民自身因素变量：农业收入占总收入的比例（X_7）、平均教育程度（X_8）

按照当前的统计口径，没有单独的农村居民家庭农业收入数据统计，于是考虑用农村居民家庭经营收入代替，即农业收入占比=农村居民家庭经营收入/总收入[2]，该比例越高，表明农业生产在家庭经营中的重要性越高，家庭资源投入力度会增大，农业风险对于家庭的影响较大，也更加重视农业保险的购买和使用，这有利于农业保险的开展和效率的提升。判断结果：与农业保险补贴效率成正比关系；以农村居民家庭的受教育程度为变量，本节具体指标以高中及其以上为代

---

① 该判断的逻辑基础：一是保险业的共识"无风险，无保险"，即风险的存在产生了风险规避或者处理的需求，进而产生了保险需求；二是当前我国保险业经营实践基本表明经历过风险的人或其他主体，该类风险的保险需求会更加强烈。

② 由于2013年采用了新的统计口径，再考虑到上一年的农业收入占比对于下一年的农业保险开展起决定作用，所以本书采用滞后1期的方法处理该变量。

表变量。随着教育程度的提升，保险意识和认知程度提升，增强保险购买意识和自身维权意识，均有利于农业保险补贴效率的提升，所以也判定其与农业保险补贴效率为正比关系。

三、实证检验

（一）效率结果及分析
1. 整体效率得分分析

首先需要说明的是，表 8.2 的效率得分结果不是单独每年做的效率得分，而是面板的技术效率分析，也就是说所有的决策单元均放到一个生产前沿面中，反映了整体上 2010—2013 年间我国农业保险整体的发展状况，使得各年各省份的农业保险补贴技术效率得分具有了可比性，可以分别进行对比分析。

表8.2　2013 年农业保险补贴超效率得分表

决策单元	效率得分			
	2010 年	2011 年	2012 年	2013 年
北京	71.84%	65.29%	68.61%	73.06%
天津	72.18%	74.18%	59.31%	79.36%
河北	42.24%	37.23%	41.14%	42.50%
山西	47.52%	41.18%	39.58%	45.97%
内蒙古	36.16%	36.15%	36.57%	36.14%
辽宁	34.92%	35.37%	44.40%	42.13%
吉林	37.85%	37.69%	37.51%	38.51%
黑龙江	99.32%	103.03%	90.35%	88.66%
上海	91.24%	84.14%	98.97%	126.10%
江苏	47.26%	43.40%	40.39%	42.30%
浙江	41.32%	43.21%	47.02%	40.75%
安徽	46.55%	48.34%	43.65%	47.77%
福建	102.38%	88.10%	57.65%	80.50%
江西	65.77%	54.67%	53.58%	55.43%
山东	47.63%	39.86%	50.43%	54.02%
河南	40.23%	38.13%	42.37%	48.01%
湖北	46.75%	45.48%	46.74%	51.23%
湖南	45.15%	44.00%	46.97%	48.77%
广东	45.44%	46.53%	44.10%	55.70%
广西	80.37%	84.06%	66.82%	70.28%

决策单元	效率得分			
	2010 年	2011 年	2012 年	2013 年
海南	253.40%	161.97%	90.35%	135.78%
重庆	46.84%	188.77%	80.99%	42.97%
四川	40.31%	38.79%	48.07%	46.02%
贵州	129.97%	122.35%	54.64%	48.34%
云南	41.64%	66.11%	52.96%	59.39%
西藏	955.10%	88.56%	96.86%	123.55%
陕西	62.19%	42.28%	37.65%	58.07%
甘肃	51.52%	37.63%	42.65%	43.65%
青海	68.46%	65.10%	61.14%	67.26%
宁夏	57.30%	55.62%	56.34%	64.44%
新疆	72.42%	76.01%	77.60%	86.04%

本节采用超效率计算的主要目的是为了下面的计量方法能提取可使用的数据，但是由于超效率计算结果存在大于 1 的效率值，甚至存在极值的情况，所以不适合用超效率进行整体效率的评价，因此本节又做了一个技术效率得分，从结果来看其实就是将超过 1 的效率得分改为 1，因篇幅的问题就不再列表展示。

2. 效率得分结构分析

如表 8.3 所示，对 2010—2013 年每年所有省份的投入产出各变量效率得分权重进行了简单平均处理，得到整体效率得分结构，从投入

表 8.3　2013 年整体效率得分结构分析

年份	投入变量效率贡献平均权重			产出变量效率贡献平均权重					
	中央财政补贴	省级财政补贴	地市级财政补贴	保费	保险金额	保险深度	保险密度	投保农户占比	补贴/赔付
2010	15.35%	45.42%	39.32%	69.74%	6.90%	7.77%	2.61%	9.94%	3.03%
2011	21.35%	43.61%	35.29%	67.97%	5.90%	8.97%	4.94%	11.81%	0.39%
2012	22.03%	45.74%	32.29%	69.81%	6.42%	8.77%	6.26%	8.55%	0.23%
2013	20.03%	46.19%	33.81%	60.77%	3.94%	1.00%	18.61%	15.23%	0.45%
平均值	19.69%	45.24%	35.18%	67.07%	5.79%	6.63%	8.10%	11.38%	1.02%

变量角度分析，无论是整体还是每一年都基本呈现出：中央财政权重<地市级财政权重<省级财政权重，凸显出地方政府在农业保险补贴运行中的重要性。从产出变量角度分析，保费权重最大，在一定程度上表明了当前财政补贴对于保费收入的拉动作用以及保险机构对保费收入的重视。对于保障程度及有效需求的推动而言，目前农业保险保费补贴的拉动作用或者重视程度有待提高。

通过图 8.1 的对比可以发现：有效率的 11 个决策单元投入变量呈现中央财政权重<省级财政权重<地市级财政权重，没有效率的 113 个决策单元呈现中央财政权重<地市级财政权重<省级财政权重，这在一定程度上表明地市级政府在农业保险补贴中的作用至关重要；从产出变量的角度分析，多元化的产出变量贡献会推动农业保险补贴效率的提升，需要扩大农业保险运行的目标。某些省份或地区若在农业保险运行中，只关注农业保险保费情况，在本节的评价体系下，其效率值是低下的，这可以在一定程度上对于各地农业保险运行产生引导作用。

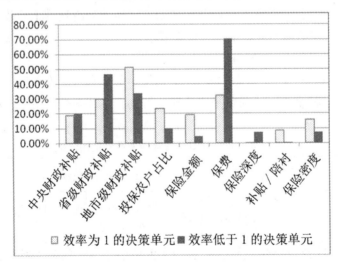

图 8.1 效率值为 1 和低于 1 的决策单元效率得分结构对比图

2. 松弛变量分析

投入变量松弛变量基本都为 0，只有广西省（2010 年、2013 年）和江西省（2010 年—2013 年）在中央财政投入中存在松弛变量，这两个省份由于经济发展水平相对落后，省级财政和地市级财政农业保险补贴支出之和低于中央财政，特别是其在地市级财政方面表现得尤为薄弱。按照对于投入变量性质的界定，意味着三级财政补贴在本节评价体系下，基本不需要进行缩减，即当前财政保费补贴是有效率的，处于规模递增的阶段，应该保持农业保险保费财政补贴政策的持续和力度，需要在结构上进行调整和优化。

如图 8.2 所示，产出变量中需要调整最少的变量是保费，占比仅为 12.39%，进一步表明在现有财政政策下，各省市和地区在保费拉动方面基本一致，基本达到了现有样本所规划的前沿面上。保险金额需要调整得最多，占比为 90.27%，基本反映了当前保障程度不足的问题，这也是当前农险亟待调整和解决的问题；补贴/赔付松弛变量个数占比为 86.73%，表明应该继续加大财政保费补贴力度，进一步提高保险机构农业保险产品创新和提高保障程度的动力。

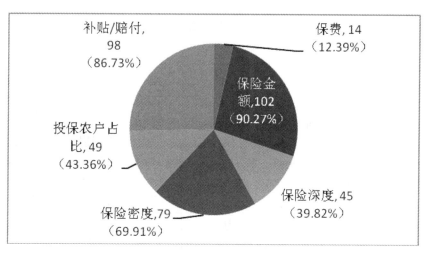

图 8.2　效率值低于 1 的决策单元产出变量的松弛变量分析图

（二）计量结果及分析
1.计量结果

表 8.4 主要变量的描述性统计

变量	样本数	均值	标准差	最小值	最大值
score	124	0.6976613	0.8625168	0.35	9.55
x_1	124	0.1066129	0.0518736	0.01	0.26
x_2	124	1800.4	1430.472	36.65	7081.47
x_3	123	1020.823	795.4919	3.1	3215
x_4	124	1241.935	1110.064	0.1	4652.4
x_5	123	143.9894	161.9608	0.5	1202.6
x_6	124	0.7050806	0.2217062	0.28	1
x_7	124	0.4745161	0.1492984	0.04	0.79
x_8	124	0.1653065	0.074404	0.008	0.429

考虑到本面板结构为：大截面，小时序，主要是异方差的影响，对部分绝对经济变量进行取对数处理，降低异方差的影响。

表 8.5 影响因素回归结果

	（1）	（2）
	score	score
x_1	32.52**	5.348**
	(2.55)	(2.17)
$\ln x_2$	−1.202***	−0.353***
	(−3.09)	(−2.78)
$\ln x_3$	0.465***	0.0319
	(2.64)	(0.25)
$\ln x_4$	−0.0315	−0.110
	(−0.17)	(−0.84)
$\text{Ln}x_5$	−0.249*	−0.0455
	(−1.84)	(−0.43)
x_6	−0.348	−0.393
	(−0.47)	(−0.99)
x_7	−10.88***	−2.639**
	(−3.82)	(−2.40)
x_8	−1.272	−2.146
	(−0.30)	(−1.41)

续表

	（1）	（2）
_cons	9.752**	5.226***
	(2.11)	(4.35)
R^2	0.3396	—①
Adj- R^2	0.3891	—
	5.4（F）	38.7（Wald）
N	123	123

t statistics in parentheses 　*$p < 0.1$, **$p < 0.05$, ***$p < 0.01$

如表 8.6 所示，F 检验和 Hausman 检验的结果都表明采用个体固定效应模型更合适。

表 8.6　F 检验和 Hausman 检验结果

检验类型	统计量	P 值	模型选择结果
F 检验	2.17	0.0030	个体固定效应模型
Hausman 检验	34.38	0.0000	个体固定效应模型

2. 结果分析

（1）经济状况变量结果分析：农业产值占比与补贴效率成正比，可见农业在一省的重要性决定了地方政府的财政补贴额度和其他相关成本的投入，表明当前地方政府对与农业保险市场的干预总体上是利大于弊的，而且农业保险补贴的灵活性也集中在地方政府，所以重视程度和参与程度决定了各省的农业保险补贴效率；地方财政收入与农业保险保费补贴效率呈负相关，表明在本节样本范围内，相对于财政收入水平提高对于保费补贴的效用提升而言，地方政府对于农业保险的重视以及其他方面的投入和支撑在农险补贴效率提升上的作用更大，这和第一个变量回归结果的经济含义是一致的。

（2）自然灾害状况变量结果分析：自然灾害受灾面积与补贴效率成正相关关系，与上文的判断一致，表明受灾范围越大，人们的风险

---

① 随机效应模型采用的是 GLS 估计方法，所以 R^2 和 Adj—R^2 没有实际的意义，因此不再列出。

感知和风险意识增强、提高农民的保险意识和购买意愿、保费增加、农民的参与度上升，对于保费补贴的效率有明显的提升作用；自然灾害直接经济损失与补贴效率在10%水平上呈负相关，与上文判断不一致，在一定程度上表明灾害程度过大，会降低补贴对于保险供给成本的影响，进一步影响本节评价体系下的农险补贴效率。

（3）农险市场竞争程度变量结果分析：市场集中度与补贴效率不显著，没有支持上文的判断，除了和本节的效率评价体系和数据样本范围有关以外，在一定程度上表明了当前农险市场正在寻找垄断和竞争的相对平衡点，垄断和竞争各自带来的对于农业保险补贴效率的影响尚不明确。

（4）农民自身因素变量结果分析：农民经营性收入占比与补贴效率呈负相关，与上文的判断相反，表明农民经营性收入中农业收入的占比相对较低，从而影响了回归结果；受教育程度均与补贴效率无关，在一定程度上表明了当前农业保险运行主要靠补贴，靠政府推动，农民参与度不高，信息不透明，没有反映出农民受教育程度等个人特征对于农业保险补贴运行的影响。

四、结论与建议

（一）农业保险财政补贴效率有待提升

通过农业保险补贴效率分析，表明目前农业保险财政补贴在促进农业保险市场发展上是有效率的：保费规模、保险金额、保险深度、保险密度等方面均有所改善。而且保费补贴处于规模递增的阶段，应该保持财政补贴政策的持续和力度。但是通过上文松弛变量的分析，表明现在农业保险补贴的焦点都集中在保费上，在其他方面的重视和引导力度不够。所以需要在继续发挥补贴保费拉动作用的同时，推动其他农业保险市场变量的发展，构建多元化的农业保险补贴评估体系。

（二）地方政府扮演重要角色

效率分析得出，农业保险有效率的省份中，其地市级政府作用占比较高；再结合影响因素分析中得出的判断，农业产值较高的省份农业保险补贴效率较高。二者均验证了地方政府成本投入程度、重视程度对于农业保险补贴的重要性。而且与保险机构调研结果也验证了这一点：地方政府在农业保险发展中起到了至关重要的作用，包括召开承保会议，进行区域划分、费率确定及协调相关资源等。所以在推动地方政府提高重视程度以及加大投入力度的同时，要加强监督和信息披露，适度调控地方政府对于市场干预的程度。

（三）刺激农民有效需求上效果不明显

自然灾害因素和农民个人因素的回归结果均证实了农民风险意识和保险意识的重要性。当前农民保险意识有待提升，农民自身主动购买意愿在农业保险运行中没有得到体现：一是当前依然以散户经营为主，保险意识差，农业收入占比较低，导致保险购买意愿低；二是当前农业保险承保方式的原因，除了农业合作社、农业大户等规模化农业生产主体，大多数散户基本上是通过类似统保的方式进行，许多农户不太清楚已购买农业保险的详细信息，对提高保险认知及刺激农业保险有效需求影响不大，更不用说存在部分地区为了套取补贴而购买农业保险的情况。所以，农业保险实际运营过程中，进一步加强信息披露建设，让农民"明白消费"，了解更多、更详细的农业保险补贴政策、产品、条款、流程等内容，激发起自身实际、有效需求。

（四）控制市场主体数量，健全退出机制

虽然回归结果没有明确的方向性，但是由于当前地方政府在农业保险补贴和运行中扮演极其重要的角色，其干预程度较大，再考虑到未来补贴规模的进一步扩大，为了追求利润，会有更多的市场主体进入到农业保险市场，自然就会出现"寻租"行为，并且愈演愈烈，为避免寻租等浪费资源现象的恶化，应有效控制市场主体数量，在一定程度上降低"寻租"对于农业保险市场发展的影响。同时构建完善的退出机制，推动农业保险市场的健康发展。

第二节　农业保险补贴效率对农业生产、农民生活的影响

农业是国民经济的基础产业，其经营过程受天气、季节、价格等多种因素影响，而且近年来，随着全球气候的变暖，极端天气发生的频率也随之上升，导致农业灾害发生频繁，损失程度也不断增大。农业的基础地位与其弱质性间的矛盾决定了对其保护的必要性，各国纷纷采取了多种方式来保护农业，农业保险作为 WTO 所倡导的"绿箱政策"已成为各国采取的保护农业的主要手段。在我国，政策性农业保险的实施也正进一步拓展深化。因此，政府对农业保险财政补贴的效率及效率评价问题就成为政策制定者以及学者们关注的重点。

国内对相关问题的研究主要集中在农业保险补贴效率的测算及其影响因素上（张莉琴，2001；钱克明，2003；张淑杰等，2012；朱甜甜，2014），其中，叶慧、王雅鹏（2006）运用 DEA 模型对2004年26个省份的农业保险补贴效率进行实证分析，显示出我国农业保险补贴效率普遍偏低，农业保险补贴政策无效的地区多为粮食主产区，而且不同地区的农业保险补贴效率也存在较大差异；张红玉、李雪（2009）的研究表明，粮食直补规模偏小是补贴效率低的主要诱因。

本部分以上节 DEA 模型测算的农业保险补贴效率为基础，实证研究农业保险补贴效率对农业生产、农民生活的影响，以期为农民、农村乃至整个社会带来更大的发展机遇。

一、数据选择和模型设定

1. 数据选择

本节利用我国 31 个省市 2010～2013 年的数据，样本量为 124。变量有农业保险补贴效率、农业总产值、农业增加值、农村居民消费水平、地区 GDP、农产品价格指数、人均地区 GDP、资本投入、农业机械总动力和农业补贴量。其中，农业保险补贴效率相关数据来自前文 DEA 模型测算结果，其余数据来自中国统计局和中经网的相关指

标。具体内容如表 8.7 所示：

表 8.7 全国 31 个省份面板数据各变量的单位根检验(2010~2013 年)

变量表示	变量名称	备注
$x1$	农业保险补贴效率	来自前文 DEA 模型计算结果
$x2$	农业总产值	单位：亿
$x3$	农业增加值	单位：亿
$x4$	农村居民消费水平	单位：元
$x5$	地区 GDP	单位：亿
$x6$	农产品价格指数	上年=100
$x7$	人均地区 GDP	单位：元
$x8$	农业资本投入	单位：万吨 以化肥、农药投入量代表
$x9$	农业机械总动力	单位：万千瓦
$x10$	农业补贴量	单位：万 （中央及地方财政补贴之和）

2. 模型设定

为实证分析农业保险补贴效率对农业生产、农民生活的影响，本部分以变量 $x2$（农业总产值）、$x3$（农业增加值）衡量农业生产情况，以变量 $x4$（农村居民消费水平）衡量农民生产情况。此外，为消除异方差，对相关变量取其对数形式，同时，引入重要的控制变量。

具体模型如下：

方程一：$\ln x2_{it} = a_i + \alpha_1 x1_{it} + \alpha_2 \ln x5_{it} + \alpha_3 \ln x8_{it} + \alpha_4 \ln x9_{it} + u_{it}$

方程二：$\ln x3_{it} = b_i + \beta_1 x1_{it} + \beta_2 \ln x2_{it} + \beta_3 \ln x5_{it} + \beta_4 \ln x6_{it} + u_{it}$

方程三：$\ln x4_{it} = c_i + \gamma_1 x1_{it} + \gamma_2 \ln x3_{it} + \gamma_3 \ln x7_{it} + \gamma_4 \ln x10_{it} + u_{it}$

3. 计量方法及相关检验

本部分基于省级面板数据，分两步检验我国农业保险补贴效率对农业总产值、农业增加值、农村居民消费水平的影响。第一，利用面板数据单位根检验对变量的平稳性进行检验。第二，运用 F 检验和 Hausman 检验，在混合效应模型、个体固定效应模型和随机效应模型中选择合适的模型。

（1）面板数据单位根检验

面板数据模型在回归前需检验数据的平稳性。一些非平稳的经济时间序列往往表现出共同的变化趋势，而这些序列间本身不一定有直接的关联，此时，对这些数据进行回归，尽管有较高的显著性，但其结果是没有任何实际意义的，即存在虚假回归。平稳的真正含义是：一个时间序列剔除了不变的均值（可视为截距）和时间趋势以后，剩余的序列为零均值，同方差，即白噪声。因此为了避免伪回归，确保估计结果的有效性，我们必须对各面板序列的平稳性进行检验。而检验数据平稳性最常用的办法就是单位根检验。

面板单位根检验是指将面板数据中的变量各横截面序列作为一个整体进行单位根检验。由于面板数据相对于横截面数据和时间序列数据有着更多的优势，因而近年来许多文献认为建立在面板数据基础上的单位根检验结果比单纯的时间序列单位根检验结果更为可靠。

本节分别采用两种类型的面板数据单位根检验来检验各变量的平稳性：①原假设为相同单位根过程的 LLC 检验；②原假设为个体具有单位根过程的 ADF 检验和 PP 检验，结果如表 8.8 所示。

表 8.8　全国 31 个省份面板数据各变量的单位根检验

变量	LLC	ADF	PP	结论
$x1$	−41.54*** （0.0000）	97.1398*** （0.0003）	107.996*** （0.0000）	平稳
$\ln x2$	−42.7344*** （0.0000）	115.327*** （0.0000）	175.29*** （0.0000）	平稳
$\ln x3$	−24.3801*** （0.0000）	156.617*** （0.0000）	230.047*** （0.0000）	平稳
$\ln x4$	−3.18428*** （0.0007）	124.104*** （0.0000）	196.886*** （0.0000）	平稳
$\ln x5$	−16.7319*** （0.0000）	150.068*** （0.0000）	252.652*** （0.0000）	平稳
$\ln x6$	−82.7360*** （0.0000）	52.7113 （0.4464）	58.6925 （0.2436）	平稳
$\ln x7$	−21.0615*** （0.0000）	151.032*** （0.0000）	251.783*** （0.0000）	平稳
$\ln x8$	1.15548 （0.8761）	94.0147*** （0.0006）	135.551*** （0.0000）	平稳
$\ln x9$	−46.293*** （0.0000）	96.4140*** （0.0003）	134.267*** （0.0000）	平稳
$\ln x10$	−26.0865*** （0.0000）	117.265*** （0.0003）	144.998*** （0.0000）	平稳

注：*、**和 ***分别表示 t 统计量分别在 10%、5%和 1%的水平上显著，其中，括号内的数字为伴随概率。

结果表明，除 lnx6（农产品价格指数）、lnx8（资本投入）外，其他变量三种检验均通过单位根检验，都是平稳变量。鉴于 lnx6（农产品价格指数）、lnx8（资本投入）均有方法通过单位根检验，本部分不慎严格地将 lnx6、lnx8 作为平稳变量处理，尽管这样有些欠妥。

（2）模型设定的检验

估计线性面板数据模型的方法一般有混合效应模型、个体固定效应模型和随机效应模型。此处利用 F 检验、Hausman 检验从三者中选择最优的模型形式，结果如下表 8.9 所示。

表 8.9　个体固定效应、随机效应、混合效应检验结果

	F 检验	Hausman 检验	结论
方程一	62.5758*** （0.0000）	133.6703*** （0.0000）	个体固定效应模型
方程二	647.994*** （0.0000）	40.411261*** （0.0000）	个体固定效应模型
方程三	52.466*** （0.0000）	257530*** （0.0000）	个体固定效应模型

注：括号内的数字为伴随概率。

因此，个体固定效应模型比混合效应模型、随机效应模型更优。除个体固定效应模型外，本部分还采取面板数据的 xttobit 回归。

二、农业保险补贴效率对农业生产、农民生活影响的实证检验结果

（一）实证结果

本部分基于三个方程，对个体固定效应模型和面板数据的 xttobit 回归结果如下：

表 8.10 农业保险补贴效率对各重要变量影响的回归结果

因变量	ln$x$2		ln$x$3		ln$x$4	
变量 方法 模型	个体固定效应模型	xttobit	个体固定效应模型	xttobit	个体固定效应模型	xttobit
c	— 1.25251*** （0.220744）	−1.18001*** （0.1553502）	— 0.49360*** （0.117947）	— 0.43905*** （0.118981）	−1.5217*** （0.234749）	7.15031*** （1.726575）
x1	0.005404* （0.002825）	0.004881* （0.0028007）	0.002437** （0.0000992）	0.002118** （0.0009872）	0.012226** （0.003215）	0.00534** （0.002646）
ln$x$2			0.69879*** （0.034137）	0.754959*** （0.0349284）		
ln$x$3					0.268371*** （0.130274）	0.12763*** （0.035364）
ln$x$5	0.755180*** （0.037458）	0.70058*** （0.0359819）	0.29542*** （0.031130）	0.243338*** （0.0321997）		
ln$x$6			0.11831*** （0.038449）	0.113868*** （0.0378783）		
ln$x$7					0.946247*** （0.126444）	5.17352*** （0.753085）
ln$x$8	0.355342*** （0.130518）	0.38114*** （0.0770111）				
ln$x$9	0.0368*** （0.060957）	0.15889*** （0.0574557）				
ln$x$10					0.043088*** （0.013853）	−41.502*** （7.8377）

注：*、**和　***分别表示 t 统计量分别在 10%、5%和 1%的水平上显著，其中，括号的数字为伴随标准差。

（二）结果分析

（1）方程一：$\ln 2_{it} = a_i + \alpha_1 x1_{it} + \alpha_2 \ln x5_{it} + \alpha_3 \ln x8_{it} + \alpha_4 \ln x9_{it} + u_{it}$

第一，个体固定效应模型和 xttobit 的回归结果相似，说明计量结果具有一定的可靠性。

第二，控制变量地区 GDP、资本投入、农业机械总动力对农业总产值有显著的正向影响。

第三,两种方法均显示农业保险补贴效率对农业总产值有显著的正向影响,可见各地区提高农业保险补贴效率可提高该地区农业总产值。

农业补贴是政府对农业生产、流通和贸易进行的转移支付。它是一国政府对本国农业支持与保护体系中最主要、最常用的政策工具,是政府通过行政手段进行干预,将资源转移到农业领域的方式。从农民受益的方式来看,通过直接的收入补贴和间接的价格补贴,加大对农业的投入,从而提高农民生产积极性,提高农业产量。而在此过程中,农业补贴能否充分发挥其潜能也十分关键,即政府不仅要增加农业补贴的总量,更要重视农业补贴的质量,通过建立合理的农业补贴制度、科学的农业补贴结构及完备的监管体制,提高农业补贴的效率,增强农业发展的后劲。

(2)方程二:$\ln x3_{it} = b_i + \beta_1 x1_{it} + \beta_2 \ln x2_{it} + \beta_3 \ln x5_{it} + \beta_4 \ln x6_{it} + u_{it}$

第一,个体固定效应模型和 xttobit 的回归结果相似,说明计量结果具有一定的可靠性。

第二,控制变量农业总产值、地区 GDP、农产品价格指数对农业增加值有显著的正向影响。

第三,两种方法均显示农业保险补贴效率对农业增加值有显著的正向影响,可见各地区提高农业保险补贴效率可提高该地区的农业增加值。

农业增加值是指项目在报告期(一年)内农林牧渔及农林牧渔业生产货物或提供活动而增加的价值,是农林牧渔业现价总产值扣除农林牧渔业现价中间投入后的余额。从模型中可以看出,除受农业产值、经济水平和农产品价格影响外,农业补贴效率也发挥了重要作用,农业领域兼具重要性和易损性,两者间的矛盾决定了政府必然要予以补贴,并且要重视补贴的效率。目前,我国农业补贴水平仍然比较低,但相关政策已经发生很大转变,并开始发挥积极的作用。随着补贴和支持政策的完善、补贴方式手段的丰富、补贴效率的提高,中国农业支持政策也必将发挥更大的作用。

(3)方程三:$\ln x4_{it} = c_i + \chi_1 x1_{it} + \chi_2 \ln x3_{it} + \chi_3 \ln x7_{it} + \chi_4 \ln x10_{it} + u_{it}$

第一,个体固定效应模型和 xttobit 的回归结果具有一定的可靠性。

第二，控制变量人均地区 GDP、农业增加值对农业增加值也有显著的正向影响。

第三，两种方法均显示农业保险补贴效率对农村居民消费水平有显著的正向影响，可见各地区提高农业保险补贴效率可提高该地区农村居民的消费水平。

农村居民的消费水平是衡量农村居民福利状况的重要指标，从回归结果看出，提高农业补贴的效率不仅可以促进农业生产，更能显著提高农村居民的生活水平，对解决三农问题意义重大。所以，在农业补贴方面，我们要确保资源更多地流向农业领域而非流通领域，优化补贴结构，从补贴品种、补贴标准、补贴环节、补贴对象等方面完善政策，强化绩效管理，建立农业补贴的绩效评估和定期评价制度等，不断提高农业补贴的效率水平。

三、结论

农业保险补贴效率能否促进农业生产、提高农村居民生活水平是政策制定者必须考虑的关键问题。本节基于 31 个省份 2010—2013 年的面板数据，采用个体固定效应模型和面板数据的 xttobit 回归，在面板单位根和模型设定检验的基础上分析了各地区农业保险补贴效率对农业总产值、农业增加值、农村居民消费水平的影响，认为农业保险补贴效率对其均有显著的正向影响。因此，各地区加大对农业保险补贴效率会带动农业的发展和农村居民消费水平的提高。

目前，我国在农业补贴效率方面仍存在许多问题，如管理体制不畅、交易成本高；补贴方式不科学，多以"暗补"为主，通过流通渠道间接给予补贴；补贴结构不合理，多用于贷款、价格补贴，忽视教育、技术等方面；忽视农业保险补贴；监管不到位等问题。为此，政府仍需在补贴管理、补贴监管、补贴方式、补贴结构、农业保险等方面根据国情进一步完善，从而提高农业补贴的效率，达到促进农业生产、提高农民生活水平的目标。

第九章

农业保险不同财政补贴模式 DGE 模型分析

　　本章将动态一般均衡模型（DGE 模型）与中国的农业保险补贴政策实践相结合，建立恰当的模型来分析采取农业保险保费补贴、农业保险经营管理费用补贴、两种不同的补贴模式对农业生产的影响。在实践中，由于存在比较利益，部门间会存在生产要素的流动，因此趋于模型的完整性与现实性，多部门的模型会更加适用。但考虑到模型表达的复杂性以及不能保证显性解的存在，本章只建立了单部门（农业部门）模型。该模型涉及农户需求、农户生产、政府预算和市场出清四个方面，重点研究当对农业保险进行财政补贴时，农户的行为和农业产出的变化。

第一节 农业保险保费补贴政策效应分析

一、模型建立

（一）农户行为

假定经济体拥有大量同质家庭，每户家庭人口数为 1，且人口数量恒定，不存在人口的增长问题。根据拉姆塞模型，家户是永远存续的，在每个时点上，家庭将其收入在消费与投资之间进行分配，以便最大化其终生效用。其效用函数形式如下：

$$U = \int_0^\infty u(c_t, n_t) \mathrm{e}^{-\rho t} \mathrm{d}t = \int_0^\infty \left[u_c(c_t) - u_n(n_t) \right] \mathrm{e}^{-\rho t} \mathrm{d}t \qquad (9.1)$$

其中 $u(.)$ 为代表性家庭的瞬时效用函数，c_t 为家庭在 t 时期的消费，n_t 为家庭在 t 时期的劳动量，$\mathrm{e}^{-\rho t}$ 是贴现率，时间偏好率 $\rho \in (0,1)$。消费者通过消费获取正效用，而劳动投入的增加会较少效用。假定该效用函数满足 $u_1'' < 0$，$u_2'' < 0$。

假定农户的生产投资有两部分组成，第一部分为农户的农业生产性投资，δ 为生产性投资折旧系数，k_t 为家庭在 t 时期的资本量，i_t 为 t 时期的投资，政府给予农户农业生产的直接生产性投资补贴概率为 ς。设生产 i_t 单位的总成本为 $\varphi_t = \varphi(i_t)$，边际成本为 $\phi_t = \phi(i_t) = \partial \varphi(i_t)/\partial i_t$，假定边际成本 ϕ_t 递增。农户生产投资的第二组成部分为金融性投资，也可称为风险性投资，即购买农业保险保费支付。假定农业保险是对农户的收入损失进行全额赔付，保险金额等于不存在外来随机冲击时的农户预期收入，即 $R_t k_t + W_t n_t$，则保险赔偿额为 Ω_t（Ω_t 是外来的随机冲击对农业产出的影响带来的收入损失，假定 $\Omega_t \leqslant 0$ 且 $|\Omega_t| \leqslant R_t k_t + W_t n_t$）。令农业保险价格为 P，在存在农业保险保费政府补贴的情况下，保费补贴率为 θ_t，相应的农户自付保费额为 $P(R_t k_t + W_t n_t)(1-\theta_t)$。显然，在存在农业保险的情况下，农户的

收入将恒定为 $R_t k_t + W_t n_t$。

假定所用的税收由农户支付，农户的资本与劳动收入受扭曲性课税影响。为简化计算，本模型忽略了保险赔偿款的免税性，则农业保险农户根据自己的实际收入 $R_t k_t + W_t n_t$ 纳税，其中资本收入的税率为 τ^K，劳动收入的税率为 τ^N。

代表性家庭选择 c_t、n_t、k_t、i_t 在如下约束下最大化其效用函数，即：

$$\max_{(c_t, n_t, k_t, i_t)} U$$

$$\text{s.t.} \quad \begin{aligned} &c_t + \phi i_t (1-\varsigma_t) + P(R_t k_t + W_t n_t)(1-\theta_t) = \\ &(1-\tau^K) R_t k_t + (1-\tau^N) W_t n_t + T_t/L \end{aligned} \tag{9.2}$$

$$\dot{k}_t = i_t - \delta k_t \tag{9.3}$$

$$k_0 = 0 \tag{9.4}$$

其中 W_t 是实际工资，R_t 是资本的实际租金，T_t 是政府对农户的转移支付总额，L 是恒定的人口数量。

建立效用函数 U 在预算约束下的汉密尔顿函数：

$$\begin{aligned} H(t, c_t, n_t, i_t, k_t) &= u(c_t, n_t) + \lambda(i_t - \delta k_t) + \\ &\mu \begin{bmatrix} (1-\tau^K) R_t k_t + (1-\tau^N) W_t n_t + T_t/L - c_t - \\ \phi i_t (1-\varsigma_t) - P(R_t k_t + W_t n_t)(1-\theta_t) \end{bmatrix} \end{aligned} \tag{9.5}$$

对控制变量 c_t, n_t 和 i_t 求导有

$$\partial H/\partial c_t = u_1 - \mu = 0 \tag{9.6}$$

$$\partial H/\partial n_t = u_2 + \mu(1-\tau^N) W_t - \mu P W_t (1-\theta_t) \tag{9.7}$$

$$\partial H/\partial i_t = \lambda + \mu\left[-\phi_t(1-\varsigma_t)\right] \tag{9.8}$$

对状态变量 k_t 求导有

$$\dot{\lambda} = \rho\lambda - \partial H/\partial k_t = (\rho + \delta)\lambda + \mu PR_t(1 - \theta_t) - \\ \mu R_t(1 - \tau^K) \tag{9.9}$$

由式（9.6）—（9.9）解得：

$$\dot{c} = \frac{u_1(\rho + \delta)}{u_{11}} + \frac{u_1 R_t\left[P(1 - \theta_t) - (1 - \tau^K)\right]}{(1 - \varsigma_t)\phi_t u_{11}} \tag{9.10}$$

$$\dot{n} = \frac{u_1 W_t R_t\left[(1 - \tau^N) - P(1 - \theta_t)\right]\left[(1 - \tau^K) - P(1 - \theta_t)\right]}{u_{22}\phi_t(1 - \varsigma_t)} \\ - \frac{u_1 W_t(\rho + \delta)\left[(1 - \tau^N) - P(1 - \theta_t)\right]}{u_{22}} \tag{9.11}$$

$$\Omega_H = u_1\phi_t(1 - \varsigma_t) \tag{9.12}$$

$$\dot{\Omega}_H = (\rho + \delta)\Omega_H - u_1 R_t\left[(1 - \tau^K) - P(1 - \theta_t)\right] \tag{9.13}$$

其中 Ω_H 是预算约束方程（9.2）的现值影子价格。

（二）农户生产

农户的生产要素包括土地要素、劳动投入与资本要素。我们模型中假定农户的土地供给在短期内不会发生变化。为简单起见，该市场是完全竞争的。此外，农户生产还面临一个外来的随机冲击 Ω_t（假定 $\Omega_t \leqslant 0$，$|\Omega_t| \leqslant R_t k_t + W_t n_t$）。据此，我们列出农户人均产出的表达式：

$$y_t = f(k_t, n_t) + \Omega \tag{9.14}$$

假定随着生产性资本或劳动力投入的增加，农业产出是增长的，即 $f_1 > 0$，$f_2 > 0$。在存在农业保险的条件下，一旦出险，保险公司将会对 Ω_t 进行赔付，则产出的随机风险被消除。令产出的价格 $P_t = 1$，则人均农业产出收入恒定为 $P_t \bar{y}_t = \bar{y}_t$，其中

$$\overline{y}_t = f\left(k_t, n_t\right) \tag{9.15}$$

在完全竞争市场中，在资本租金 R_t 与真实工资 W_t 给定的情况下，农户选择资本 k_t 与劳动 n_t 最大化其利润，即边际产出等于其边际成本，有：

$$\pi_t = \overline{y}_t - \left(R_t + \delta\right)k_t - W_t n_t \tag{9.16}$$

则有：

$$R_t = f_1\left(k_t, n_t\right) - \delta \tag{9.17}$$

$$W_t = f_2\left(k_t, n_t\right) \tag{9.18}$$

$$
\begin{aligned}
\dot{y}_t &= R_t \dot{k}_t + W_t \dot{n}_t \\
&= \left[f_1\left(k_t, n_t\right) - \delta\right]\left(i_t - \delta k_t\right) + f_2\left(k_t, n_t\right) \cdot \\
&\quad \left\{ \frac{u_1 W_t R_t \left[\left(1-\tau^K\right) - \left(1-\theta_t\right)P\right]\left[\left(1-\tau^N\right) - \left(1-\theta_t\right)P\right]}{u_{22}\phi_t\left(1-\varsigma_t\right)} - \right. \\
&\quad \left. \frac{u_1\left(\rho+\delta\right)W_t\left[\left(1-\tau^N\right) - \left(1-\theta_t\right)P\right]}{u_{22}} \right\}
\end{aligned}
\tag{9.19}
$$

（三）政府支出

在模型中，我们假定农户向保险公司交纳农业保险保费，从而将农业生产系统的风险外生化。为了简化模型，我们假定保险公司的保费收入不需要交纳任何税收。则政府在 t 时期面临如下预算约束：

$$
\begin{aligned}
&\phi_t I_t \varsigma_t + P\left(W_t N_t + R_t K_t\right)\theta_t + T_t + G_t \\
&= \tau^N W_t N_t + \tau^K R_t K_t
\end{aligned}
\tag{9.20}
$$

其中，G_t 为政府在 t 时期的购买支出，为常数。

式（9.20）的集约式为：

$$\phi_t i_t \varsigma_t + P\left(W_t n_t + R_t k_t\right)\theta_t + T_t/L + g_t$$
$$= \tau^N W_t n_t + \tau^K R_t k_t \tag{9.21}$$

对式（9.21）全微分，并对 t 求导有：

$$\phi_t \varsigma_t \dot{i}_t + P\theta_t\left(W_t \dot{n}_t + R_t \dot{k}_t\right) = \tau^N W_t \dot{n}_t + \tau^K R_t \dot{k}_t \tag{9.22}$$

将式（9.3）与（9.11）代入（9.22），求得：

$$i = \frac{\left(\tau^K - \theta_t P\right)R_t}{\varsigma_t \phi_t}\left(i_t - \delta k_t\right) + \frac{\left(\tau^N - \theta_t P\right)W_t}{\varsigma_t \phi_t} \cdot$$
$$\left[\begin{array}{l}\dfrac{u_1 W_t R_t\left[\left(1-\tau^K\right)-P\left(1-\theta_t\right)\right]\left[\left(1-\tau^N\right)-P\left(1-\theta_t\right)\right]}{u_{22}\phi_t\left(1-\varsigma_t\right)} \\[3mm] -\dfrac{u_1(\rho+\delta)W_t\left[\left(1-\tau^N\right)-P\left(1-\theta_t\right)\right]}{u_{22}}\end{array}\right] \tag{9.23}$$

（四）市场出清

在引入农户购买农业保险这一因素后，生产可能面临的随机冲击因为保险而得到赔偿。此时的产品市场出清条件为：

$$\overline{Y}_t = f_t\left(K_t, N_t\right) = C_t + I_t + G_t + P\left(R_t K_t + W_t N_t\right) \tag{9.24}$$

集约式为：

$$\overline{y}_t = f\left(k_t, n_t\right) = c_t + i_t + g_t + P\left(R_t k_t + W_t n_t\right) \tag{9.25}$$

（五）均衡的存在性

在完全竞争的农业市场上，在生产面临外来的非正的随机冲击 Ω 和农户选择对于收入进行足额投保的情况下，给定资本租金 R_t 与实际工资 W_t、资本收入与劳动收入所得税率（τ^K，τ^N）、农户生产性投资与金融性投资政府补贴率（ς_t, θ_t）、农业保险单位保费价格 P，农户选择为（c_t，n_t，k_t，i_t），农业保险保费补贴的动态一般均衡存在如下的条件：

（1）对于给定的价格、税率与补贴率，农户生产实现收入最大化。

（2）对于给定的价格，农户实现在一定的预算约束下的个人效用最大化。

（3）政府预算满足（9.21）式。

（4）市场出清情况下（9.25）式成立。

均衡的存在性将为我们研究均衡的动态效应提供基础。下面，我们将研究均衡条件下农户选择（c_t，n_t，k_t，i_t）的动态效应。为不失一般性，故将各变量的下标 t 去掉。

二、稳态时农业保险保费补贴政策的动态效应

（一）均衡条件与稳态

令 $\bar{y} = (c,\ n,\ k,\ i)^T$，由上文关于农户行为和农户生产的最优化问题，我们依次可以得到各变量的变动率，动态系统可以表示为 $\dot{y} = h(y,\ R,\ W,\ \theta)$，初始条件 $K_0 = 0$ 给定，有：

$$\dot{c} = \frac{u_1(\rho+\delta)}{u_{11}} + \frac{u_1 R\left[P(1-\theta)-(1-\tau^K)\right]}{(1-\varsigma)\phi u_{11}} \tag{9.26}$$

$$\dot{n} = \frac{u_1 WR\left[(1-\tau^N)-P(1-\theta)\right]\left[(1-\tau^K)-P(1-\theta)\right]}{u_{22}\phi(1-\varsigma)}$$
$$- \frac{u_1 W(\rho+\delta)\left[(1-\tau^N)-P(1-\theta)\right]}{u_{22}} \tag{9.27}$$

$$\dot{k} = i - \delta k \tag{9.28}$$

$$\dot{i} = \frac{\left(\tau^K - \theta P\right)R}{\varsigma\phi}(i - \delta k) + \frac{\left(\tau^N - \theta P\right)W}{\varsigma\phi} \cdot$$

$$\left[\begin{array}{c} \dfrac{u_1 WR\left[\left(1-\tau^K\right) - P(1-\theta)\right]\left[\left(1-\tau^N\right) - P(1-\theta)\right]}{u_{22}\phi(1-\varsigma)} - \\[3mm] \dfrac{u_1(\rho+\delta)W\left[\left(1-\tau^N\right) - P(1-\theta)\right]}{u_{22}} \end{array}\right] \quad (9.29)$$

经计算，这一微分方程系统是可以求出解析解的，并令变量保持不变 $\dot{c} = \dot{k} = \dot{n} = 0$，就可以得到模型的长期稳态，从而求出模型处于稳态时的均衡解 $y^* = h\left(c^*, n^*, k^*, i^*\right)^T$。

（二）稳态时农业保险保费补贴政策的动态效应

下面我们开始研究经济系统处于稳态条件下时农业保险保费补贴政策的动态效应。假定政府以信誉担保制定农业保险保费补贴政策，且补贴政策是临时性的，并通过总的转移支付 T 来融资。

在稳态时，将 $\dot{c}$ 对 θ 求导，有：

$$\frac{\mathrm{d}\dot{c}}{\mathrm{d}\theta} = -\frac{PRu_1}{(1-\varsigma)\phi u_{11}} \quad (9.30)$$

推导出：

$$\frac{\mathrm{d}\dot{c}}{\mathrm{d}\theta} > 0 \quad (9.31)$$

这意味着政府增加农业保费补贴，会导致农户提高其消费增长率，即增加消费。我们认为这是由于农业保费补贴的增长增加了农户的可支配收入造成的。并且考虑到我国农户较低的收入水平，其生活开支具有较高的边际效用，因此在增加农业保费补贴的政策背景下，农户增加其生活消费从而实现自身效用的最大化是符合现实的。

同理，有：

$$\frac{\mathrm{d}\dot{n}}{\mathrm{d}\theta} = \frac{u_1 WPR\left[\left(1-\tau^K\right)+\left(1-\tau^N\right)-2P(1-\theta)\right]}{u_{22}\phi(1-\varsigma)}$$

$$-\frac{u_1 WP(\rho+\delta)}{u_{22}} \tag{9.32}$$

将上式化简后得出，当 $R\left[\left(1-\tau^K\right)+\left(1-\tau^N\right)-2P(1-\theta)\right]-$

$\phi(1-\varsigma)(\rho+\delta)<0$，$\dfrac{\mathrm{d}\dot{n}}{\mathrm{d}\theta}>0$ 时，这意味着此时当政府增加农业保费补

贴时，农户将提高劳动投入量增长率，即选择增加劳动投入量。相应的，

当 $R\left[\left(1-\tau^K\right)+\left(1-\tau^N\right)-2P(1-\theta)\right]-\phi(1-\varsigma)(\rho+\delta)>0$ 时，$\dfrac{\mathrm{d}\dot{n}}{\mathrm{d}\theta}<0$，

政府增加农业保费补贴时，农户将降低劳动投入量增长率，即减少劳
动量投入。

我们参考克里斯多夫 L. 豪斯 Christopher L. House 与马修 D. 夏皮
罗 Matthew D. Shapiro（2008）对投资的临时性补助分析，假设生产性
投资的成本函数为：

$$\phi_t(i_t) = \left(i_t/i^*\right)^{1/\xi} \tag{9.33}$$

i^* 是生产性资本在稳态时的人均投资水平，ξ 为供给弹性。$\phi_t(i_t)$
可以解释为生产性投资的外在成本，即反映了生产性资本的市场价格，
也可以解释为农户的内在调整成本，与市场价格无关。

假设在临时性补贴政策下，Ω_H 为常数。

根据式（9.33）与（9.12），有：

$$\frac{\Omega_H}{(1-\varsigma_t)u_1} = \left(\frac{i_t}{i^*}\right)^{\frac{1}{\xi}} \tag{9.34}$$

设 $\tilde{v}$ 为变量 v 偏离其稳态的比例，即 $\tilde{v} = \dfrac{\mathrm{d}v}{v} = \dfrac{v-v^*}{v} = \mathrm{d}\ln v$。对式

（9.34）变形有：

$$\tilde{i} = -\xi \tilde{u}_1 \tag{9.35}$$

当政府增加农业保险保费补贴时，消费增长，则消费的边际效用是下降的，因此 $\tilde{u}_1 < 0$，$\tilde{i} = -\varsigma_t \tilde{u}_1 > 0$。从而从式（9.35）中可以推导出，随着农业保险保费补贴额的增加，会促进生产性投资的增加，即 $\dfrac{\mathrm{d}i}{\mathrm{d}\theta} > 0$。

对（9.29）式求导有：

$$\dot{y} = \frac{\phi \varsigma i - (\tau^N - \tau^K) W \dot{n}}{\tau^K - P\theta} \tag{9.36}$$

模型假定生产性资本与劳动投入的边际产出均大于 0。那么，在稳态条件下，必然有 $\dfrac{\mathrm{d}\dot{y}}{\mathrm{d}i} > 0$，$\dfrac{\mathrm{d}\dot{y}}{\mathrm{d}\dot{n}} > 0$。则模型必满足隐含条件 $\tau^K > P\theta$，$\tau^N - \tau^K < 0$。

结合式（9.32），我们可以推导出：

当 $R\left[(1-\tau^K) + (1-\tau^N) - 2P(1-\theta)\right] - \phi(1-\varsigma)(\rho+\delta) < 0$ 时，政府增加农业保费补贴，农户将增加劳动投入量与生产性投资，农业产出增加。

相应的，当 $R\left[(1-\tau^K) + (1-\tau^N) - 2P(1-\theta)\right] - \phi(1-\varsigma)(\rho+\delta) > 0$ 时，政府增加农业保费补贴时，农户将减少劳动量投入，增加生产性投资，农业产出的变化则取决于生产性投资与劳动投资的反方向变动对产出的不同影响。此时，当政府增加农业保费补贴时，若模型满足 $\phi \varsigma i - (\tau^N - \tau^K) W \dot{n} > 0$，生产性投资增加对产出的促进作用超过了劳动投入减少对农业产出的负面作用，总产出会增加；若 $\phi \varsigma i - (\tau^N - \tau^K) W \dot{n} = 0$，则农业产出不变；相应的，若 $\phi \varsigma i - (\tau^N - \tau^K) W \dot{n} < 0$，则农业产出减少。

值得注意的是，通过对经济系统均衡条件的观察，我们发现政府在实施农业保险保费补贴制度的同时，如果给予农业生产性投资直接补贴的话，将放大农业保费补贴政策对经济的刺激效果。

第二节 农业保险经营管理费用补贴政策效应分析

在本节，我们如同前节建立类似的动态一般均衡模型，只是补贴模式发生变化导致参数发生相应的改变。

一、固定金额的农业保险经营管理费用补贴模型

精算平衡原则是保险产品设计的最基本原则，即保险产品的保费收入等于该产品的赔付成本及经营管理成本的支出之和。农业保险产品也不例外。假定政府采用的农业保险补贴模式为给予经营农业保险产品的保险公司固定金额的产品专用经营管理费用补贴，其额度占该产品总成本的比例为 ω。那么，按照精算平衡原则，相应的保险公司应将农业保险产品价格下降 ω 的比例。在此基础上，我们进行进一步的模型设定与分析。

（一）模型建立

1. 农户行为

除去农业保险补贴模式设定外，经济体的其他假定条件均与第一节相同，据此我们建立的家庭的效用函数形式为：

$$U = \int_0^\infty u\left(c_t, n_t\right) e^{-\rho t} \mathrm{d}t$$

由于此时政府采用的是农业保险产品经营管理费用补贴模式，因此当补贴额度占该保险产品总成本比例为 ω_t 时，相应的保险产品价格下降为 $\left(1-\omega_t\right)P$，此时农户支付的农业保险保费为 $\left(1-\omega_t\right)P$

$\left(R_t k_t + W_t n_t\right)$。农户的收入依旧恒定为 $R_t k_t + W_t n_t$。

问题转化为代表性家庭选择 c_t、n_t、k_t、i_t 在如下约束下最大化其效用函数，即：

$$\max_{(c_t, n_t, k_t, i_t)} U$$

$$\text{S.t.} \quad \begin{aligned} & c_t + \phi_t i_t \left(1 - \varsigma_t\right) + \left(1 - \omega_t\right) P \left(R_t k_t + W_t n_t\right) \\ & = \left(1 - \tau^K\right) R_t k_t + \left(1 - \tau^N\right) W_t n_t + T_t / L \end{aligned} \tag{9.37}$$

$$\dot{k}_t = i_t - \delta k_t$$

$$k_0 = 0$$

建立效用函数 U 在预算约束下的汉密尔顿函数：

$$\begin{aligned} H\left(t, c_t, n_t, i_t, k_t\right) = & u\left(c_t, n_t\right) + \lambda\left(i_t - \delta k_t\right) + \\ & \mu \begin{bmatrix} \left(1 - \tau^K\right) R_t k_t + \left(1 - \tau^N\right) W_t n_t + T_t / L - c_t - \\ \phi_t i_t \left(1 - \varsigma_t\right) - \left(1 - \omega_t\right) P \left(R_t k_t + W_t n_t\right) \end{bmatrix} \end{aligned} \tag{9.38}$$

解得：

$$\dot{c} = \frac{u_1 \left(\rho + \delta\right)}{u_{11}} + \frac{u_1 R_t \left[\left(1 - \omega_t\right) P - \left(1 - \tau^K\right)\right]}{\left(1 - \varsigma_t\right) \phi_t u_{11}} \tag{9.39}$$

$$\dot{n} = \frac{u_1 W_t R_t \left[\left(1 - \tau^N\right) - \left(1 - \omega_t\right) P\right]\left[\left(1 - \tau^K\right) - \left(1 - \omega_t\right) P\right]}{u_{22} \phi_t \left(1 - \varsigma_t\right)} - \frac{u_1 W_t \left(\rho + \delta\right)\left[\left(1 - \tau^N\right) - \left(1 - \omega_t\right) P\right]}{u_{22}} \tag{9.40}$$

$$\Omega_H = u_1 \phi_t \left(1 - \varsigma_t\right)$$

$$\dot{\Omega}_H = \left(\rho + \delta\right) \Omega_H - u_1 R_t \left[\left(1 - \tau^K\right) - \left(1 - \omega_t\right) P\right] \tag{9.41}$$

其中 Ω_H 是预算约束方程（9.37）的现值影子价格。

2. 农户生产

在政府采用农业保险经营管理费用补贴模式时，农户平均产出的限定条件和表达式与前节农业保险保费模式下相同，有：

$$y_t = f\left(k_t, n_t\right) + \Omega$$

在存在农业保险的条件下，令产出的价格 $P_t = 1$，则人均农业产出收入恒定为 $P_t \overline{y}_t = \overline{y}_t$，其中

$$\overline{y}_t = f\left(k_t, n_t\right)$$

求解得：

$$\dot{y}_t = R_t \dot{k}_t + W_t \dot{n}_t$$

$$= \left[f_1\left(k_t, n_t\right) - \delta\right]\left(i_t - \delta k_t\right) + f_2\left(k_t, n_t\right) \cdot$$

$$\left\{ \begin{array}{l} \dfrac{u_1 W_t R_t \left[\left(1-\tau^K\right) - \left(1-\omega_t\right)P\right]\left[\left(1-\tau^N\right) - \left(1-\omega_t\right)P\right]}{u_{22}\phi_t\left(1-\varsigma_t\right)} \\[4mm] -\dfrac{u_1\left(\rho+\delta\right)W_t\left[\left(1-\tau^N\right) - \left(1-\omega_t\right)P\right]}{u_{22}} \end{array} \right\} \tag{9.42}$$

3. 政府支出

政府在 t 时期面临如下预算约束：

$$\begin{aligned} &\phi_t I_t \varsigma_t + \omega_t P\left(W_t N_t + R_t K_t\right) + T_t + G_t \\ &\leqslant \tau^N W_t N_t + \tau^K R_t K_t \end{aligned} \tag{9.43}$$

其集约式为：

$$\begin{aligned} &\phi_t i_t \varsigma_t + \omega_t P\left(W_t n_t + R_t k_t\right) + T_t/L + g_t \\ &= \tau^N W_t n_t + \tau^K R_t k_t \end{aligned} \tag{9.44}$$

求得：

$$i = \frac{\left(\tau^K - \omega_t P\right)R_t}{\varsigma_t \phi_t}\left(i_t - \delta k_t\right) + \frac{\left(\tau^N - \omega_t P\right)W_t}{\varsigma_t \phi_t} \cdot$$

$$\left[\begin{array}{c} \dfrac{u_1 W_t R_t\left[\left(1-\tau^K\right)-P\left(1-\omega_t\right)\right]\left[\left(1-\tau^N\right)-P\left(1-\omega_t\right)\right]}{u_{22}\phi_t\left(1-\varsigma_t\right)} \\ -\dfrac{u_1\left(\rho+\delta\right)W_t\left[\left(1-\tau^N\right)-P\left(1-\omega_t\right)\right]}{u_{22}} \end{array}\right] \qquad (9.45)$$

4. 市场出清

此时的农业产品市场出清条件为：

$$\overline{Y}_t = AK_t^\alpha N_t^{1-\alpha}$$
$$= C_t + I_t + G_t + T_t + P\left(R_t K_t + W_t N_t\right)$$

集约式为：

$$\overline{y}_t = f\left(k_t, n_t\right)$$
$$= c_t + i_t + g_t + T_t/L + P\left(R_t k_t + W_t n_t\right)$$

5. 均衡的存在性

在完全竞争的农业市场上，在生产面临外来的非正的随机冲击 Ω 和农户选择对于收入进行足额投保的情况下，给定资本租金 R_t 与实际工资 W_t、资本收入与劳动收入所得税率（τ^K，τ^N）、农户生产性投资政府补贴率为 ς、在政府给予固定金额的农业保险经营管理费用补贴模式下农业保险单位保费价格为 $\left(1-\omega_t\right)P$，农户选择为（c_t，n_t，k_t，i_t），此时经济的动态一般均衡存在如下的条件：

（1）对于给定的价格、税率与补贴率，农户生产实现收入最大化。

（2）对于给定的价格，农户实现在一定的预算约束下的个人效用最大化。

（3）政府预算满足（9.44）式。

（4）市场出清情况下（9.25）式成立。

均衡的存在性将为我们研究均衡的动态效应提供基础。我们将研究均衡条件下农户选择（c_t，n_t，k_t，i_t）的动态效应，其具有一般性，因而将各变量的下标 t 去掉。

（二）稳态时固定金额农业保险经营管理费用补贴的动态效应分析

1. 均衡条件与稳态

令 $\bar{y} = (c, \ n, \ k, \ i)^T$，同理，由上文关于农户行为和农户生产的最优化问题，我们依次可以得到各变量的变动率，动态系统可以表示为 $\dot{y} = h(y, \ R, \ W, \ \theta)$，初始条件 $K_0 = 0$ 给定，有：

$$\dot{c} = \frac{u_1(\rho + \delta)}{u_{11}} + \frac{u_1 R\left[P(1-\omega) - (1-\tau^K)\right]}{(1-\varsigma)\phi u_{11}} \tag{9.46}$$

$$\dot{n} = \frac{u_1 WR\left[(1-\tau^N) - P(1-\omega)\right]\left[(1-\tau^K) - P(1-\omega)\right]}{u_{22}\phi(1-\varsigma)}$$
$$- \frac{u_1 W(\rho + \delta)\left[(1-\tau^N) - P(1-\omega)\right]}{u_{22}} \tag{9.47}$$

$$\dot{k} = i - \delta k$$
$$\dot{i} = \frac{(\tau^K - \omega P)R}{\varsigma\phi}(i - \delta k) + \frac{(\tau^N - \omega P)W}{\varsigma\phi} \cdot$$
$$\left[\frac{u_1 WR\left[(1-\tau^K) - P(1-\omega)\right]\left[(1-\tau^N) - P(1-\omega)\right]}{u_{22}\phi(1-\varsigma)}\right. \tag{9.48}$$
$$\left. - \frac{u_1(\rho + \delta)W\left[(1-\tau^N) - P(1-\omega)\right]}{u_{22}}\right]$$

经计算，这一微分方程系统是可以求出解析解的，并令变量保持不变 $\dot{c} = \dot{k} = \dot{n} = 0$，就可以得到模型的长期稳态，从而求出模型处于稳态时的均衡解 $y^* = h(c^*, n^*, k^*, i^*)^T$。

2. 稳态时固定金额的农业保险经营管理费用补贴政策的动态效应

假定政府以信誉担保制定农业保险经营管理费用补贴政策，且补贴政策是临时性的，并通过总的转移支付 T 来融资。

在经济系统处于稳态时，

$$\frac{\mathrm{d}\dot{c}}{\mathrm{d}\omega} > 0 \tag{9.49}$$

这意味着政府增加固定金额的农业保险经营管理费用补贴，会导致农户增加其消费。这同样是由于农业保险经营管理费用补贴的增长增加了农户的可支配收入造成的。

同理，有：

$$
\begin{aligned}
\frac{\mathrm{d}\dot{n}}{\mathrm{d}\omega} &= \frac{u_1 WPR\left[\left(1-\tau^K\right)+\left(1-\tau^N\right)-2P(1-\omega)\right]}{u_{22}\phi(1-\varsigma)} \\
&\quad - \frac{u_1 WP(\rho+\delta)}{u_{22}}
\end{aligned}
\tag{9.50}
$$

将上式化简后，得出当 $R\left[\left(1-\tau^K\right)+\left(1-\tau^N\right)-2P(1-\omega)\right]-\phi(1-\varsigma)$

$(\rho+\delta) < 0$ 时，$\dfrac{\mathrm{d}\dot{n}}{\mathrm{d}\omega} > 0$，这意味着此时当政府增加固定金额的农业保险经营管理费用补贴时，农户将增加劳动投入量。相应的，当 $R\left[\left(1-\tau^K\right)+\left(1-\tau^N\right)-2P(1-\omega)\right]-\phi(1-\varsigma)(\rho+\delta) > 0$ 时，$\dfrac{\mathrm{d}\dot{n}}{\mathrm{d}\omega} < 0$，政府增加固定金额的农业保险经营管理费用补贴时，农户将减少劳动投入量。

生产性投资的成本函数为：

$$\phi_t(i_t) = \left(i_t/i^*\right)^{1/\xi}$$

根据式（9.33）与（9.12），有：

$$\frac{\Omega_H}{(1-\varsigma_t)u_1} = \left(\frac{i_t}{i^*}\right)^{\frac{1}{\xi}}$$

变形有：

$$\tilde{i} = -\xi \tilde{u}_1$$

当政府增加固定金额的农业保险补贴时，消费增长，则消费的边际效用是下降的，因此 $\tilde{u}_1 < 0$，$\tilde{i} = -\varsigma_t \tilde{u}_1 > 0$。从而由式（9.35）可以推导出，随着保险经营管理费用补贴额度的增长，生产性投资增加，即 $\dfrac{\mathrm{d}i}{\mathrm{d}\omega} > 0$。

对（9.45）式求导有：

$$\dot{y} = \frac{\phi \varsigma i - \left(\tau^N - \tau^K\right)W\dot{n}}{\tau^K - P\omega} \tag{9.51}$$

模型假定生产性资本与劳动投入的边际产出均大于 0。那么，在稳态条件下，必然有 $\dfrac{dy}{di} > 0$，$\dfrac{dy}{d\dot{n}} > 0$。则模型必满足隐含条件 $\tau^K > P\omega$，$\tau^N - \tau^K < 0$。

结合式（9.50），我们可以推导出：当 $R\left[\left(1-\tau^K\right)+\left(1-\tau^N\right)-2P(1-\omega)\right] - \phi(1-\varsigma)(\rho+\delta) < 0$ 时，政府增加固定金额的农业保险经营管理费用补贴，农户将增加劳动投入量与生产性投资，农业产出增加。相应的，当 $R\left[\left(1-\tau^K\right)+\left(1-\tau^N\right)-2P(1-\omega)\right] - \phi(1-\varsigma)(\rho+\delta) > 0$ 时，政府增加固定金额的农业保险经营管理费用补贴，农户将减少劳动量投入，增加生产性投资，农业产出的变化则取决于生产性投资与劳动投资的反方向变动对产出的不同影响。此时，当政府增加农业保险经营管理费用补贴额度时，若模型满足 $\phi \varsigma i - \left(\tau^N - \tau^K\right)W\dot{n} > 0$，生产性投资增加对产出的促进作用超过了劳动投入减少对农业产出的负面作用，总产出会增加；若 $\phi \varsigma i - \left(\tau^N - \tau^K\right)W\dot{n} = 0$，则农业产出不变；相应的，若 $\phi \varsigma i - \left(\tau^N - \tau^K\right)W\dot{n} < 0$，则农业产出减少。

我们将固定金额的保险经营管理费用补贴的模型结论与农业保险

保费补贴模型做比较,会发现两种补贴模式的政策效果是高度类似的。但是,在实务中我们需要注意,农业保险经营管理费用补贴通常是远低于农业保险直接保费补贴规模的。这是由于多种原因造成的,譬如直接补贴农业保险保费的形式使农民可以更加直观地感受政府对农业生产及农业保险工作的重视与支持,从而促进农民的参保热情。此外,我们还认为,这与农业保险经营管理费用补贴的溢出效应相关。保险公司虽然能够区分不同保险产品之间的赔付成本,却无法准确切割每种产品实际发生的经营管理成本,比如后台人力成本、经营场所费用等。这意味着政府给予的某种农产品农业保险经营管理费用补贴很可能存在着溢出效应,从而弱化了政策效果。

二、与生产性投资相关的农业保险经营管理费用补贴模型

在此模型中,我们假定政府改变了固定金额的农业保险经营管理费用补贴模式。为促使农户增加农业生产中的生产性资本投入,补贴总额与该农产品耗费的直接性生产投资 I 正相关,为 $a_t\phi_t I_t$。a 为与生产性投资相关的农业保险经营管理费用补贴率,令 $a_t\phi_t i_t < P(W_t n_t + R_t k_t)$,$0 < a_t \leqslant 1$ 且 $0 < a_t + \varsigma_t \leqslant 1$。此外,模型的其他限定条件不变。

(一)模型建立

1. 农户行为

在与生产性投资相关的农业保险经营管理费用补贴模式下,代表性家庭选择 c_t、n_t、k_t、i_t 在如下约束下最大化其效用函数,即:$\max_{(c_t, n_t, k_t, i_t)} U$

$$
\text{S.t.} \quad
\begin{aligned}
& c_t + \phi_t i_t (1-\varsigma_t) + P(R_t k_t + W_t n_t) - a_t \phi_t i_t \\
& = (1-\tau^K) R_t k_t + (1-\tau^N) W_t n_t + T_t / L
\end{aligned}
\tag{9.52}
$$

$$
\dot{k}_t = i_t - \delta k_t
$$

$k_0 = 0$

建立效用函数 U 在预算约束下的汉密尔顿函数：

$$H\left(t, c_t, n_t, i_t, k_t\right) = u\left(c_t, n_t\right) + \lambda\left(i_t - \delta k_t\right) +$$

$$\mu \left[\begin{array}{l} \left(1 - \tau^K\right) R_t k_t + \left(1 - \tau^N\right) W_t n_t + T_t / L - c_t - \\ \phi_t i_t \left(1 - \varsigma_t - a_t\right) - P\left(R_t k_t + W_t n_t\right) \end{array} \right] \quad (9.53)$$

解得：

$$\dot{c} = \frac{\left(\rho + \delta\right) u_1}{u_{11}} - \frac{u_1 R_t \left(1 - \tau^K - P\right)}{u_{11} \phi_t \left(1 - \varsigma_t - a_t\right)} \quad (9.54)$$

$$\dot{n} = \frac{u_1 W_t R_t \left(1 - \tau^K - P\right)\left(1 - \tau^N - P\right)}{\phi_t u_{22} \left(1 - \varsigma_t - a_t\right)}$$

$$- \frac{u_1 W_t \left(\rho + \delta\right)\left(1 - \tau^N - P\right)}{u_{22}} \quad (9.55)$$

$$\Omega_H = u_1 \phi_t \left(1 - \delta_t - a_t\right) \quad (9.56)$$

其中 Ω_H 为生产性投资的影子价格。

2. 农户产出

农户平均产出的限定条件不变，有：

$$y_t = f\left(k_t, n_t\right) + \Omega$$

在存在农业保险的条件下，令产出的价格 $P_t = 1$，则人均农业产出收入恒定为 $P_t \overline{y}_t = \overline{y}_t$，其中

$$\overline{y}_t = f\left(k_t, n_t\right)$$

求解得：

$$\dot{y}_t = R_t \dot{k}_t + W_t \dot{n}_t$$

$$= \left[f_1\left(k_t, n_t\right) - \delta \right]\left(i_t - \delta k_t\right) + f_2\left(k_t, n_t\right) \cdot$$

$$\left\{ \begin{array}{c} \dfrac{u_1 W_t R_t \left(1 - \tau^K - P\right)\left(1 - \tau^N - P\right)}{u_{22}\phi_t\left(1 - \varsigma_t - a_t\right)} \\[3mm] -\dfrac{u_1\left(\rho + \delta\right)W_t\left(1 - \tau^N - P\right)}{u_{22}} \end{array} \right\} \qquad (9.57)$$

3. 政府支出

政府在 t 时期面临如下预算约束：

$$\left(\varsigma_t + a_t\right)\phi_t I_t + T_t + G_t \leqslant \tau^N W_t N_t + \tau^K R_t K_t \qquad (9.58)$$

其集约式为：

$$\left(\varsigma_t + a_t\right)\phi_t i_t + T_t/L + g_t = \tau^N W_t n_t + \tau^K R_t k_t \qquad (9.59)$$

求得：

$$i = \frac{\tau^K R_t}{\left(\varsigma_t + a_t\right)\phi_t}\left(i_t - \delta k_t\right) + \frac{\tau^N W_t}{\left(\varsigma_t + a_t\right)\phi_t} \cdot$$

$$\left[\begin{array}{c} \dfrac{u_1 W_t R_t\left(1 - \tau^K - P\right)\left(1 - \tau^N - P\right)}{u_{22}\phi_t\left(1 - \varsigma_t - a_t\right)} \\[3mm] -\dfrac{u_1\left(\rho + \delta\right)W_t\left(1 - \tau^N - P\right)}{u_{22}} \end{array} \right] \qquad (9.60)$$

4. 市场出清

此时的农业产品市场出清条件为：

$$\overline{Y}_t = f\left(K_t, N_t\right) = C_t + I_t + G_t + P\left(R_t K_t + W_t N_t\right)$$

集约式为：

$$\overline{y}_t = f\left(k_t, n_t\right) = c_t + i_t + g_t + P\left(R_t k_t + W_t n_t\right)$$

5. 均衡的存在性

在完全竞争的农业市场上，在生产面临外来的非正的随机冲击 Ω

和农户选择对于收入进行足额投保的情况下，给定资本租金 R_t 与实际工资 W_t、资本收入与劳动收入所得税率（τ^K，τ^N）、农户生产性投资政府补贴率为 ς，在政府给予额度与生产性投资相关的农业保险经营管理费用补贴模式下，农业保险经营管理费用补贴额为 $a_t\phi_t I_t$，农户选择为（c_t，n_t，k_t，i_t），此时经济系统的动态一般均衡存在如下的条件：

（1）对于给定的价格、税率与补贴率，农户生产实现收入最大化。

（2）对于给定的价格，农户实现在一定的预算约束下的个人效用最大化。

（3）政府预算满足（9.59）式。

（4）市场出清情况下（9.25）式成立。

均衡的存在性将为我们研究均衡的动态效应提供基础。我们将研究均衡条件下农户选择（c_t，n_t，k_t，i_t）的动态效应，其具有一般性，因而将各变量的下标 t 去掉。

（二）与生产性投资相关的农业保险经营管理费用补贴的动态效应分析

1. 均衡条件与稳态

令 $\overline{y} = (c, n, k, i)^T$，同理，由上文关于农户行为和农户生产的最优化问题，我们依次可以得到各变量的变动率，动态系统可以表示为 $\dot{y} = h(y, R, W, a)$，初始条件 $K_0 = 0$ 给定，有：

$$\dot{c} = \frac{u_1(\rho+\delta)}{u_{11}} - \frac{(1-\tau^K-P)Ru_1}{(1-\varsigma-a)\phi u_{11}} \tag{9.61}$$

$$\dot{n} = \frac{u_1 WR(1-\tau^N-P)(1-\tau^K-P)}{u_{22}\phi(1-\varsigma-a)} \\ - \frac{u_1 W(\rho+\delta)(1-\tau^N-P)}{u_{22}} \tag{9.62}$$

$$\dot{k} = i - \delta k$$

$$i = \frac{\tau^K R}{(\varsigma + a)\phi}(i - \delta k) + \frac{\tau^N W}{(\varsigma + a)\phi} \cdot$$

$$\begin{bmatrix} \dfrac{u_1 WR(1 - \tau^K - P)(1 - \tau^N - P)}{u_{22}\phi(1 - \varsigma - a)} \\ -\dfrac{u_1(\rho + \delta)W(1 - \tau^N - P)}{u_{22}} \end{bmatrix} \tag{9.63}$$

经计算，这一微分方程系统是可以求出解析解的，并令变量保持不变 $\dot{c} = \dot{k} = \dot{n} = 0$，就可以得到模型的长期稳态，从而求出模型处于稳态时的均衡解 $y^* = h(c^*, n^*, k^*, i^*)^T$。

2. 稳态时与生产性投资相关的农业保险经营管理费用补贴政策的动态效应

假定政府以信誉担保制定农业保险经营管理费用补贴政策，且补贴政策是临时性的，并通过总的转移支付 T 来融资。

在经济系统处于稳态时，

$$\frac{\mathrm{d}\dot{c}}{\mathrm{d}a} = -\frac{(1 - \tau^K - P)Ru_1}{(1 - \delta - a)^2 \phi u_{11}} \tag{9.64}$$

对 $1 - \tau^K - P$ 进行变形，显然有 $(1 - \tau^K)Rk - PRk > 0$，否则农户会选择不投入使用生产性资本。换句话说，模型满足 $1 - \tau^K - P > 0$。同理，有限定条件 $1 - \tau^N - P > 0$。因此，推断出：

$$\frac{\mathrm{d}\dot{c}}{\mathrm{d}a} > 0 \tag{9.65}$$

这意味着政府增加与生产性投资相关的农业保险经营管理费用补贴，也会导致农户增加其消费。

经计算，有

$$\frac{\mathrm{d}\dot{n}}{\mathrm{d}a} = \frac{u_1 WR\left(1-\tau^K-P\right)\left(1-\tau^N-P\right)}{u_{22}\phi\left(1-\varsigma-a\right)^2} < 0 \tag{9.66}$$

式（9.61）说明当政府增加补贴金额与生产性投资相关的农业保险经营管理费补贴时，农户减少劳动投入量。反之，农户将增加劳动投入量。

根据式（9.33）与（9.56），有：

$$\frac{\Omega_H}{\left(1-\varsigma_t-a_t\right)u_1} = \left(\frac{i_t}{i^*}\right)^{\frac{1}{\xi}} \tag{9.67}$$

对式（9.67）变形，得：

$$\tilde{i} = \frac{\xi}{1-\varsigma_t-a_t}\mathrm{d}a_t - \xi\tilde{u}_1 \tag{9.68}$$

当政府增加与生产性投资相关的经营管理费用补贴时，消费增长，效用下降，因此 $\tilde{u}_1 < 0$。从而从式（9.64）中可以推导出，随着政府增加与生产性投资相关的保险经营管理费用补贴时，会对生产性投资产生正面影响，促进其增长，即 $\dfrac{\mathrm{d}i}{\mathrm{d}a} > 0$。

对式（9.63）变形，有：

$$\dot{y} = \frac{(\varsigma+a)\phi i - \left(\tau^N-\tau^K\right)W\dot{n}}{\tau^K} \tag{9.69}$$

模型假定劳动投入的边际产出均大于 0。那么，在稳态条件下，必然有 $\dfrac{\mathrm{d}\dot{y}}{\mathrm{d}\dot{n}} > 0$。则模型必满足隐含条件 $\tau^N-\tau^K < 0$。

根据式（9.69），当政府增加与生产性投资相关的农业保险经营管理费用补贴时，若模型满足 $(\varsigma+a)\phi i - \left(\tau^N-\tau^K\right)W\dot{n} > 0$，补贴增加带来的生产性投资增长对农业产出的正面影响超出由于劳动投入下降带来的对农业产出的负面影响，农业总产出增加。反之，则减少。若模型满足 $(\varsigma+a)\phi i - \left(\tau^N-\tau^K\right)W\dot{n} = 0$，则补贴增加，生产性投资带来的产出增加与劳动投入下降带来的农业产出下降相抵消，农业系统产出量不变。

比较固定金额的农业保险经营管理费用补贴与生产性投资相关的农业保险经营管理费用补贴两种不同的补贴模式，会发现两者对于投资与消费均有促进作用，但是对劳动投入的刺激作用是不同的。在对农业经营管理费用总体进行补贴时，补贴的增长对劳动投入的效应是不确定的。而与生产性投资相关的费用补贴，必然会造成劳动投入的下降。在两种方式下，对农业产出的具体影响则取决于生产函数与参数的设定。此外，需要注意的是，在现实中，一一确定每家农户的生产性投资，实现每户与生产性投资相关的保费减免显然成本巨大。通过设计一定的渠道检测与指标体系估算，可以大致确定与某项农产品相关的生产性投资总额，采用这种方式的农业保险经营管理费用补贴对于生产性投资的促进作用将明显强于固定金额的农业保险经营管理费用补贴或保费补贴。当然，在现实生活中，这种方式也是有统计成本，并可能存在溢出效应的。

第十章

农业保险补贴对农业产出及农民消费的影响研究

本章首先构建了一个包含农业保险及农业保险补贴对农业生产与农民消费影响的理论模型，并构建了包含不同情形下的模型体系，通过对不同模型进行最优化分析而得到相应的稳态状态，并基于此进行了相应的比较静态分析来研究农业保险补贴额度变化对均衡稳态状态的影响，然后考虑到包含农业保险补贴的各模型存在较为一致的转型动态，又进一步对各模型的转型动态进行了分析，理论部分结果显示，随着政府对农业保险补贴的提高，会促进农业资本积累进而带动农业产业发展，同时也可以提高农民消费水平。其次，建立了一个农业总产值与农民消费水平的非线性动力系统模型，以此研究二者之间的动态规律和相互作用机制；最后，本部分将探讨该经济系统自发调控与依靠农业保险补贴效率作为控制变量的调控工具的差异，探讨了不同调控方案对该经济系统的影响特点。

我国是农业大国，农业发展关系到国计民生的很多方面。随着农业的快速发展，农业保险作为对农业生产进行保险保障的重要制度正在变得越来越重要。国外理论研究与实践普遍反映，健全、发达的农业保险对于国家与地区的农业发展具有举足轻重的重要价值。

国家统计局对发展现代农业对农民增收的作用归纳为：首先，现代农业是优化资源配置，提高资源利用率，增加农民收入的重要途径；其次，现代农业有利于提高农业生产管理水平和经营管理水平，是增加农民收入不可缺少的手段；最后，现代农业促进农科教结合，加快农业生产技术传播和推广和农业科技人才，是增加农民收入的重要保障。

发展农业保险为农业生产、农村经济与产出发展及农民消费水平的提高提供充足的保障，引导商业保险资源向农业和农村倾斜，是增加农民消费和促进农业发展最为有效的政策手段之一。但现在，在我国农村地区却是只有部分农民能够享有保险服务，还有很多农民尚未得到足够的保险保障。随着农村金融制度的改革，国家正在探寻培育更加高效的农村金融生态环境体系，改善农村金融的广度和深度。近年来，大力发展农业保险作为强农、惠农、富农政策，连续多年被写入中央文件，农业保险保费从 2006 年的 8.5 亿元直线上升到 2014 年的 325.7 亿元（庹国柱等，2015），2013 年 3 月《农业保险条例》实施后，农业保险再次进入发展黄金期。因此，保险业提供的关于农民身体和健康的保险产品和直接作用于农作物种植和养殖等领域的与农业生产密切相关的保险产品都会有效促进农业发展与提高农民收入。一个直观的认识是农业产出增长与农民消费存在密切联系，而农业保险及政府对农业保险的补贴又对二者都具有重要作用。

第一节 农险补贴影响农业产出及农民消费的理论模型

一、模型设定

借鉴 Webb（2002）、Tong（2008）以及刘晴辉（2008）、赵尚梅等（2009）、邵全权（2013）等文献的研究设计以下理论模型：

假设代表性行为农户的效用函数为 $u(c(t)) = \dfrac{c^{1-\gamma}(t)}{1-\gamma}$，满足：$u_c > 0, u_{cc} < 0$。

农业生产的生产函数就具体化为：

$$f(k) = Ak^\alpha \tag{10.1}$$

可以验证该生产函数满足新古典生产函数的性质，即：

$$f'(k(t)) > 0, f''(k(t)) < 0$$

资源约束条件为：$c(t) + i(t) \leqslant y(t) = Ak^\alpha$

每一期来自农业企业生产的产品在扣除消费、折旧后的剩余转化为投资，因此资本的积累方程为：

$$\dot{k}(t) = Ak^\alpha - c(t) - \delta k(t) \tag{10.2}$$

其中，δ 为资本折旧率，$\delta \in (0,1]$。

假设代表性个人将选择其消费、资本存量,以便使其在方程(10.2)的约束下达到效用的贴现值 $\int_0^\infty u(c(t))\mathrm{e}^{-\rho t}\mathrm{d}t$ 最大，ρ 为贴现因子。

本部分模型的基本思路为：首先，考虑在存在农业保险补贴的情况下，有存在与不存在保险市场垄断力量两种不同的情况，然后考虑到农业保险补贴方式可以分为直接补贴与间接补贴两类，在直接补贴领域可以进一步细化为不存在保险市场势力与存在保险市场势力两个模型，而在间接补贴领域除了根据是否存在保险市场势力划分的方式外，考虑到在存在保险市场势力的情况下，市场势力可以分别作用于政府部门和农户两种情况，因此在间接补贴领域又可以进一步细化为三个模型。直接补贴是对产出的直接补贴，间接补贴是通过对农户资本存量进行保险而产生的间接补贴效果。下面我们将对上述界定的模型分别阐述。

基于上述构建的模型进行动态最优化的结果，我们可以分别计算各自模型的稳态值以及相应的比较静态分析与比较动态分析，还可以描绘出上述各个问题的相位图进行转型动态的分析，乃至进行相应的数值模拟分析。

二、模型的均衡、稳态、比较静态分析

（一）不存在保险市场势力情形下的间接补贴

$$\int_0^\infty u(c(t))\mathrm{e}^{-\rho t}\mathrm{d}t$$

$$\mathrm{s.t.} c(t) + i(t) + b*p*k(t) \leqslant y(t) = Ak(t)^\alpha$$

$$\dot{k}(t) = i(t) - \delta k(t) - (1-b)*p*k(t)$$

其中，b 为政府对农业保险财政补贴的程度，同时界定基于精算公平保费设定农业保险产品的价格，因此总保费为 $p \times k\,(t)$，在间接补贴的情形下，将该保费分为两部分：一部分为 $b \times p \times k\,(t)$，为政府承担部分，因此要在整个农业生产的资源约束条件中加以体现；另一部分为 $(1-b) \times p \times k\,(t)$，为农户自身承担部分，进入农户生产的资本积累方程。

定义汉密尔顿函数为：

$$H = \frac{c^{1-\gamma}(t)}{1-\gamma} + \mu[Ak^\alpha - c(t) - bpk(t) - \delta k(t) + bpk(t)]$$

μ 为汉密尔顿乘子，表示资本 $k(t)$ 的影子价格。

最大化的一阶条件为：

$$u'(c) = c^{-\sigma} = \mu \tag{10.3}$$

$$\rho\mu - \dot{\mu} = \mu[\alpha Ak^{\alpha-1} - \delta - p] \tag{10.4}$$

横截性条件为：$\lim\limits_{t \to \infty} \mathrm{e}^{-\rho t}\mu k(t) = 0 \tag{10.5}$

联合以上各式，可得消费路径和资本存量积累路径，从而得到关于 (k, c) 的二维微分系统：

$$\frac{\dot{c}(t)}{c(t)} = \frac{1}{\gamma}[\alpha A k^{\alpha-1} - \delta - p - \rho]$$

（10.6）

$$\frac{\dot{k}(t)}{k(t)} = A k(t)^{\alpha-1} - \frac{c(t)}{k(t)} - \delta - p$$

上述两式与横截条件共同决定了最优的消费路径和最优资本积累路径。

当 $\dot{k}(t) = \dot{c}(t) = 0$ 时，经济系统达到稳定状态，以下关系描述了经济的长期行为。在该经济系统的稳定状态，我们分别求解得到了关于稳定状态时最优的资本和消费 $k(t)^*$ 与 $c(t)^*$ 的表达式：

$$k(t)^* = (\frac{p+\delta+\rho}{A\alpha})^{\frac{1}{-1+\alpha}}$$

$$c(t)^* = -p(\frac{p+\delta+\rho}{A\alpha})^{\frac{1}{-1+\alpha}} - \delta(\frac{p+\delta+\rho}{A\alpha})^{\frac{1}{-1+\alpha}} + A((\frac{p+\delta+\rho}{A\alpha})^{\frac{1}{-1+\alpha}})^{\alpha}$$

可以发现，在这种情形下，政府对农业保险的补贴比例 b 并不出现在消费与资本的动态方程中，也就是说农险补贴比例和程度并不影响消费与资本的动态演进规律。

进一步进行数值模拟：根据一般宏观经济理论中对有关参数的假设，设定 $\gamma=0.95$，$\alpha=0.33$，$\delta=0.1$，$p=0.05$，$\rho=0.9$。同时将初值设定为 $c=1.5$，$k=3$。可以发现，农业资本呈现出不断增长的态势，而农民消费却呈现出下降的趋势，出现这种情况，一方面可能是由于模型设定所造成的，另一方面可能在于对模拟参数的选择。

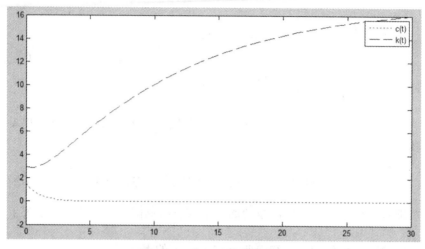

图 10.1　状况 A 的数值模拟

（二）保险市场势力影响政府的间接补贴

$$\int_0^\infty u(c(t))\mathrm{e}^{-\rho t}\mathrm{d}t$$

$$\text{s.t.}c(t)+i(t)+\lambda\times b\times p\times k(t)\leqslant y(t)=Ak(t)^\alpha$$

$$\dot{k}(t)=i(t)-\delta k(t)-(1-b)\times p\times k(t)$$

其中，λ 为保险市场势力衡量参数，$\lambda>1$，λ 越高说明保险市场垄断力量越强，保险公司要求的利润水平也就越高，反之亦然。

经推导，情形 B 的关于（k，c）的二维微分系统为：

$$\frac{\dot{c}(t)}{c(t)}=\frac{1}{\gamma}[\alpha Ak^{\alpha-1}+bp(1-\lambda)-\delta-p-\rho]$$

$$\frac{\dot{k}(t)}{k(t)}=Ak(t)^{\alpha-1}-\frac{c(t)}{k(t)}-\lambda bp-\delta-p+bp$$

（10.7）

当 $\dot{k}(t)=\dot{c}(t)=0$ 时，经济系统达到稳定状态，以下关系描述了经济的长期行为。在该经济系统的稳定状态，我们分别求解得到了关于稳定状态时最优的资本和消费 $k(t)^*$ 与 $c(t)^*$ 的表达式：

$$k(t)^* = (\frac{p - bp + \delta + bp\lambda + \rho}{A\alpha})^{\frac{1}{-1+\alpha}}$$

$$c(t)^* = (\frac{p - bp + \delta + bp\lambda + \rho}{A\alpha})^{\frac{1}{-1+\alpha}}(-\delta - p(1 + b\lambda) +$$

$$A(\frac{p - bp + \delta + bp\lambda + \rho}{A\alpha})^{\frac{1}{1-\alpha}}((\frac{p - bp + \delta + bp\lambda + \rho}{A\alpha})^{\frac{1}{-1+\alpha}})^{\alpha})$$

下面对稳定状态的农业资本与农民消费进行比较静态分析：可以

发现，$\dfrac{\partial k(t)^*}{\partial b} < 0$，$\dfrac{\partial c(t)^*}{\partial b}$ 则取决于下面所示的表达式大于零还是小

于零，当 $\dfrac{\partial c(t)^*}{\partial b} < 0$ 时，此时增加政府对农业保险补贴的额度，会降低

稳定状态时的最优农业资本与农民消费，当 $\dfrac{\partial c(t)^*}{\partial b} > 0$ 时，此时增加政

府对农业保险补贴的额度，会降低稳定状态时的最优农业资本但可以
提高农民消费。

$$\frac{\partial k(t)^*}{\partial b} = \frac{p(-1 + \lambda)(\frac{p - bp + \delta + bp\lambda + \rho}{A\alpha})^{-1 + \frac{1}{-1+\alpha}}}{A(-1 + \alpha)\alpha} < 0$$

$$\frac{\partial c(t)^*}{\partial b} = -(p(\frac{p - bp + \delta + bp\lambda + \rho}{A\alpha})^{\frac{1}{-1+\alpha}}(\delta(-1 + \alpha\lambda) +$$

$$p(-1 + \alpha(1 + b(-1 + \lambda))\lambda) - \lambda\rho + \alpha\lambda\rho$$

$$+ A\alpha(\frac{p - bp + \delta + bp\lambda + \rho}{A\alpha})^{\frac{1}{1-\alpha}}((\frac{p - bp + \delta + bp\lambda + \rho}{A\alpha})^{\frac{1}{-1+\alpha}})^{\alpha}$$

$$- A\alpha\lambda(\frac{p - bp + \delta + bp\lambda + \rho}{A\alpha})^{\frac{1}{1-\alpha}}$$

$$((\frac{p - bp + \delta + bp\lambda + \rho}{A\alpha})^{\frac{1}{-1+\alpha}})^{\alpha}))/((-1 + \alpha)$$

$$(\delta + p(1 + b(-1 + \lambda)) + \rho))$$

进一步进行数值模拟：根据一般宏观经济理论中对有关参数的假设，设定 γ =0.95，α =0.33，δ =0.1，p =0.05，ρ =0.9。b=0.3，λ=1.5，A=1。初值 c=4，k=7。

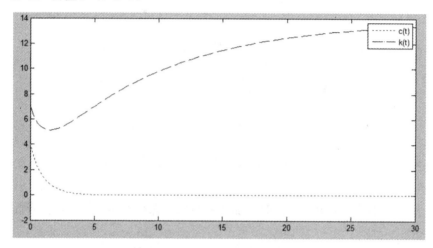

图 10.2　状况 B 的数值模拟

（三）保险市场势力影响农户的间接补贴

$$\int_0^\infty u(c(t))\mathrm{e}^{-\rho t}\mathrm{d}t$$

$$\mathrm{s.t.}\, c(t) + i(t) + b \times p \times k(t) \leqslant y(t) = Ak(t)^\alpha$$

$$\dot{k}(t) = i(t) - \delta k(t) - \lambda \times (1-b) \times p \times k(t)$$

经推导，情形 C 的关于（k，c）的二维微分系统为：

$$\frac{\dot{c}(t)}{c(t)} = \frac{1}{\gamma}[\alpha Ak^{\alpha-1} - \delta - \lambda p - \rho + (\lambda - 1)bp]$$

$$\frac{\dot{k}(t)}{k(t)} = Ak(t)^{\alpha-1} - \frac{c(t)}{k(t)} - \lambda p - \delta + (\lambda - 1)bp$$

（10.8）

当 $\dot{k}(t) = \dot{c}(t) = 0$ 时，经济系统达到稳定状态，以下关系描述了经济的长期行为。在该经济系统的稳定状态，我们分别求解得到了关于稳定状态时最优的资本和消费 $k(t)^*$ 与 $c(t)^*$ 的表达式：

$$k(t)^* = (\frac{bp + \delta + p\lambda - bp\lambda + \rho}{A\alpha})^{\frac{1}{-1+\alpha}}$$

$$c(t)^* = (\frac{bp + \delta + p\lambda - bp\lambda + \rho}{A\alpha})^{\frac{1}{-1+\alpha}}(-\delta + bp(-1+\lambda) - p\lambda$$

$$+ A(\frac{bp + \delta + p\lambda - bp\lambda + \rho}{A\alpha})^{\frac{1}{1-\alpha}}((\frac{bp + \delta + p\lambda - bp\lambda + \rho}{A\alpha})^{\frac{1}{-1+\alpha}})^\alpha)$$

下面对稳定状态的农业资本与农民消费进行比较静态分析，可以

发现，$\dfrac{\partial k(t)^*}{\partial b} > 0$，$\dfrac{\partial c(t)^*}{\partial b}$ 则取决于下面所示的表达式大于零还是小

于零，当 $\dfrac{\partial c(t)^*}{\partial b} < 0$ 时，此时增加政府对农业保险补贴的额度，会提高

稳定状态时的最优农业资本并降低农民消费，当 $\dfrac{\partial c(t)^*}{\partial b} > 0$ 时，此时增

加政府对农业保险补贴的额度，会同时提高稳定状态时的最优农业资
本并可以提高农民消费。

$$\frac{\partial k(t)^*}{\partial b} = \frac{(p - p\lambda)(\frac{bp + \delta + p\lambda - bp\lambda + \rho}{A\alpha})^{-1+\frac{1}{-1+\alpha}}}{A(-1+\alpha)\alpha} > 0$$

$$\frac{\partial c(t)^*}{\partial b} = -(p(-1+\lambda)(\frac{bp + \delta + p\lambda - bp\lambda + \rho}{A\alpha})^{\frac{1}{-1+\alpha}}$$

$$(bp\alpha(-1+\lambda) + \rho - \alpha(\delta + p\lambda + \rho - A(\frac{bp + \delta + p\lambda - bp\lambda + \rho}{A\alpha})^{\frac{1}{1-\alpha}}$$

$$((\frac{bp + \delta + p\lambda - bp\lambda + \rho}{A\alpha})^{\frac{1}{-1+\alpha}})^\alpha)))/$$

$$((-1+\alpha)(\delta + p\lambda + b(p - p\lambda) + \rho))$$

进一步进行数值模拟：根据一般宏观经济理论中对有关参数的假
设，设定 $\gamma = 0.95$，$\alpha = 0.33$，$\delta = 0.1$，$p = 0.05$，$\rho = 0.9$。$b = 0.3$，$\lambda = 1.5$，
$A = 1$。初值 $c = 4$，$k = 7$。同时为了进一步分析当农业保险的供给方的市

场势力发生改变的时候，会对农业产出与农民消费具有怎样的影响，我们分别在 $\lambda=1.5$ 和 $\lambda=2.5$ 的情况下分别进行数值模拟，结果如图 10.3、10.4 所示，可以发现，随着农业保险供给方市场势力的提高，对消费的影响并不明显，但是会明显压抑农业资本的增长。

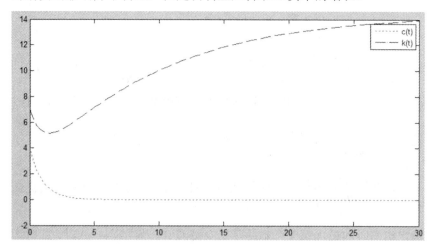

图 10.3　状况 C 的数值模拟，$\lambda=1.5$

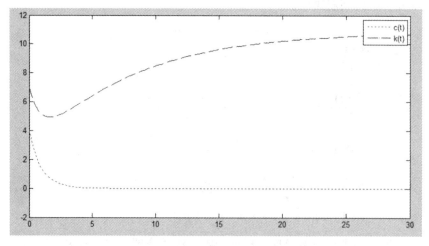

图 10.4　状况 C 的数值模拟，$\lambda=2.5$

（四）不存在保险市场势力的直接补贴

$$\int_0^\infty u(c(t))\mathrm{e}^{-\rho t}\mathrm{d}t$$

$$\text{s.t.}\, c(t)+i(t)\leqslant y(t)=(1-p+bp)Ak(t)^\alpha$$

$$\dot{k}(t)=i(t)-\delta k(t)$$

经推导，情形 D 的关于（k，c）的二维微分系统为：

$$\frac{\dot{c}(t)}{c(t)}=\frac{1}{\gamma}[(1-p+bp)\alpha Ak^{\alpha-1}-\delta-\rho]$$

$$\frac{\dot{k}(t)}{k(t)}=(1-p+bp)Ak(t)^{\alpha-1}-\frac{c(t)}{k(t)}-\delta$$

（10.9）

当 $\dot{k}(t)=\dot{c}(t)=0$ 时，经济系统达到稳定状态，以下关系描述了经济的长期行为。在该经济系统的稳定状态，我们分别求解得到了关于稳定状态时最优的资本和消费 $k(t)^*$ 与 $c(t)^*$ 的表达式：

$$k(t)^*=(\frac{A(1-p+bp)\alpha}{\delta+\rho})^{\frac{1}{1-\alpha}}$$

$$c(t)^*=-\delta(\frac{A(1-p+bp)\alpha}{\delta+\rho})^{\frac{1}{1-\alpha}}$$

下面对稳定状态的农业资本与农民消费进行比较静态分析，可以发现，$\frac{\partial k(t)^*}{\partial b}>0$，$\frac{\partial c(t)^*}{\partial b}<0$ 时，此时增加政府对农业保险补贴的额度，会提高稳定状态时的最优农业资本并降低农民消费。

$$\frac{\partial k(t)^*}{\partial b}=\frac{Ap\alpha(\frac{A(1-p+bp)\alpha}{\delta+\rho})^{-1+\frac{1}{1-\alpha}}}{(1-\alpha)(\delta+\rho)}>0$$

$$\frac{\partial c(t)^*}{\partial b}=-\frac{Ap\alpha\delta(\frac{A(1-p+bp)\alpha}{\delta+\rho})^{-1+\frac{1}{1-\alpha}}}{(1-\alpha)(\delta+\rho)}<0$$

进一步进行数值模拟：根据一般宏观经济理论中对有关参数的假设，设定 $\gamma=0.95$，$\alpha=0.33$，$\delta=0.1$，$p=0.05$，$\rho=0.9$。$b=0.3$，$\lambda=1.5$，$A=1$。初值 $c=4$，$k=7$。

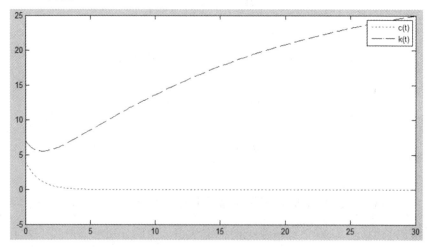

图 10.5　状况 D 的数值模拟

（五）存在保险市场势力的直接补贴

$$\int_0^\infty u(c(t))\mathrm{e}^{-\rho t}\mathrm{d}t$$

$$\mathrm{s.t.}c(t)+i(t)\leqslant y(t)=(1-p\times\lambda+b\times p\times\lambda)Ak(t)^\alpha$$

$$\dot{k}(t)=i(t)-\delta k(t)$$

其中，λ 为保险市场势力衡量参数，$\lambda>1$，λ 越高说明保险市场的垄断力量越强，保险公司要求的利润水平也就越高，反之亦然。

经推导，情形 E 的关于（k，c）的二维微分系统为：

$$\frac{\dot{c}(t)}{c(t)}=\frac{1}{\gamma}[(1-p\lambda+bp\lambda)\alpha Ak^{\alpha-1}-\delta-\rho] \tag{10.10}$$

$$\frac{\dot{k}(t)}{k(t)}=(1-p\lambda+bp\lambda)Ak(t)^{\alpha-1}-\frac{c(t)}{k(t)}-\delta$$

当 $\dot{k}(t)=\dot{c}(t)=0$ 时，经济系统达到稳定状态，以下关系描述了经

济的长期行为。在该经济系统的稳定状态，我们分别求解得到了关于
稳定状态时最优的资本和消费 $k(t)^*$ 与 $c(t)^*$ 的表达式：

$$k(t)^* = (\frac{A\alpha(1 - p\lambda + bp\lambda)}{\delta + \rho})^{\frac{1}{1-\alpha}}$$

$$c(t)^* = -\delta(\frac{A\alpha(1 - p\lambda + bp\lambda)}{\delta + \rho})^{\frac{1}{1-\alpha}}$$

下面对稳定状态的农业资本与农民消费进行比较静态分析，可以

发现，$\dfrac{\partial k(t)^*}{\partial b} > 0$，$\dfrac{\partial c(t)^*}{\partial b} < 0$ 时，此时增加政府对农业保险补贴的额

度，会提高稳定状态时的最优农业资本并降低农民消费。

$$\frac{\partial k(t)^*}{\partial b} = \frac{Ap\alpha\lambda(\dfrac{A\alpha(1 - p\lambda + bp\lambda)}{\delta + \rho})^{-1+\frac{1}{1-\alpha}}}{(1-\alpha)(\delta + \rho)} > 0$$

$$\frac{\partial c(t)^*}{\partial b} = -\frac{Ap\alpha\delta\lambda(\dfrac{A\alpha(1 - p\lambda + bp\lambda)}{\delta + \rho})^{-1+\frac{1}{1-\alpha}}}{(1-\alpha)(\delta + \rho)} < 0$$

进一步进行数值模拟：根据一般宏观经济理论中对有关参数的假
设，设定 $\gamma = 0.95$，$\alpha = 0.33$，$\delta = 0.1$，$p = 0.05$，$\rho = 0.9$。$b = 0.3$，$\lambda = 1.5$，
$A = 1$，初值 $c = 4$，$k = 7$。

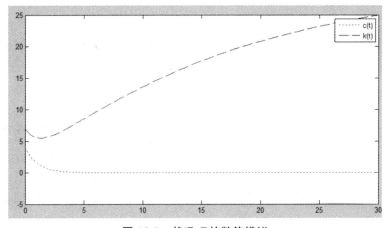

图 10.6　状况 E 的数值模拟

三、模型的转型动态分析

参考邵全权（2013）对转型动态的分析，结合前文中对各参数的假设，在模型 B、C、D、E 中含有关于农业保险政府补贴额度 b，

$$\dot{k}(t)=0,\dot{c}(t)=0 \text{ 对 } \lambda \text{ 求导可得：} \frac{d\dot{k}(t)}{db}>0, \frac{d\dot{c}(t)}{db}>0 。$$

由上述结果可以发现，b 值越高，$\dot{c}(t)=0$ 曲线就越靠上，即 $\dot{c}(t)=0$ 曲线随着政府对农业保险的补贴比例的提高而右移，随政府对农业保险的补贴比例的减少而左移。b 值越高，$\dot{k}(t)=0$ 曲线就越靠上，即 $\dot{k}(t)=0$ 曲线随着政府对农业保险的补贴比例的提高而上升。

上述分析表明若 b 发生变化，$\dot{k}(t)=0$ 和 $\dot{c}(t)=0$ 的曲线会发生相应的移动，移动后的曲线分别为 $\dot{k}'(t)=0$ 和 $\dot{c}'(t)=0$，于是曲线的移动就会造成均衡点改变。将 b 发生改变前后两个均衡点分别表示为 $E_0(k^*,c^*)$ 和 $E_1(k',c')$，鉴于 b 可能提高或降低，下面我们对这两种情况分开讨论。

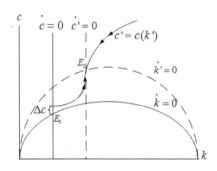 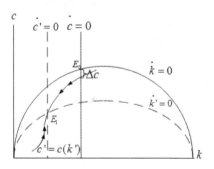

图 10.7　农业保险补贴及均衡点转换（b 降低）　　图 10.8　农业保险补贴及均衡点转换（b 提高）

假设经济系统处于平衡增长路径 E_0，我们分析如果出现政府对农业保险的补贴比例发生改变的情况，即 b 的变化会对均衡产生的影响。图 10.7 是 b 提高时的情形，$\dot{k}(t)=0$ 线向上移动，$\dot{c}(t)=0$ 向右移动。

根据 Romer（2006）的有关转型动态的论述，由于资本存量 k 的值决定于经济的历史，不能间断变化，即 b 变化时 k 仍然等于原平衡增长路径上的 k^*；而与此相反，代表性个体的消费 c 却可以在 b 变化时迅速变化。作为对 b 提高这一变化的反应，为使经济达到新的均衡点 E_1，c 必须迅速变动以使经济处于新的鞍点路径 $c(k')$ 上，如果用 Δc 表示 c 的变化，不妨假设在图中 $\Delta c > 0$，此后，c 和 k 沿 $c(k')$ 逐渐下降到其新的平衡增长路径 $E_1(k', c')$。图 10.8 显示了 b 降低时的情形，$k(t) = 0$ 线向下移动，$c(t) = 0$ 向左移动。与上述分析类似，可以发现发生瞬时变化的只有 c，不妨假设此时 $\Delta c < 0$。此后 c 和 k 沿 $c(k')$ 逐渐上升到其新的平衡增长路径 $E_1(k', c')$。通过上述分析，可以发现随着政府对农业保险补贴的提高，会促进农业资本积累进而带动农业产业发展，同时也可以提高农民消费水平。

第二节　基于非线性动态经济系统的农险补贴对"农业发展—农民消费"的影响

一、NLDS 模型的构造

农业总产值与农民消费水平之间会存在较为复杂的非线性关系，在这些关系中既有相互促进的，也不乏相互抑制的。这些相互影响关系通过农业总产值（ncz）与农民消费水平（nxf）之间的非线性动力关系体现，存在于微分方程组的结构与系数的符号中。

借鉴赵果庆（2006）、周文等（2012）、邵全权（2015）的研究，我们不妨假设农业总产值与农民消费水平存在自我发展机制、相互影响关系以及溢出机制三种主要的关系，将二者的动力学方程表达为：

$$\begin{cases} \dfrac{\mathrm{d}ncz}{\mathrm{d}t} = f_1(ncz) + g_1(ncz * nxf) + h_1(nxf) \\ \dfrac{\mathrm{d}nxf}{\mathrm{d}t} = f_2(nxf) + g_2(nxf * ncz) + h_2(ncz) \end{cases} \quad (10.11)$$

式（10.11）中，$f_1(\bullet), f_2(\bullet)$ 表示当二者没有传导机制的情况下，ncz 和 nxf 并不相互影响，按照其自身具有的规律发展，表示二者各自的演化规律。$g_1(\bullet), g_2(\bullet)$ 表示在 ncz 和 nxf 的相互作用中二者各自得到的效应，这是一种需要二者具有明确的相互影响才能体现出的间接作用。$h_1(\bullet), h_2(\bullet)$ 表示二者之间可能存在的包含同向影响的挤入效应和反向影响的挤出效应的溢出机制。采用双 Logistic 函数将（10.11）式三种抽象函数具体化为 NLDS1 系统：

$$\begin{cases} \dfrac{\mathrm{d}ncz}{\mathrm{d}t} = \alpha_1 + \alpha_2 ncz + \alpha_3 ncz^2 + \alpha_4 ncz * nxf + \alpha_5 nxf + \alpha_6 nxf^2 \\ \dfrac{\mathrm{d}nxf}{\mathrm{d}t} = \beta_1 + \beta_2 nxf + \beta_3 nxf^2 + \beta_4 nxf * ncz + \beta_5 ncz + \beta_6 ncz^2 \end{cases} \quad (10.12)$$

在（10.12）式基础上引入控制变量农业保险补贴效率的变化率（dea），对 NLDS1 系统实施直接控制，（10.13）式为包含自我发展机制、相互影响、溢出机制及控制机制四种效应的在受控情况下 ncz 与 nxf 的非线性动力系统模型，在应用农险补贴效率介入控制的情形下为 NLDS2 系统。

$$\begin{cases} \dfrac{\mathrm{d}ncz}{\mathrm{d}t} = \alpha_1 + \alpha_2 ncz + \alpha_3 ncz^2 + \alpha_4 ncz * nxf + \alpha_5 nxf \\ \qquad + \alpha_6 nxf^2 + b_{ncz} dea \\ \dfrac{\mathrm{d}nxf}{\mathrm{d}t} = \beta_1 + \beta_2 nxf + \beta_3 nxf^2 + \beta_4 nxf * ncz + \beta_5 ncz \\ \qquad + \beta_6 ncz^2 + b_{nxf} dea \end{cases}$$

（10.13）

为构造 NLDS 模型进行最优控制，需要将上式转化为离散形式进行参数估计，（10.13）式的计量经济学模型设定为：

$$\begin{cases} ncz_{t+1} = \alpha_1 + (\alpha_2 + 1)ncz_t + \alpha_3 ncz_t^2 + \alpha_4 ncz_t nxf_t \\ \quad + \alpha_5 nxf_t + \alpha_6 nxf_t^2 + \varepsilon_{ncz,t} \\ nxf_{t+1} = \beta_1 + (\beta_2 + 1)nxf_t + \beta_3 nxf_t^2 + \beta_4 nxf_t ncz_t \\ \quad + \beta_5 ncz_t + \beta_6 ncz_t^2 + \varepsilon_{nxf,t} \end{cases} \tag{10.14}$$

根据刘秉正等（2005），作为二次多项式的非线性离散映射方程，在拟合效果较好时，(10.14)式可以近似转化为 NLDS1 系统。在(10.14)式基础上，加入农险补贴效率数据作为控制变量，我们也可以采用相似的方法估计 NLDS2。

根据赵果庆（2006）、周文等（2012），在进行最优控制时需要设计相应的目标函数并求出使其最小化的策略，在此采用罗默（1999）设计的目标函数：$L = \dfrac{1}{2}[(ncz - ncz^*)^2 + \alpha(n\dot{x}f - n\dot{x}f^*)^2]$。$L$ 衡量社会福利损失，α 表示决策者对农业总产值和农民消费水平的偏好，该目标函数实际上为一个二次型函数。我们需要选择最优策略使 NLDS 系统以最小成本收敛到要求的目标，由于对复杂非线性系统的最优控制策略需要进行线性化处理，我们采用线性二次型最优控制处理非线性控制。在通过最优控制实现 NLDS 在不同状态间转化的过程中，需要在目标点（ncz^*，nxf^*）点进行线性化，我们引入新变量 $x(t)$：

$$x = \begin{pmatrix} \Delta ncz \\ \Delta nxf \end{pmatrix} = \begin{pmatrix} ncz - ncz^* \\ nxf - nxf^* \end{pmatrix}, u = \begin{pmatrix} dea \\ dea \end{pmatrix}, B = \begin{pmatrix} b_{ncz} \\ b_{nxf} \end{pmatrix}$$

取 $A=J$，NLDS 在目标点（ncz^*，nxf^*）的线性控制状态方程组为：

$\dot{x} = Ax + Bu$，A 或 J 为（10.13）式在（ncz^*，nxf^*）的雅可比矩阵。用矩阵表示的二次型最优控制模型为：

$$\begin{cases} \min J(u) = \dfrac{1}{2}\int_0^t [x^T Q x + u^T R u]\mathrm{d}t \\ \dot{x} = Ax + Bu \end{cases} \tag{10.15}$$

在 NLDS 系统的线性二次型控制问题中,目标是将农业总产值 ncz 与农民消费水平 nxf 控制到要求的水平,状态向量 $x(t)$ 表示上述经济变量与要求的水平的差,控制向量 $u(t)$ 表示一组策略变量,因此控制的目标是使状态向量 $x(t)$ 尽量趋向于 0,该功能由 $x^T Q x$ 实现。

如果系统能控,控制时间与控制力度负相关,控制力度实际上不可行或需要较高成本,且由于线性模型只是在一定范围内的近似,过大的控制作用可能造成线性方程失效,为控制 $u(t)$ 取值过大设置 $u^T R u$ 项。Q 矩阵主对角线元素衡量对 y 和 g 趋向目标的不同重视程度,R 表示为实现控制策略 u 所付出的代价。理论上通过选择适当的 Q 和 R 加权矩阵可以实现上述目标的较好的折中(王翼等,2008)。

(10.15)式最优策略为:$u*(t) = -RB^T \hat{P} x(t) = -Kx(t)$,$K$ 为最优反馈增益矩阵,$\hat{P}$ 为代数里卡蒂方程 $-\hat{P}A - A^T \hat{P} + \hat{P}BR^{-1}B^T \hat{P} - Q = 0$ 的解。由此得到稳定反馈闭环系统:$\dot{x} = \bar{A}x + Bu*$,$\bar{A} = A - BK$。在采取最优策略 $u*(t)$ 时,目标函数的最小值为 $J*(x(t_0), t_0) = \frac{1}{2} x^T(t_0) \hat{P} x(t_0)$,$x(t_0) = x_0$。

二、NLDS 实证模型

本部分采用 2010—2013 年间我国 31 个省市的农业总产值与农民消费水平的数据,构造基于农业总产值与农民消费水平的非线性动态经济系统,并分别采用自主调控与农业保险补贴效率进行调控两种不同的方法,研究其对该非线性动态经济系统的影响。其中关于农业总产值与农民消费水平的数据以及农业保险补贴效率的数据来自本书前文中有关数据。需要指出,非线性动态经济系统模型大多采用时间序列的数据进行研究,而囿于有关农业保险补贴效率数据的可获得情况,本部分则采用 31 个省市在为期 4 年的时间跨度中的有关数据,因此对该方法的运用可能存在一些问题,但尽管如此,我们还将本部分作为研究农业保险补贴效率对农业生产和农民消费这样一些较重要的农业经济变量的一个有益补充。

　　此外，在具体的数值模拟中，为了体现出我国不同省市的区域差异，我们分别选取了北京、福建、云南、江苏和青海作为数值模拟的参照点，分别采用上述省市的有关农业总产值与农民消费水平的数据作为数值模拟的初始值进行迭代运算，分别模拟出上述五省市的农业总产值与农民消费水平非线性动态经济系统的调控规律，以期发现其中的差异及具有共性特点的内容，并进行相关的比较与分析。

　　根据理论模型推论，农业总产值与农民消费水平之间会存在各种线性与非线性的相互作用和影响，但是在这些关系中并非所有关系都是显著的，需要进行相应的实证分析。我们根据大部分变量 5% 的水平上建立了 NLDS 模型，表 10.1 中 4 个方程的调整可决系数和 DW 值较为合理，可以判断其残差序列为没有明显时间趋势的平稳序列，说明 NLDS1—NLDS2 均为协整系统，农业总产值与农民消费水平之间存在长期均衡关系。

表 10.1　NLDS 计量模型与 P 值

变量	NLDS1		NLDS2	
	Ncz（$t+1$）	Nxf（$t+1$）	Ncz（$t+1$）	Nxf（$t+1$）
	系数（P 值）	系数（P 值）	系数（P 值）	系数（P 值）
ncz	1.109052	0.213072	1.108396	0.135348
	(0.0000)	(0.0000)	(0.0000)	(0.0000)
ncz^2	−0.036461	−0.039750	−0.036573	
	(0.0001)	(0.0000)	(0.0001)	
nxf		0.946984		1.029967
		(0.0000)		(0.0000)
nxf^2	−0.015916		−0.016019	
	(0.0008)		(0.0010)	
$ncz * nxf$	0.025074		0.025455	−0.038909
	(0.0723)		(0.0793)	(0.0000)
dea			0.000239	−0.007617
			(0.9174)	(0.0131)
Adj.R2	0.998272	0.976062	0.998252	0.977074
DW	1.815492	1.332379	1.817760	1.319253
AIC	−4.962577	−4.384281	−4.941195	−4.417164

将表 10.1 中的 NLDS1 和 NLDS2 转化为下述模型:

$$\begin{cases} \mathrm{d}ncz/\mathrm{d}t = -ncz + 1.109052*ncz - 0.036461*ncz^2 \\ \quad -0.015916*nxf^2 + 0.025074*ncz*nxf \\ \mathrm{d}nxf/\mathrm{d}t = -nxf + 0.213072*ncz - 0.039750*ncz^2 \\ \quad +0.946984*nxf \end{cases} \quad (\text{NLDS1})$$

$$\begin{cases} \mathrm{d}ncz/\mathrm{d}t = -ncz + 1.108396*ncz - 0.036573*ncz^2 - 0.016019*nxf^2 \\ \quad +0.025455*ncz*nxf + 0.000239*dea \\ \mathrm{d}nxf/\mathrm{d}t = -nxf + 0.135348*ncz + 1.029967*nxf \\ \quad -0.038909*ncz*nxf - 0.007617*dea \end{cases}$$

(NLDS2)

上式表明,NLDS1 具有多重系统属性:首先,鉴于 NLDS1 具有 ncz 和 nxf 的二次项与交叉相乘项,说明该系统具有较强的非线性系统特征;其次,$\mathrm{d}ncz/\mathrm{d}t$ 方程表明农民消费水平对农业总产值既具有正向的交叉相乘影响,也具有负向的二次影响;最后,$\mathrm{d}nxf/\mathrm{d}t$ 方程表明农业总产值对农民消费水平既有负面的二次作用,也通过正向的一次作用影响农业总产值。类似的,我们可以对 NLDS2 展开相应的说明:首先,农民消费水平 nxf 对农业总产值的影响包含了正向的交叉相乘项与负向的二次项,因此其总体影响效果依赖于 nxf 的具体数值;其次,农业总产值 ncz 对农民消费水平的影响是正向的但交叉相乘项是负向的;最后,农业保险补贴效率无论在农业总产值方程中还是在农民消费水平方程中分别为正和负,这表明农业保险补贴效率的提高可以促进农业总产值的发展同时降低农民消费水平。

在 NLDS1 模型中令 $\mathrm{d}ncz/\mathrm{d}t=\mathrm{d}nxf/\mathrm{d}t=0$,解出 4 个均衡点,除去(0,0)和包含虚数部分的三个点外不符合农业总产值与农民消费水平的实际情况外,其中有意义的均衡点为 E(0.7955,2.7227),我们将其作为调控目标点。将 E 代入 NLDS1 的雅可比矩阵,在 E 处计算得到的特征根均为负值。理论上,NLDS1 在 E 附近的不同起点,经过一段时间后都会向 E 收敛,E 是均衡点同时也是最优点,即不动点,该稳态同时也是 NLDS1 的最优状态。通过对比样本期间的数据,可以发现，最优点的农业总产值与农民消费水平均低于平均值，该结果表明，我国关于农业总产值与农民消费水平的 NLDS1 长期处于次优状态，调控的方向应该是农业总产值与农民消费水平都应有所下降。

三、NLDS 的最优控制

鉴于上述分析，我们将我国农业总产值与农民消费水平目标定为（0.7955，2.7227）。以 2013 年度的各省份实际数据与最优目标状态相比，农业总产值与农民消费水平都要下降。

（一）农业总产值——农民消费水平 NLDS 的最优控制

我们首先关注没有把农险补贴效率作为控制变量的控制方案。以（NLDS1）为基础设计表 10.2 中最优控制实验方案 1：将对农业总产值加速控制力度设定为 0.3，而将对农民消费水平的加速控制力度设定为 0.5。然后，基于 NLDS2，我们设计表 10.2 中最优控制实验方案 2，将农险补贴效率作为控制变量。

表 10.2　农业总产值与农民消费水平的最优控制

	方案 1	方案 2
目标	$\left[ncz^{*}, nxf^{*}\right] = (0.7955, 2.7227)$	
目标函数	$L(u) = \dfrac{1}{2}\displaystyle\int_{2014}^{2064}(x^{T}Qx + u^{T}Ru)\mathrm{d}t$	$L(u) = \dfrac{1}{2}\displaystyle\int_{2014}^{2113}(x^{T}Qx + u^{T}Ru)\mathrm{d}t$
状态方程矩阵	$A = \begin{pmatrix} 0.1193, & -0.0667 \\ 0.1498, & -0.0530 \end{pmatrix}$	$A = \begin{pmatrix} 0.1195, & -0.0670 \\ 0.0294, & -9.8511e\text{-}04 \end{pmatrix}$
控制策略	$Q = \begin{pmatrix} 1,0 \\ 0,1 \end{pmatrix}, R = 0.25, B = \begin{pmatrix} 0.3 \\ 0.5 \end{pmatrix}$	$Q = \begin{pmatrix} 1,0 \\ 0,1 \end{pmatrix}, R = 0.25, B = \begin{pmatrix} 0.000239 \\ -0.007617 \end{pmatrix}$

	方案 1	方案 2
代数里卡蒂方程解	$P = \begin{pmatrix} 367.3941, -225.0448 \\ -225.0448, 139.0618 \end{pmatrix}$	$P = 1.0e + 03 * \begin{pmatrix} 3.7763, -1.7396 \\ -1.7396, 0.9458 \end{pmatrix}$
最优策略	$u^*(t) = 9.2167 \times \Delta ncz(t)$ $-8.0698 \times \Delta nxf(t)$	$u^*(t) = -56.6123 \times \Delta ncz(t)$ $+30.4791 \times \Delta nxf(t)$
特征根	$\bar{\lambda}_1 = -0.0393, \bar{\lambda}_2 = -1.1643$	$\bar{\lambda}_1 = -0.0989, \bar{\lambda}_2 = -0.0283$
目标函数值	北京 L = 47.7264	北京 L = 1.1841e + 03
	福建 L = 446.2913	福建 L = 5.9138e + 03
	云南 L = 577.8316	云南 L = 7.1345e + 03
	江苏 L = 611.5748	江苏 L = 8.0196e + 03
	青海 L = 80.7193	青海 L = 1.3905e + 03

在表 10.2 中我们分别报告了方案 1—方案 2 的主要结果。在上述两个方案的最优控制中，我们发现上述两个控制都形成负反馈，其特征根均为负值，最优控制策略为根据反馈增益矩阵计算的负的目标值的线性组合。我们发现，无论是方案 1 还是方案 2 实现最优目标点的时间普遍较长，当我们选择不同省市的初始值进行模拟时，对此时间并未发生较大的影响；在两个方案中，以方案 1 的社会福利损失更小，农业总产值与农民消费水平的逐渐下降，在分别经过各自的时间调整后达到目标，随后处在目标状态运行（见图 10.9—图 10.13）。从控制规律看，为使得 NLDS 趋于目标，在调控的初始阶段需要较大的投入才能使 NLDS 改变路径，之后逐步降低投入水平，达到控制目标后投入减少为 0；无论是农业总产值还是农民消费水平的变化，都遵从了较为相似的变化规律，二者在控制早期变化较大，而后逐渐平稳，直到达到控制目标点。图 10.14 到图 10.18 表明引入农险补贴效率控制农业总产值与农民消费水平的经济系统后，控制变量能够以更多的时

间和更高的福利损失达到稳态，而且我们发现方案 2 相比于方案 1，
需要更高的调控力度的存在。

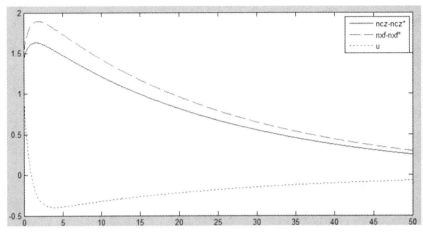

图 10.9　方案 1 北京的最优控制轨线和规律

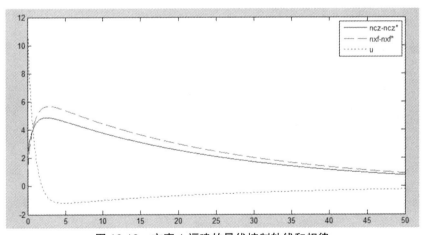

图 10.10　方案 1 福建的最优控制轨线和规律

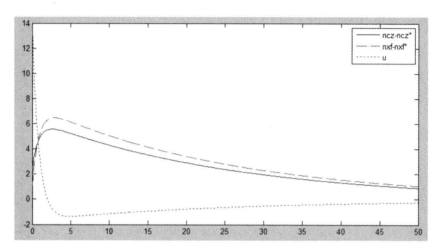

图 10.11　方案 1 云南的最优控制轨线和规律

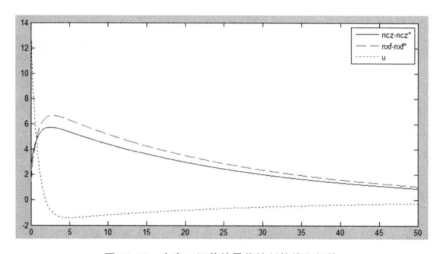

图 10.12　方案 1 江苏的最优控制轨线和规律

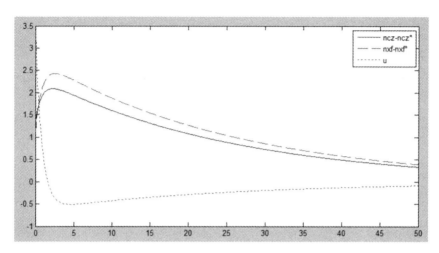

图 10.13　方案 1 青海的最优控制轨线和规律

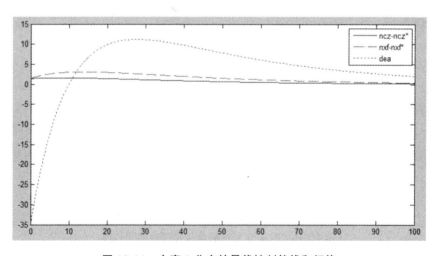

图 10.14　方案 2 北京的最优控制轨线和规律

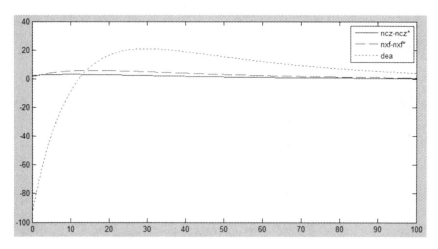

图 10.15　方案 2 福建的最优控制轨线和规律

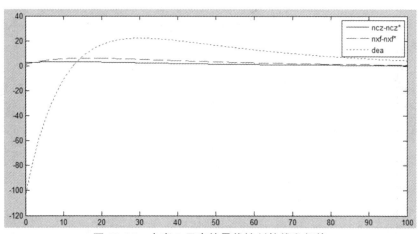

图 10.16　方案 2 云南的最优控制轨线和规律

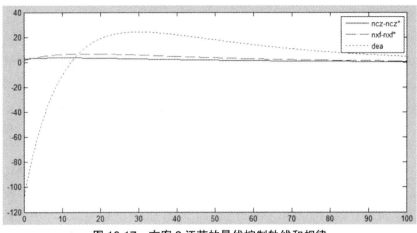

图 10.17　方案 2 江苏的最优控制轨线和规律

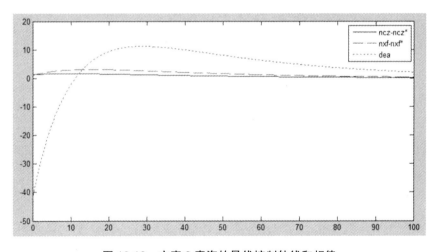

图 10.18　方案 2 青海的最优控制轨线和规律

四、结论

一方面，通过理论层面的相关分析可以发现，随着政府对农业保险补贴的提高，会促进农业资本积累进而带动农业产业发展，同时也可以提高农民消费水平。

另一方面，本节通过建立农业总产值与农民消费水平的非线性动力系统模型，引入农业保险补贴效率作为控制变量，较为全面、系统地研究了自主调节及依靠控制变量控制经济系统两种控制方案。主要结论包括：首先，我国农业总产值与农民消费水平存在非线性关系，且二者之间存在长期均衡的非线性关系。其次，农业保险补贴效率对农业总产值与农民消费水平的影响分别为正向的和负向的。最后，在对农业总产值与农民消费水平经济系统进行最优控制时，需要根据实际情况确定控制偏好，在控制时间、控制成本与控制速度之间进行权衡。此外，我们还发现，不同地区趋于稳态的时间相类似，但由于各地区初始条件的差异，对社会福利的影响和调控力度也存在较大差异。

参考文献

一、英文部分

[1] Andersen. P. , and N. Perersen. A Procedure for Ranking Efficient Units in Data Envelopment Analysis[J]. Management science，1993（39）：1261-1264.

[2] Apple，D. , Lord，R. B. , and Harrington，S. Crop Insurance Study. Reportprepared for USDA in accordance with Section 535 of the Agricultural Research ，Extension ，an Education Reform Act of 1998[R]. Washington D C:USDA，1999.

[3] Bankerr D，Charnesa，Cooperw W. Some Models for Estimating Technical and Scale Inefficiencies in Data Envelopment Analysis[J]. Management Sicence，1984，30（9）：1078-1092.

[4] Chambers R. G. Insurability and Moral Hazard in Agricultural Insurance Markets[J]. American Journal of Agricultural Economics，71（3）：604-616，1989.

[5] Charnesa，Cooperw W，Rhodes. Measuring the Efficiency of Decision Making Unit[J]. European Journal of Operational Research，1978，36（2）：429-444.

[6] David Hall，Robin Delemotte，SteveDavies. Terminology of Public-Private Partnerships[J]. Public Services International Research Unit，2003，6：23-28.

[7] Duncan，J. and Myers，R. J. Crop Insurance under Catastrophic Risk[J]. American Journal of Agriculture Economics，2000，82：842-855.

[8] Francism. Bator. The Anatomy of Market Failure[J]. The Quarterly Journal of Economics, 1958, 72 (3): 351-379.

[9] Fried, Lovell, Schmide, Yaisawarng. Accounting for Environment Effects and Statistical Noise in Data Envelopment Analysis [J]. Journal of productivity analysis, 2002 (17): 121-136.

[10] Glauber J. W, Keith J. Collins. Crop Insurance, Disaster Assistance, and the Role of the Federal Government in Providing Catastrophic Risk Protection. Agricultural Finance Review, 2002 (8): 82-103.

[11] Glauber, Josephw. Crop Insurance Reconsidered[J]. American Journal of Agriculture Economics, 2004, 86 (5): 1179-1195.

[12] Goldberger. Econometric Theory[M]. John Wiley and Sons, Inc. 1964.

[13] Goodwin, Barry, Vincent H. Smith. The Economics of Crop Insurance and Disaster Aid. Washington DC: AEI Press, 1995: 230-250.

[14] Goodwin, Barryk. Problems with Market Insurance in Agriculture[J]. American Journal of Agriculture Economics, 2001, 83(3): 643-649.

[15] Hazell, Peter, Carlos Pomareda and Alberto Valdes. Crop Insurance for Agriculture for development[M]. The Johns Hopkins University Press, 1986.

[16] Hazell, Peter. The Appropriate Role of Agriculture Insurance in Developing Countries [J]. Journal of International Development, 1992, 4: 567-581.

[17] Hazell C, Pomareda, A Valdes. Crop insurance for Agricultural Development: Issues and Experience. Baltimore MD: John Hopkings Press, 1986: 195-222.

[18] Hazell, Peter B R. Crop Insurance—A time for Reappraisal. Washington, DC: IFPRI Report 3, 1981: 1-4.

[19] http://agroinsurance. com/en/analytics/.

[20] http://india. foodsecurityportal. org/content/opportunities-crop-insurance.

[21]http://indians4socialchange. com/2016/02/03/the-indian-crop- insurance-scheme/.

[22] http://onlinelibrary. wiley. com/doi/10.1111/1746-692X.12068/pdf.

[23]http://www. momagri. org/UK/focus-on-issues/The-current-debate-on-agricultural-insurance-_181. html.

[24] http://www. worldwatch. org/agricultural-subsidies-remain-staple-industrial- world-0.

[25] Jondrow. J，Lovell. C. A. K，Materov. I. S. On the Estimation of Technical Inefficiency in the Stochastic Frontier Production Function Model[J]. Journal of Econometrics，1982（19）：233-238.

[26] Josephw，Keith J. Collins. Crop Insurance，Disaster Assistance and the Role of Federal Government in Providing Catastrophic Risk Protection[J]. Agricultural Finance Review，Fall，2002.

[27] Knight T O，K H Coble. Survey of U. S. Multiple Peril Crop Insurance Literature since 1980，Review of Agricultural Economics，1997（19）：128-156.

[28] Kuznets，Simon. Economic Growth and the Contribution of Agriculture. Eicher C. K. and L.

[29] W. Witt. Agriculture in Economic Development. New York：McGraw-Hill，1964.

[30] Lars Brink. WTO Constraints on Domestic Support in Agriculture: Past and Future[J]. Canadian Journal of Agricultural Economics ，2009，（57）.

[31] Mahul Oliver，Stutley Charles J. Government Support Agricultural Insurance: International Experiences with Agricultural Insurance: Findings from a World Bank Survey of 65 Countries [R]. Washington D C: The World Bank，2010.

[32] Mahul Oliver，Stutley Charles J. Government Support to

Agriculture Insurance: Challenges and Options for Developing Countries[R]. Washington D C: The World Bank, 2010.

[33] Miranda M J, Glauber J W. Systemic risk, Reinsurance and the Failure of Crop Insurance Markets[J]. American Journal of Agricultural Economics, February 1997 (2): 206-215.

[34] OECD: Agricultural Policy Monitoring and Evaluation 2015, Quiggin J. The Optimal Design of Crop Insurance[D]. Boston:Kluwer Academic Publisher, 1994:73-134.

[35] Russell, Tronstad, and Romilee Bool. US Cotton Acreage Response Due to Subsidized Crop Insurance[J]. Agricultural and Applied Economics Association—AAEA, CAES&WAEA Joint Annual Meeting, Denver, Colorado. 2010.

[36] Skees J R, Barnett B J. Conceptual and Practical Considerations for Sharing Catastrophic Systemic Risks. Review of Agricultural Economics 1999 (2): 424-441.

[37] Smith VH, B K Goodwin. Crop Insurance, Moral Hazard, and Agriculture Chemical Use. American Journal of Agriculural Economics, 1996 (78): 26-50.

[38] Tong, Haizhi, an investigation of the insurance sector's contribution to economic growth [D]. Doctoral Disserration, University of Nebraska. 2008.

[39] Webb, I., M. F. Grace, and H. D. Skipper, 2002, The Effect of Banking and Insurance on the Growth of Capital and Output [D]. Center for Risk Management and Insurance, Working Paper. 2002.

[40] William G. Bogges et al. Importance, Causes and Management Responses to Farm Risks: Evidence from Florida and Albama[M]. 1985, 17.

[41] Wright B D, J D Hewitt. All Risk Crop Insurance: Lessons from Theory and Experience. California: California Agricultural Experiment Station, 1990: 202-285.

二、中文部分

[1] 白文杰.财政支出绩效评价内涵解析[J].地方财政研究,2011,（1）.

[2] 曹卫芳.农业保险与农业现代化的互动机制分析[J].宏观经济研究,2013,（3）.

[3] 曾玉珍.农业风险分类及风险管理工具适用性分析[J].经济经纬,2011,（2）.

[4] 曾玉珍.政策性农业保险内涵、功能及作用路径的新诠释[J].经济问题,2011,（4）.

[5] 陈盛伟.中国农业保险制度建设研究[D].泰安：山东农业大学,2006.

[6] 戴维·罗默.高级宏观经济学[M].北京：商务印书馆,2005.

[7] 蒂莫西 J.,科埃利,D. S.普拉萨德,拉奥,克里斯托弗 J.,奥唐奈,乔治 E.巴迪斯.王忠玉译.效率与生产率分析引论（第二版）[M].北京：中国人民大学出版社,2008.

[8] 丁少群,冯文丽.农业保险学[M].北京：中国金融出版社,2015：P107.

[9] 丁少群,庹国柱.国外农业保险发展模式及扶持政策[J].世界农业,1997,（8）：7—9.

[10] 杜鹏.农户农业保险需求的影响因素研究[J].农业经济问题,2014,（6）.

[11] 范保学.财政惠农补贴政策效应评价及改进对策[J].财政研究,2011,（4）.

[12] 方伶俐.中国农业保险需求与补贴问题研究[D].武汉：华中农业大学,2008.

[13] 费友海.中国农业保险制度演化研究[D].成都：西南财经大学,2009.

[14] 冯冠胜.农业风险管理中政府介入问题研究[D].北京：浙江大学,2004.

[15] 冯文丽,林宝清.我国农业保险短缺的经济分析[J].福建论

坛，2003，（6）：17—20.

[16] 冯文丽，杨雪美，薄悦.基于 DEA-Tobit 模型的我国农业保险效率及影响因素分析[J].金融与经济，2015，（2）：69—72.

[17] 国家统计局调查队：http://www.scfpym.gov.cn/show.aspx?id=1061。

[18] 侯玲玲，穆月英，曾玉珍.农业保险补贴政策及其对农户购买保险影响的实证分析[J].农业经济问题，2010，（4）：19—25.

[19] 胡炳志，彭进.政策性农业保险补贴的最优边界与方式探讨[J].保险研究，2009，（10）：96—101.

[20] 胡代光.西方经济学说的演变及其影响[M].北京：北京大学出版社，1998.

[21] 胡三明.中国产险公司效率及其优化研究[D].成都：西南财经大学，2008.

[22] 黄颖.基于 AHP-DEA 两步法的我国农业保险财政补贴效率评价[J].上海金融，2015，（7）：35—38.

[23] 黄永兴，徐鹏.中国文化产业效率及其决定因素：基于Bootstrap-DEA 的空间计量分析[J].数理统计与管理，2014，33（5）：457—466.

[24] 江生忠，贾士彬，江时鲲.我国农业保险保费补贴效率及其影响因素分析——基于 2010—2013 年省际面板数据[J].保险研究，2015，（12）：66—77.

[25] 江时鲲.我国农业保险保费补贴效率研究——基于 Bootstrap-DEA 方法的分析[J].未来与发展，2016，（2）：65—73.

[26] 姜岩，褚保金.财政补贴下的农业保险制度研究[M].北京：中国农业出版社，2012.

[27] 姜岩.财政补贴下农业保险财政补贴制度研究[D].南京：南京农业大学，2010.

[28] 金永丽.印度农业保险发展状况简析[J].南亚研究季刊，2007，（2）：79—81.

[29] 凯恩斯.就业、利息和货币通论[M].北京：商务印刷馆，1983.

[30] 李军. 农业保险的性质、立法原则和发展思路[J]. 中国农村经济，1996，（1）：55—59.

[31] 李婷，王巧义. 农业保险保费补贴资金绩效评价体系的构建——基于平衡计分卡原理的研究[J]. 金融与经济，2016，（2）.

[32] 李先德，宋义湘：农业补贴政策的国际比较[M]，北京：中国农业科学技术出版社，2012.

[33] 刘秉正，彭建华. 非线性动力学[M]. 北京：高等教育出版社，2005.

[34] 刘佶鹏，农业保险保费补贴实施效果评价与对策建议[J]. 经济理论与实践，2012（2）：71—72.

[35] 刘金霞. 农业风险管理理论方法及其应用研究[D]. 天津：天津大学，2004.

[36] 刘京生. 落实"反哺"政策推进政策性农业保险业务[J]. 中国金融，2005，（8）.

[37] 刘璐，韩浩. 效用货币化的农业保险补贴机制研究[J]. 农业经济问题，2015（7）：102—109.

[38] 刘晴辉. 保险发展、储蓄结构变化与经济增长[J]. 当代经济科学，2008（6）.

[39] 陆静，梁芹，曹志强. 我国产险市场的三阶段 DEA 效率演进——基于2004年—2009年的非平衡面板数据分析[J]. 保险研究，2012，（5）：23—35.

[40] 罗向明，张伟，丁继峰. 地区补贴差异、农民决策分化与农业保险福利再分配[J]. 保险研究，2011，（5）：11—17.

[41] 罗向明. 中国农业保险发展模式与补贴政策研究——基于利益相关者视角[D]. 武汉：武汉大学，2012.

[42] 马克思恩格斯选集（第 1—4 卷）[M]. 北京：人民出版社，1996.

[43] 马歇尔. 经济学原理（上卷）[M]. 北京：商务印刷馆，1964.

[44] 聂荣. 农业风险及其规避机制的研究[R]. 北京：中国农业科学院农业经济与发展研究所，2006.

[45] 牛军. 克林顿治下的美国[M]. 北京：中国社会科学出版社，1993.

[46] 庞瑞芝，张艳，薛伟. 中国上市银行经营效率的影响因素——基于 Tobit 回归模型的二阶段分析[J]. 金融论坛，2007，（10）：29—35.

[47] 彭超. 中国农业补贴政策的影响研究：宏观效果与微观行为[M]. 北京：中国农业出版社，2013.

[48] 钱振伟，张燕，高冬雪. 基于三阶段 DEA 模型的政策性农业保险财补效率评估[J]. 商业研究，2014，（10）：58—64.

[49] 卿凤，鲍文. 印度农业保险发展及其启示[J]. 中国农学通报2015，31（5）：284—290.

[50] 邵全权. 保险业发展与经济增长的多重均衡[J]，数量经济技术经济研究，2013（2）.

[51] 施红. 财政补贴对我国农户农业保险参保决策影响的实证研究[J]. 技术经济，2008，27（9）：88—93.

[52] 施红. 美国农业保险财政补贴机制研究回顾——兼对中国政策性农业保险财政补贴的评析[J]. 保险研究，2008，（4）：91—94.

[53] 施红. 农业保险财政补贴的激励机制[J]. 中国保险，2007，（12）.

[54] 石晓军，郭金龙. 城镇化视野下我国农业保险发展的若干思考[J]. 保险研究，2013，（8）：13—18.

[55] 斯蒂格利茨. 经济学上册（第二版）[M]. 北京：中国人民大学出版社，2000.

[56] 孙香玉，钟甫宁. 对农业保险补贴的福利经济学分析[J]. 农业经济问题，2008，（2）：4—11.

[57] 孙香玉，钟甫宁. 农业保险补贴效率的影响因素分析[J]. 广东金融学院学报，2009，24（4）：112—118.

[58] 陶长琪，王志平. 技术效率的地区差异及其成因分析——基于三阶段 DEA 与 Bootstrap-DEA 方法[J]. 研究与发展管理，2011，23（12）：92—99.

[59] 托马斯·G.罗斯塞.经济效益与经济效率[J].经济研究,1993,(6):38—40.

[60] 庹国柱,王国军.中国农业保险与农村社会保障制度研究[M].北京:首都经济贸易大学出版社,2002.

[61] 庹国柱,赵乐,朱俊生.政策性农业保险巨灾风险管理研究:以北京市为例[M].北京:中国财政经济出版社,2010.

[62] 庹国柱.中国政策性农业保险的发展导向[J].中国农村经济,2013(7):4—12.

[63] 庹国柱,朱俊生.试论政策性农业保险的财政税收政策[J].经济与管理研究,2007,(5):47—50.

[64] 庹国柱.略论农业保险的财政补贴[J].金融与保险,2011,(4):80—106.

[65] 庹国柱.农业保险本质上是农业问题,是国家以保险为工具实施的一项支农政策[J].中国保险,2012,(6):44—53.

[66] 王春波.农业生产的特点及其管理[J].甘肃农业,2004,12.

[67] 王根芳,陶建平.农业保险、自然垄断与保险补贴福利[J].中南财经大学学报,2012,(4):74—78.

[68] 王根芳,徐若瑜.农业保险主体合作机制研究——基于重复博弈视角[J].金融教育研究,2013,1:59—63.

[69] 王根芳.基于主体利益博弈分析的农业保险财政补贴研究[D].武汉:华中农业大学,2013.

[70] 王国军,叶波.农业保险:一个沉甸甸的话题[J].经济论坛1996,(2):31—32.

[71] 王国顺.技术、制度与企业效率:企业效率基础的理论研究[M].北京:中国经济出版社,2005.

[72] 王力.农业在中国经济增长中的作用研究[D].沈阳:辽宁大学,2013.

[73] 王韧,邓超.基于我国农业保险补贴行为的博弈分析[J].财经理论与实践,2008,(4).

[74] 王晓华,李欣.农业保险发展的财政支持政策比较与借鉴[J].

经济研究参考，2014，（44）：60—62.

[75] 王翼，王歆明.经济系统的动态分析[M].北京：机械工业出版社，2008.

[76] 王玉帅.WTO 框架下中国农业补贴法律和政策研究[D].北京：对外经济贸易大学，2014.

[77] 王志刚，黄圣男，钱成济.纯收入、保费补贴与逆向选择对农户参与作物保险决策的影响[J].中国软科学，2013，（6）：30—38.

[78] 吴定富.中国保险业发展"十一五"规划研究成果汇编[M].北京：中国金融出版社，2007.

[79] 吴君民，魏晓卓，宁宣熙.经济利益的理性思考：效果、效率与效益[J].会计研究，2007.

[80] 吴渭.产业链和利益相关者视角下的农业风险研究[D].北京：中国农业大学，2015.

[81] 夏云，龙文军.农村土地流转与农业保险发展关系[J].中国农垦，2015，（2）：48—51.

[82] 肖卫东.公共财政补贴农业保险：国际经验与中国实践[J].中国农村经济，2013，（7）.

[83] 亚当·斯密.国民财富的性质和原因的研究[M].北京：商务印刷馆，1981.

[84] 杨新华，韦向阳.我国政策性农业保险发展的财政激励研究[J].保险研究，2010，（3）：89—93.

[85] 杨秀玲.我国政策性农业保险税收政策性现状与对策建议[J].经济论坛，2015，535（2）：103—105.

[86] 约瑟夫·E.斯蒂格利茨.社会主义向何处去——经济体制转型的理论与证据[M].辽宁：吉林人民出版社，1998.

[87] 张团囡.美国农业保险制度演进研究[D].沈阳：辽宁大学，2011.

[88] 张军，吴桂英，张吉鹏.中国省际资本存量估算：1952—2000[J].经济研究 2004，（10）：35—44.

[89] 张淑杰，孙天华.农业补贴政策效率及其影响因素研究——

基于河南省 360 户农户调研数据的实证分析[J]. 农业技术经济，2012（12）.

[99] 张先治. 经济效益与经济效率——兼与托马斯·G. 罗斯基商榷[J]. 财经问题研究，1994，（11）：53—55.

[100] 张旭光，赵元凤. 农业保险财政补贴效率的评价研究[J]. 农村经济，2014（5）：93—97.

[101] 张跃华，施红. 补贴、福利与政策性农业保险[J]. 浙江大学学报，2007，37（6）：138—145.

[102] 张跃华，顾海英. 准公共品、外部性与农业保险的性质——对农业保险政策性补贴理论的探讨[J]. 中国软科学，2004（9）：10—15.

[103] 张长利. 论政策性农业保险的税收优惠问题[J]. 江南大学学报（人文社会科学版），2007（4）：23—27.

[104] 张卓元. 政治经济学大辞典[M]. 北京：经济科学出版社，1998：146.

[105] 张祖荣，国外农业保险制度模式的比较与借鉴[J]. 南方金融，2007（4）：51—53.

[106] 张祖荣，农业保险的保费分解与政府财政补贴方式选择. [J]财经科学 2013（5）：18—25.

[107] 赵桂芹. 我国寿险公司效率评价及其影响因素分析——基于修正的两阶段数据包络分析方法[J]. 保险研究，2010（10）：38—48.

[108] 赵果庆. 寻求我国 GDP 对 FDI 的最优衣存度与 FDI 最优规模——基于 1980—2003 年我国 GDP 与 FDI 非线性动力系统的研究[J]. 管理世界，2006，（1）：57—66.

[109] 赵杰，王惠平. 西班牙农业合作社考察情况及启示[J]. 财政研究，2007（7）：76—78.

[110] 赵君彦，焦晓松，朱玉涛，朱巍. 我国农业保险财政补贴效率的综合评价——基于 DEA 模型[J]. 农业经济，2015（5）：89—91.

[111] 赵书新，王稳. 信息不对称条件下农业保险补贴的效率与策略分析[J]. 保险研究，2012（6）：58—63.

[112] 赵元凤，冯平.内蒙古自治区 2012 年农业保险保费补贴绩效评价[M].北京：中国农业科学技术出版社，2013.

[113] 郑军，朱甜甜.经济效率和社会效率：农业保险财政补贴综合评价[J].金融经济学研究，2014，29（3）：88—97.

[114] 周才云，朱星慧.基于农户意愿的农业保险效率评价及其影响因素[J].当代经济，2016（5）.

[115] 周华林，李雪松.Tobit 模型估计方法与应用[J].经济学动态，2012（5）.

[116] 周桦.基于再保险补贴的农业保险制度模式探讨[J].保险研究，2008，3：49—51.

[117] 周镕基.现代多功能农业的价值及其评估研究[D].长沙：湖南农业大学，2011.

[118] 周文，赵果庆.中国 GDP 增长与 CPI：关系、均衡与"十二五"预期目标调控[J].经济研究，2012（5）：4—17.

[119] 朱华雄，王芸.国民政府时期农业保险合作思想与实践[J].经济思想史评论，2007（2）：286—298.

[120] 朱建军，常向阳.地方财政支农支出对农村居民消费影响的面板模型分析[J].农业技术经济，2009，（2）.

[121] 朱俊生.农业保险财政补贴的新形势、新要求和新任务[N].中国保险报，2015-8-10.

[122] 朱俊生.中国农业保险制度模式运行评价——基于公私合作的理论视角[J].中国农村经济，2009，（3）：14—19.

[123] 朱甜甜.农业保险财政补贴效率评价研究——基于省级面板数据的证据[D].蚌埠：安徽财经大学，2015.

附录1

欧盟农业支持措施中对绿箱政策的应用

一、欧盟农业政策背景介绍

在过去的50年间，欧洲农业一直受益于共同农业政策，该政策旨在从食品质量和数量方面为消费者提供食品保障，促进耕作现代化和农业食品部门的现代化，并提供农场收入支持；近年来，该政策也将关于环境、土地使用、生物多样性和动物福利等社会关注热点考虑了进来。为了达到这些目标，共同农业政策遵循了三个主要原则：（1）市场统一，包括将公共行政、健康和兽医条例在所有成员国中落实到位；在机构间采用同样的价格，并且在欧盟的外部边境设置统一关税。（2）共同体优先原则，这个原则鼓励那些缺乏某些产品的欧盟成员国在向邻国获取生产原料时，可以获得优先权利，比如对非欧盟成员国征收进口商品关税政策。（3）财政团结机制，该机制的基础是共同农业政策的财政支出将由所有成员国一起分担，而不管成员国是否都已达到农业专业化。

在第二次世界大战之后一直存在的财政赤字（对于大部分的温带地区农产品）迅速地积累发展到了盈余的背景下，共同农业政策使农业在共同体中的发展和进步成为可能。从1986年起，在美国的压力之下，农业部门被包括在了GATT（关税贸易总协定）的多边贸易谈判中，在接下来经过了 8 年艰难的商讨之后，世界贸易组织的成员国在 1994 年于马拉喀什签署了（URAA）乌拉圭回合农业协定，各国同意将所有的边境保护措施转变为对等的关税（并希望可以随时间逐步降低）来减少数量和价值两方面的出口补贴以及被认为给生产和贸易带来扭曲的内部补贴。为使欧盟进行的农业支持补贴与乌拉圭回合农业协定的规则更相容，欧盟从 20 世纪 90 年代以来就不断进行着农业支持政策的改革。

二、欧盟对农业绿箱政策使用的整体情况

根据欧盟对世界贸易组织的通知报告，在 2003—2004 年间，欧盟的农业支持总量（由综合支持量、蓝箱和绿箱支持组成）达 778 亿欧元，与 1995 年—1996 年相比，这一数额已经下降了 13%。谷物和牛肉国内价格的下降使得降低国内和国际价格之间的差距成为可能。由于国内价格的下降，这段时间综合支持量的总运行值也迅速下降，从 1995—1996 年间的 500 亿下降到 2003—2004 年间的 309 亿，与此同时，蓝箱补贴的总量反而增加了，从 1995—1996 的 208 亿增加到 2003—2004 的 248 亿，农民们因此可以从增加的直接补助中获益。总的绿箱补贴的数量有轻微的增加，从 1995—1996 的 188 亿欧元增加到 2003—2004 的 221 亿欧元。

表 1　欧盟对世贸组织告知的境内农业绿箱政策支持数额（单位：10 亿欧元）

	1995-1996	1996-1997	1997-1998	1998-1999	1999-2000	2000-2001	2001-2002	2002-2003	2003-2004
一般服务	5.01	6.47	5.52	5.02	6.73	4.74	5.64	5.23	5.02
结构性调整：投资	6.6	4.97	4.9	5.4	2.31	5.86	5.36	5.27	6.82
结构性调整：活动停止	0.21	95	62	71	79	66	80	85	81
结构性调整：资源停用	1.03	1.53	33	43	12	45	9	11	12
环境保护项目	2.78	4.22	3.69	4.97	5.46	5.73	5.52	5.01	5.23
区域性援助项目	2.29	2.99	2.27	2.04	2.9	3.23	2.42	2.83	2.98
自然灾害支付	33	38	33	18	37	39	40	81	71
国内粮食援助	29	40	30	28	28	27	24	28	31
其他绿箱补助	25	22	22	15	98	52	20	3	7
绿箱总额	18.78	22.13	18.17	19.17	19.93	21.85	20.66	20.4	22.07

资料来源：欧盟对世贸组织的关于国内补贴的通知报告书；EAGGF 报告书。

附录 1 欧盟农业支持措施中对绿箱政策的应用

　　按照 WTO 农业协定的规定，绿箱支持具体可以划分为以下九项内容：（1）一般服务。这些是为对抗病虫害、培训服务、传播和咨询服务、检验服务、市场营销和推广服务、基础设施服务和其他农业服务（如农场引进会计）等提供的基金。（2）以投资援助形式提供的结构性调整援助。这包括主要用于农业现代化（以补贴或返还利息的形式）；对青年农民的支持；酒生产的重组和复原；土壤改良；以及加工，包装和仓储中心的建设的援助。（3）通过鼓励生产商停止活动计划提供的结构性调整援助。这包括为 55 岁及以上的放弃了耕作的农民提供的赔偿金，以及对提前农业退休的补助。（4）通过"搁置"项目的途径提供的结构性调整援助。这是指对同意停止或暂停生产，清除或休耕土地（除强制休耕期的情况下）的补贴。（5）环保计划。这些补贴分配给环保计划的目的：田园风光的维护、控制土壤侵蚀、粗放和生态敏感地区的保护。他们还担心与遗传资源，农业内部造林学的发展和有机生产发展的保护。（6）区域援助方案。这些都是具体的措施来帮助山区等不受青睐的地区（法国海外省、亚速尔群岛、马德拉、加那利群岛和爱琴海群岛）。（7）自然灾害援助。这是指恶劣天气赔偿及援助农业生产的自然灾害发生后的重建。（8）国内粮食援助。这涉及给那些需要的人们的农业产品的分配或者设计以满足营养需求的方案。（9）其他绿箱补贴。这些措施包括粮食安全、农业资金援助、收入支持措施和不挂钩的收入支持目的的公众持股。

　　在 2003 年至 2004 年，欧盟超过 90%的绿箱补贴仅仅来自九个项目中的四个，分别是：投资援助（占据所有绿箱支持的 31%），环保方案（占 24%），一般服务（占 23%），自然灾害救助（占 13%）。在1995—1996 年至 2003—2004 年这段时间，最显著的增长出现在对环保方案的补贴金额上，总共增加了 25 亿欧元。需要注意的是，欧盟向WTO 的通知报告中并不指明总绿箱补贴量是如何在欧盟不同成员国之间进行分配的，此外，他们不提供可以看到不同国家（或地区机构）的各类补贴如何集成为最终结果的详细信息，为了更好地了解各个国家贡献的绿箱补贴预算占补贴总量中的比重，本书采用了近似的方法，数据来自欧洲农业指导和保障基金（EAGGF）以及每个国家给予的农业补贴额预算数据。

三、欧盟内各国对农业绿箱政策的使用情况

1. 数据来源和估计方法

首先需要申明的是，欧盟农业指导和保障基金（EAGGF）提出的预算与欧盟最终上报 WTO 的农业支持数据并不一致，一是由于保障基金做出的预算并没有区分所谓黄箱、绿箱政策，二是由于欧盟的农业支持不仅来自总体规划，还有各成员国的内部支持。根据欧盟委员会所用的标题，保障基金支出常常分成第一支柱与第二支柱两个总体数字，与作为世贸组织规定的箱子之间没有直接关系，第一支柱包括和三种箱子有关的措施，第二支柱只包含有关绿箱的措施。从历年情况来看，第一支柱占了保障基金总支出的 80% 左右，2005 年的预算为421 亿美元，在这里面大部分（337 亿）是由生产要素或者产品相关的直接援助组成，包括在耕地作物种植区的基础上分配补偿款、牛羊的保险保费以及对乳制品的直接援助，这些通常被归为蓝箱政策。第一支柱还包括一些黄箱政策，比如对橄榄油和烟草生产的补贴等，当然，第一支柱也含有少量绿箱政策，第二支柱的数据占保障基金总支出的20%，这些都计入绿箱补贴，其中包括支持农村地区发展的 49 亿补助。

以每年由欧盟委员会发布的信息为基础，可以估算出农业指导与保障基金为欧盟整体以及每个国家的绿箱支出总额。根据这些估计，在 2003 年至 2004 年之间，进入绿箱的预算补贴总量平均为每年 88亿美元，事实上，这个量比由欧盟向世贸组织通报得低了很多，原因之一就是各成员国还会对本国的农业进行内部补贴，而欧盟委员会表示，成员国对本国农业的内部补贴在 2003—2004 年期间上升到了每年154 亿美元，而这些是可以全部被纳入绿箱的，因为它们不包括任何对于生产要素、出口退税、存储成本或其他市场的支持措施的直接支付。增加了这些国内补贴之后，保障基金提供的绿箱补贴总数达到了242 亿，这个数据很接近于欧盟向 WTO 的告知数据。我们从中可以看到欧盟绿箱补贴的总额增长，同时，欧盟每个成员国的绿箱政策支持

额都在增长。

2. 欧盟内各国农业绿箱政策支持额的估计

欧洲农业的预算支出的总金额在 2005 年已经上升到 690 亿美元，其中 526 亿美元来自农业指导与保障基金的预算，而 164 亿美元来自欧盟各国内部的支持。其中符合绿箱政策标准的支持额共计 295 亿美元，其中的 131 亿来自保障基金的预算，而余下 164 亿来自各国内部的支持。因此，绿箱补贴占总预算支出的 42%，并且绿箱支持总值呈现不断上升的趋势，因为由欧盟通报的蓝箱补贴，或者至少他们中的很大一部分，将被放置在绿箱中。根据欧盟委员会竞争总司提供的数据，有三个国家给予了本国很高的农业支持，其中德国对国内的农业支持金额占欧盟内各国对本国农业支持总额的 30%，紧随其后的是法国（占 17%）和芬兰（占 12%）。四个地中海国家（西班牙、希腊、意大利和葡萄牙）用自己的基金对农业提供的支持很少，同样不倾向于用本国基金补贴农业的国家还有比利时、丹麦、卢森堡、葡萄牙和瑞典。

接下来，我们以可用的农业区（UAA）为基础来划分绿箱补贴总额，欧盟的平均值为每公顷可得到 176 欧元的绿箱补贴，这个数值在三个国家（丹麦、西班牙和英国）低于 80 欧元，在五个国家（德国、奥地利、芬兰、卢森堡和荷兰）超过 350 欧元。绿箱补贴的总数在欧盟占平均农业产出的 9%，这个数据在芬兰十分高，达到 57%，而在法国，根据估计，绿箱补贴占总的农业产出值的 6%。

表 2　2005 年欧盟成员国的绿箱补贴占比情况

国家	绿箱政策预算/总农业支持预算	绿箱政策支出/农业总补贴	绿箱政策支出/农业总产值
德国	20%	53%	17%
奥地利	41%	63%	23%
比利时	7%	27%	5%
丹麦	5%	15%	3%
西班牙	21%	25%	5%

续表

国家	绿箱政策预算/总农业支持预算	绿箱政策支出/农业总补贴	绿箱政策支出/农业总产值
芬兰	39%	81%	57%
法国	12%	31%	6%
希腊	18%	20%	5%
爱尔兰	22%	41%	17%
意大利	22%	29%	4%
卢森堡	50%	65%	22%
荷兰	7%	37%	3%
葡萄牙	41%	42%	7%
英国	7%	23%	6%
瑞典	21%	40%	12%

四、总结

　　欧洲农业是由进口农产品关税的征收和对农民的预算补贴保护的，尽管欧盟农业支出已在过去10年中得到了很好的控制，其高补贴政策仍然是一些缺少财力的发展中国家和奉行自由主义的发达国家争论的话题，大家对国内支持政策争论的重点更多的是这种援助的性质而不是其数量的多少。自1994年的乌拉圭回合谈判开始，各世贸组织成员国已经被允许补贴国内农业，条件是开展的公共转移支付不应该影响生产和贸易。正是出于这个原因，欧盟决定，在2003年的农业政策改革中，实行与价格产量不挂钩的单笔支付来代替以产量损失为基础的补偿。在此背景下，本书集中分析了欧盟农业保险绿箱支持政策，绿箱支持在欧洲农业总预算中总体占比并不大，但对地区内的农业经济有重大影响，特别是对那些专门从事牲畜饲养的农场。这些绿箱补贴，被精确地提供给各个农场，促进农业、土地和环境之间的和谐发展。

附录 2
发展中国家农业绿箱政策使用情况概述

一、发展中国家向世界贸易组织（WTO）报告的农业支持政策使用情况

本部分的分析全部基于各发展中国家向世界贸易组织（WTO）农业委员会提交的报告（截至 2007 年 9 月），根据可用数据显示，仅有 47 个发展中国家使用了国内支持政策，而有 56 个发展中国家自世界贸易组织（WTO）成立以来从未使用任何的农业补贴，32 个最不发达国家中有 29 个属于后者。而没有使用国内支持政策的国家可被分为两组：有 17 个国家有过明确声明，表明它们没有为农业部门提供过支持政策；而其余国家并没有公布过相关声明。

即使对于使用农业补贴政策的 47 个发展中国家，其提供的数据仍然存在许多缺陷，缺陷之一就是很多国家所提供报告的年份很短。在这 47 个国家中，有 26 个国家提供的报告不足 5 年。而有 35 个作为 WTO 创始成员的国家（它们加入 WTO 的历史已经长达 13 年）提供的报告不足 6 年。凯恩斯集团中的农业出口国相对情况较好，其提供的报告平均年份超过 7 年。仅有两个成员，即突尼斯以及特立尼达和

多巴哥，它们提供了自 1995 年至 2006 年 12 年间的全部数据。

表3 提交年度国内支持政策数据报告的发展中国家的数量（1995—2007 年）

年份	提交年度国内支持政策数据报告 的发展中国家数量
1995	35
1996	34
1997	35
1998	31
1999	27
2000	24
2001	23
2002	20
2003	15
2004	13
2005	4
2006	3
2007	1

数据来源：整理自各成员国单独年度报告。

在 32 个最不发达成员国中，只有 3 个国家曾实施过农业支持政策。而这 3 个国家中，冈比亚和赞比亚这两国仅仅在短短一年中使用过这类政策。不仅如此，这些国家利用农业支持政策的时间点都在 2000 年以前，具体信息见表 4。

表4 主要发展中国家及其提交年度报告的数量情况（1995—2007 年）

成员国	年数
中国	3
印度	3
马来西亚	4
阿根廷	7
印度尼西亚	6
菲律宾	7
巴西	10
南非	10
泰国	10

数据来源：整理自各成员国单独年度报告。

二、绿箱政策在发展中国家中的地位

　　农业协定中有关绿箱政策的灵活性为发展中国家提供了两点便利：第一，协定允许它们在国内粮食援助方案上有进一步支出，以满足贫困人口对于粮食安全的迫切需求；第二，协定允许发展中国家通过政府项目改善农村基础设施，以解决农业生产者所面临的结构性瓶颈。接下来，我们将讨论绿箱政策对于发展中国家的重要性。

　　相较于其他支持方式，绿箱政策在发展中国家的国内支持政策支出中占有最大的比重。下表 5 展现了中国、印度、巴基斯坦和突尼斯四个国家在排除了有负面影响的特定产品补贴后的相关数据。应当指出的是，农业协定开始的最初几年是绿箱政策支出比重增长最快的时期，也是各发展中国家提交数据报告最多的时期，发展中国家绿箱政策支出的比重从 1995 年的不足 60%增长到了 1998 年的将近 80%。

表 5　发展中国家农业的各项国内支持政策所占比例（单位：%）

补贴类型	1995	1996	1997	1998	1999	2000	2001	2002	2003	2004	2005	2006
绿箱政策	58.8	58.3	60	79.6	91.1	90.9	93.2	69.6	68.6	70.5	53.4	54.8
6.2 条	7.6	11.1	9.7	8.3	1.8	2.2	2.1	7.3	9	7.5	39.7	39.5
非特定产品补贴	25.9	23.7	24	1.8	3.2	2.8	2.3	10.1	13.9	11.3	5.2	5.7
特定产品补贴	6.9	6.8	6.3	10.3	3.9	4.1	2.4	13	8.5	10.7	1.7	0

　　注：6.2 条是指向低收入或资源贫乏农户提供的农业补贴；由于四舍五入，各项比例相加可能不等于 100。

　　数据来源：整理自各成员国单独年度报告

　　然而，在 1998 年后绿箱政策支出的变化趋势并不能如实反映发展中国家国内支持政策的状况，这受到两个因素的影响。一个因素是在 1999 年到 2001 年，绿箱政策支出受到中国的影响——中国的绿箱政策支出占发展中国家总支出的比重从 1999 年的 77%上升至 2001 年的 82%。另一个因素是自 2001 年以后，每年提交数据报告的国家开始急剧减少，截至 2004 年，仅还有 13 个国家仍在提交报告。

　　绿箱政策支出确实是大多数国家的国内支持政策中最重要的组成部分。如表 6 所示，大多数发展中国家的农业支持政策中绿箱政策占据主导地位，而绿箱政策支出在国内支持政策中只占有相对次要地位的国家仅有 6 个，其中包括农业人口最多的印度。而处在另一个极端的则是 13 个发展中国家只通过绿箱政策对农业部门进行扶持。

表 6　各国绿箱政策支出占比状况（1995—2007 年）

成员国	绿箱政策支出占比（%）
阿联酋、印度、秘鲁、突尼斯、孟加拉国、约旦	＜50
哥伦比亚、斯里兰卡、洪都拉斯、菲律宾、泰国、巴林、巴拿马、乌拉圭、摩洛哥、中国台北、哥斯达黎加、阿根廷、南非、埃及	50-80
纳米比亚、巴西、冈比亚、委内瑞拉、马来西亚、巴巴多斯、印度尼西亚、智利、阿曼、巴拉圭、斐济、古巴	80-100
博茨瓦纳、多明尼加共和国、瓜地马拉、圭亚那、中国香港、以色列、牙买加、肯尼亚、蒙古、尼加拉瓜、特立尼达、多巴哥、赞比亚、津巴布韦	100

　　注：由于中国的国内支持政策总支出在扣除特定产品补贴后，数额小于其在绿箱政策上的支出额，因此该表不包含中国的数据。

　　数据来源：整理自各成员国单独年度报告

　　需要指出的是，一些国家绿箱政策的相对重要性是随着时间推移而逐步增加的，这在几个凯恩斯集团农业出口国中（比如南非和泰国）体现得非常明显。但是与此同时，在其他一些发展中国家，绿箱政策支出是在逐渐减少的，比如阿根廷、巴西和马来西亚。这个问题在巴西体现得尤为明显，自 1995 年至 2004 年间，其绿箱政策支出减少了将近 40%的比重。而在中国,绿箱政策支出的占比在其提供报告的几年间(1999 年至 2001 年)几乎是停滞不前的。

三、发展中国家绿箱政策支出的发展趋势

表 7 显示了 1995 年至 2007 年间 47 个发展中国家绿箱政策支出的状况。数据表明,对于大多数成员国而言,绿箱政策的利用状况并不能完全反映出农业对其国民经济的重要性。该表对比了美国和欧盟与主要发展中国家(巴西、中国、印度、泰国和古巴)在绿箱政策方面的支出。

中国是发展中国家中绿箱政策支出最多的国家,分别于 1999 年支出 223 亿美元、2000 年支出 251 亿美元、2001 年支出 293 亿美元(不过中国仅在刚加入 WTO 的几年提交了年度数据报告)。在其提交报告的年间,中国在绿箱政策上的支出规模仅次于美国,并在实际上超过了欧盟的支出规模。

表 7　发展中国家绿箱政策支出规模与美国、欧盟的比较（单位：十亿美元）

成员国	1995	1996	1997	1998	1999	2000	2001	2002	2003	2004
欧盟	14.5	18.7	20.5	21.3	21.2	20.1	18.5	19.2	24.9	—
美国	46	51.8	51.3	49.8	49.7	50.1	50.7	58.3	64.1	67.4
巴西	4.9	2.6	3.5	2.4	1.6	1.5	1.5	0.6	0.8	0.9
中国	—	—	—	—	22.3	25.1	29.3	—	—	—
印度	2.2	2.5	2.9	—	—	—	—	—	—	—
泰国	1.4	1.6	1.5	1	1	1	1.1	1	1.1	1.1
古巴	0.9	1	1.2	1.6	1.2	1.4	1.5	1.8	2.3	2.1

数据来源:整理自各成员国单独年度报告。

尽管中国的绿箱政策支出规模可以与美国、欧盟等农业补贴大国相媲美,但同为发展中农业大国的印度的绿箱政策发展则显得非常落后,印度的绿箱政策规模在 1997 年达到最大值 29 亿美元,这远远小

于中国的规模。另一个可以称作绿箱政策支出大国的国家则是巴西，其支出规模于 1995 年达到最高水平，为 49 亿美元。但是在这之后巴西的支出规模开始大大减少，在 2004 年，其绿箱政策支出仅有 9 亿美元。

通过观察以上数据，我们可以五总结出四个特点。第一，发展中国家的绿箱政策支出主要集中在前 5 个国家中。在农业协定刚开始运行的时期，排名前五的支出国约占发展中国家总支出额的 70%。之后随着中国的加入，这一比重增加到了 90%以上，而中国一国的绿箱政策支出规模就在发展中国家总支出额中占到了 80%以上。第二，由于提交数据报告的年份过少，绝大多数国家绿箱政策支出的发展趋势是难以观察的。正如上文所提到的，很多国家提交报告的年度甚至不足五年，这个时间跨度是无法明确体现其发展趋势的。第三，与属于凯恩斯集团的国家相比，其他国家绿箱政策支出的规模要更小一些。第四，大多数发展中国家的绿箱政策支出规模都在逐步减小。这一趋势在凯恩斯集团国家中体现得尤为明显，例如智利的支出规模由 1995 年的 4.58 亿美元下降到 2002 年的 2.16 亿美元，而哥伦比亚由 1995 年的 3.18 亿美元下降到 2004 年的 0.74 亿美元，古巴则是唯一支出规模有所增加的国家，由 1995 年的 9 亿美元增加到 2004 年的 21 亿美元。

四、发展中国家在绿箱政策中各个项目上的支持力度

通过测评 WTO 成员国中发展中国家在绿箱各项目上的支出占比份额，我们可以评估绿箱政策各项目的相对重要性。表 8 提供了 47 个发展中国家在绿箱政策几个主要项目上的支出比重，需要指出的是，表 7 中的数据只在 2004 年以前是有意义的，因为 2004 年仅有 13 个国家提交了数据报告，而这之后这一数字已降至个位数。

表 8 绿箱政策中各类别的相对比重（％）

主要类别	1995	1996	1997	1998	1999	2000	2001	2002	2003	2004	2005	2006	2007
一般性服务	47.3	52.5	55.7	62.3	61.3	58.5	60.6	58.2	59.9	66.4	91.2	91.3	95.2
国内粮食援助	19.8	12.4	11.3	18.4	4.2	5.7	4.2	26.6	19.2	16.3	0	0	0
公共投资	15.9	18.2	17.8	1	21	21.4	20.7	1.1	0.3	0.3	0	0	0
区域援助	7.9	2.7	1.1	1.9	5.9	5.4	5	4.7	8.9	7.6	0	0	0
结构调整援助	3.6	5.8	5.6	6.3	1.4	0.9	0.5	6	7.7	5.7	8.8	8.3	0
自然灾害救济	2.7	4.5	4.9	7.4	2.4	2.5	2.4	1.3	1.6	1.5		0.4	4.8
收入支持	1.2	1.5	1.2	1.4	0.1	0	0	0.1	0.1	0.1		0	0
保险	1	1.7	1.6	1.2	0.5	0.4	0.4	1.8	1.9	1.7		0	0
环境治理项目	0.3	0.8	0.6	0.2	3	5	6.2	0.1	0.3	0.3		0	0
其他	0.1	0	0	0	0	0	0	0	0	0		0	0

注：由于四舍五入，各项相加可能不等于 100。

数据来源：整理自各成员国单独年度报告。

　　一般性服务在发展中国家的绿箱政策支出中占有最重要的地位。在 2004 年，这一支出占比达到三分之二。一般性服务与国内粮食援助和出于粮食安全目的的公共储备一起，在发展中国家绿箱政策支出中的占比超过 80%。然而，不是所有主要的发展中国家的绿箱政策支出都遵循以上呈现的模式。表 9 给出了巴西、中国、古巴、印度和泰国在绿箱政策各项目上的支出情况，数据表明，对巴西、中国和泰国而言，一般性支出是绿箱政策中支出最多的一项，尤其在泰国，其投入完全集中在一般性支出项目中（但泰国只有一年提交了数据报告）。而对古巴和印度来说，国内粮食援助项目则更加重要。印度的该项支出在绿箱政策总支出中的比重，在其提交了报告的三年中都超过了三分之二，而古巴的国内粮食援助的占比则从 1995 年的接近四分之一增长到了 2001 年的超过一半。

　　分析一般性服务中子项目的支出分配比重也很关键。表 9 显示，

305

農业保险财政补贴理论及经验研究

47 个发展中国家的一般性服务支出主要集中在科研和基础设施服务上。这种倾向是由于在各发展中国家制订的农业部门长期发展计划中，这两项对于农业部门的发展是至关重要的。在研究方面的支出有助于发展中国家打破其面临的低产困境，而在农村基础设施上的支出则能为生产者提供收益最大化的必要条件。

表 9　发展中国家一般性服务支出情况（单位：百万美元）

一般性服务	1995	1996	1997	1998	1999	2000	2001	2002	2003	2004	2005	2006	2007
基础设施服务	37	38	36.6	34.9	59.1	61.2	61	40.3	27	29.4	8.2	5.4	6.4
科研	16.5	15.1	14.8	11.9	5.2	5	4.1	20.3	16.6	11.5	8.4	6.5	9.8
总计	53.6	53.1	51.5	46.8	64.3	66.2	65.1	60.6	43.6	40.9	16.6	11.9	16.2

数据来源：整理自各成员国单独年度报告。

五、总结

通过观察世界贸易组织的发展中国家成员对于国内支持政策的利用状况，我们可以得出几个结论。首先，从 1995 年农产品协议生效以来，每年提交数据报告的发展中国家越来越少。数据显示，虽然有 47 个发展中国家声明正在实施国内支持政策，但还有 56 个国家并没有这方面的记录，这其中的 17 个国家并没有采取国内农业补贴措施，而其余国家则没有向农业委员会提交过数据报告。其次，对于大部分发展中国家成员而言，其提交的数据报告存在很大的滞后性，自 1995 年至 2006 年间，只有 21 个成员国提交报告的年度超过 6 年。这表明，为了解决农业补贴数据的有限性问题，国家定期公开信息的方式必不可少。最后，对于这 47 个使用绿箱政策的发展中国家而言，绿箱政策是最重要的补贴形式。但是除了上文提到的 5 个主要发展中国家，其他国家的绿箱政策支出规模都相对较小。而在这 5 个主要发展中国家中，也只有中国的绿箱支出水平能和发达国家相比。

以上的分析表明，有两个因素导致了发展中国家绿箱政策实施不足。首先，尽管绿箱政策的实施能够助推农业部门的发展，但是发展中国家存在的结构性缺陷阻碍了补贴政策的顺利实行。此外，发展中国家还受限于绿箱政策中的种种条件。在持续进行的对于农业协定条款的磋商中，几个发展中国家提出要调整附录 2 的规定来为发展中国家灵活应用农业协定提供更好的机会。